社会学の新しい方法規準［第二版］

理解社会学の共感的批判

アンソニー・ギデンズ Anthony Giddens

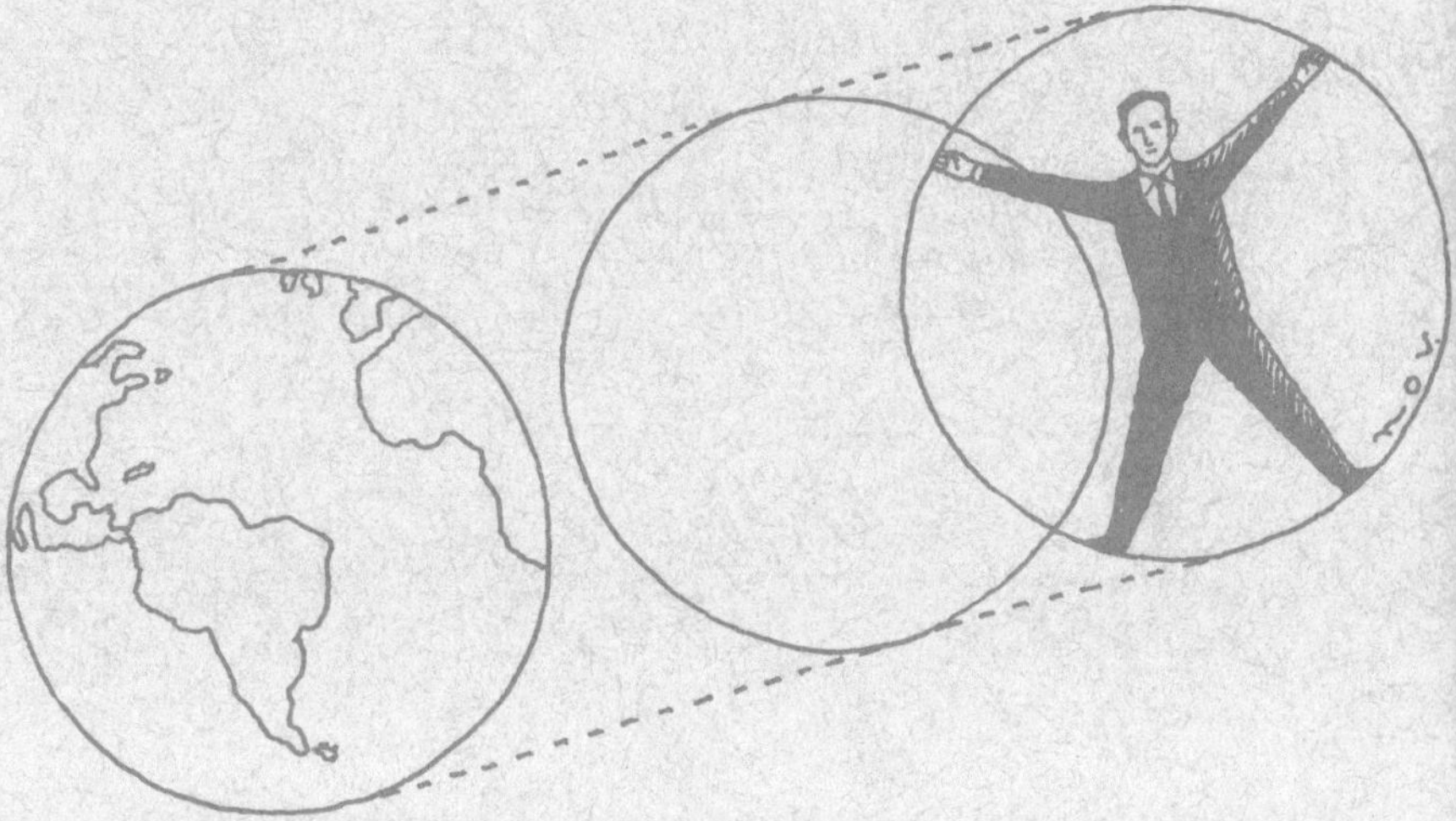

松尾精文
藤井達也
小幡正敏
——訳

而立書房

目次

4 説明的解明の形式　224

装幀・矢吹申彦

社会学の新しい方法規準［第二版］

——理解社会学の共感的批判——

New Rules of Sociological Method
——*A Positive Critique of*
Interpretative Sociologies——
Second Edition
By Anthony Giddens

First published by Hutchinson, 1976.
Second, revised edition first published in 1993
by Polity Press in association with Blackwell Publishers.

This Japanese edition is published in 2000
by Jiritu Shobo, Publishers, Tokyo
by arrangement with Polity Press, Cambridge, UK
through Japan UNI Agency, Inc., Tokyo.

まえがき

私は、この論考を、もっと包括的な研究課題の一部として意図した。もちろん、この論考を自己完結した著述として読むこともできるが、この論考は、文中で細論していないものの、私の研究課題全体にとって不可欠な、さまざまな問題に言及している。私の研究課題には、部分的に重なる三つの問題関心が含まれる。ひとつは、一九世紀の社会理論の展開と、一九世紀の社会理論が結果として二〇世紀に入り、「社会学」、「人類学」、「政治学」という制度化され、専門分化された「学問」に具体化していった点に批判的な検討を加えることである。二つ目は、先進社会形成理論のなかに組み込まれた一九世紀の社会思想に見いだす主要なテーマをいくつか明らかにし、それらのテーマを批判的に検討することである。三つ目は、「社会科学」そのものが「主題」とすることがら、つまり、人間の社会的活動と相互主観性に関心をよせる社会科学の——つねに厄介な——特質が引き起こす問題について詳論し、と同時にそれらの問題の再編成に着手することである。この論考は、これらの研究課題のうち三つ目の課題への寄与を意図している。しかし、このような議論は、いずれもこのような概念的容器の境界を押し破るのがつねであり、他の二つの関心領域における研究とも暗に直接かかわる。他の二つの関心領域は、いずれも独立した研究課題であるが、一九世紀から二〇世紀初期の社会理論が今日にもたらす遺産を批判的に分析する試みとして、ひとつに結びついている。

この論考は、社会哲学者が特徴的に用いる意味合いでの——デュルケムがその著書『社会学的方法の規準』で用いた意味での——「方法」について述べている。つまり、「実際の調査研究をおこなう方法」の手引きではないし、また特定の調査研究計画を提示するものでもない。主として、論理的争点の解明を試みている。私はこの論考に「理解社会学」の'positive critique'という副題をつけた。読み進まれれば、誰でもこの'positive'という言葉が「実証主義的」という意味でないことがおわかりになろう。私は、この言葉を、コントが社会科学と自然科学の確固たる哲学の意味に置き換える以前の意味合いの、「共感的」ないし「建設的」という意味でのみ用いている。「理解社会学」という呼称は、第一章で明らかにする思想の潮流を指し示すには多少誤りである。なぜなら、第一章で言及する学者のうちの何人かは、自分たちの主張を「社会学」と切り離して考えるよう望んでいるからである。この「理解社会学」という呼称を私が用いた理由は、「有意味的行為」にたいして明らかに共通に関心をよせる一群の論述をひとまとめに分類するのに手近に利用できる名称がないからにすぎない。

この論考のテーマは、社会理論では、行為を、人間という行為体によって再帰的に秩序づけられ、合理化された行動としてとらえるべきであり、またこうした再帰性が可能になる実際の媒体として言語の重要性を理解しなければならないこと、である。このような見解は言外に奥深い意味をもたらしており、したがって、この論考では、そのうちのいくつかの意味を追究するだけにとどめたい。言語によって媒介される自己再帰が、人間の社会行動の特性描写にとって不可欠であることを認める方であれば誰でも、この点がまた、社会の「分析者」や「研究者」としてのみずからの活動にも同じように当てはまることを、必ずやお認めになるであろう。さらに、社会科学で生みだされる理論は、その理論そのものが本来的に「意味の枠組み」を形づくるだけでなく、同時にまた社会科学がその存在条件の解明に努める社会生活のなかに倫理的に介入することになると主張しても、妥当であるように思う。

第二版への序論

この論考を上梓して以来かなりの歳月が経過したとはいえ、私は、この論考が社会理論のかかえる目下の問題にたいして有意関連性を失っていなければよいと願っている。この『社会学の新しい方法規準』で、私は、社会学の中心をなす伝統はもとより、理解社会学の多くの形態についても問題にした。この論考を執筆した当時、私は、この論考を、この論考が焦点を当てるさまざまな形態の社会思想や哲学思想に関する「対話形式の批判」とみなしていた――また、今日でも引きつづきそう考えている。つまり、この論考は、非常に重要な観念であると私がみなしているとはいえ、何らかの理由でその淵源となった視座のなかで適切な展開をとげてこなかった観念との、批判的な対決である。こうした方策を見当違いの折衷主義と受けとめる人もいるが、私は、こうした対話形式の批判を、社会理論における実りある概念的展開の、まさしく活力源とみなしている。

この『社会学の新しい方法規準』は、構造化理論の基本原理を詳述する際に私が提示しようとした別の「建設的批判」の著作とも、密接に関連している。この論考で検討しなかったり、あるいは最小限触れただけの社会分析の取り組み方については、ほぼ同じ時期に刊行したこの論考を補完する別の著作で論じている。そうした取り組み方には、自然主義的社会学――「実証主義」という、どちらかといえば締りのない曖昧な名称よりも、この表現のほうが私は好ましいように思う――や機能主義、構造主義、「ポスト構造主義」が含まれる。『社会の組成』(一九八四年刊)は、この『社会学の新しい方法規準』で示されるものよりももっと広く構造化概念の枠組みを打ちだし、立証しているが、『社会学の新しい方法規準』にとって代わる内容ではない。[1]『社会学の新しい方法規準』では、行為能力、構造、社会変容をめぐる諸問題について私は独立したかたちの主張をおこなってきた。とりわけ、「行為」の本質と、行為分析が社会科学の論理にもたらす言外の意味について集中的に論じている。

『社会学の新しい方法規準』の初版を刊行して以来このかた論争がつづいているが、今回この論考を改版するに際して、私は、内容面で廃棄したり書き改める必要性をほとんど見いださなかった。タルコット・パーソンズの著述には依然として信奉者がおり、また、ニクラス・ルーマンほかの著作というフィルターを介してであるとはいえ、パーソンズの著述は引きつづき影響を及ぼしている。しかし、パーソンズの研究は、かつて保持した中心的地位をもはや失っている。現象学の諸概念は今日では以前ほど広く利用されていないが、他方、ポスト構造主義は、いろいろ姿を変えながら次第に重要性を強め、ポスト・モダニズムの概念構成と結びつきはじめている。けれども、私は、こうした変化が、この論考で展開した観点にたいして何らかの重大な影響を実質的に及ぼしているとは思わない。この論考は、引きつづき妥当性を失っていない。

この『社会学の新しい方法規準』は、肯定的であれ極めて否定的であれ、かなり論評を受けてきた。私は、これらの論評にたいしていろいろなところで答えてきたので、そうした応答をここで再度繰り返すことはしない。けれども、二つの争点だけを、重点的に取り上げておきたい。ひとつは、構造化理論にとって不可欠な「構造の二重性」という考え方が、切り離してとらえるべき社会生活の諸次元を一緒くたにしているか否かの問題と、もう一つは、自然科学の「一重の解釈学」と社会科学の「二重の解釈学」との区別を認めるべきかどうかの問題である。『社会学の新しい方法規準』刊行後の文献群では、これらの問題をめぐって多くの議論がおこなわれてきた。問題点をわかりやすくするために、ひとつ目の問題についてはニコス・モーゼリスが、二つ目の問題についてはハンス・ハーバーズとジェラード・ド・ヴリースが提起した議論に、それぞれ焦点を当てたい(2)。

構造という社会学で通常用いられる概念にたいして私が唱えた異論を、多くの評者は容認している。構造の概念を「固定化されたもの」として、またデュルケム流にいえば、社会的行為者に「外在するもの」としてとらえた場合、構造の概念は、行為を可能にさせるという面もあるが、それよりもむしろ行為にたいする拘束のように思われている。まさしくこうした二重の特質を把握するために、私は構造の二重性という考え方を導入した。この考え方にたいして、主としてどのような反論が下されてきたのであろうか。次のような反論が含まれる。

1　行為者が、日々の活動を営む過程で規則や資源にたいして型にはまったかたちで依存し、それによってそうした規則や資源を再生産することは確かであろう。とはいえ、規則や資源にたいするこうした志向性だけが行為者が有する唯一の、最有力な志向性であろうか。なぜなら、モーゼリスの表現を用いれば、「行為者は、そうした規則や資源に疑義をさし挟むために、あるいはそうした規則や資源に関する理論を確立するために、さらには――もっと重要な点であるが――そうした規則や資源を維持したり、変質させる方策を工夫するために、規則や資源から距離を置こうとする場合が多い(3)」からである。

2　したがって、構造の二重性という考え方では、社会システムの組成なり生産を適切に説明することができない。規則や資源は、たんに規則や資源の実際の利用という脈絡だけでなく、行為者が規則や資源を戦略的なかたちでとり扱うためにそうした規則や資源から「距離を置く」際にも、再生産されていく。このような状況のもとでは、構造の二重性という概念は、極めて不適切である。むしろ、「主体」である一人ひとりは規則や資源にたいし社会的環境における「客体」として対峙するため、私たちは《二元論》という言い方をおそらくするべきである。

3　これらの見解は、社会科学におけるミクロ分析とマクロ分析の区別とじかに関係している。『社会学の新しい方法規準』で直接論じていないが、普通に理解されているミクロ分析とマクロ分析の区別は、私が疑問を呈したい重要な問題である。とはいえ、批判する人たちは、かりに私たちがミクロ分析とマクロ分析を区別しなかった場合、結果的に筋の通らない還元主義に陥ると主張する。社会システムは、状況規定された一人ひとりの行為の面からは理解できない数多くの構造特性を有している。ミクロ分析とマクロ分析は、相互に排他的ではない。事実、両者は、互いにもう一方を必要としているが、区別しておく必要がある。

4 構造の二重性という考え方では、規模の小さな脈絡よりも規模の大きな脈絡を志向する行為に対処できない。たとえば、構造の二重性という考え方は、街の通りでふたりの間でおこなわれる日常会話を検討する場合にはうまくいくであろうが、たとえば、国家首脳が集まって多数の人びとに影響を及ぼす決定を下すような状況には、当てはまらない。前者は、もっと大きな社会秩序にもたらす影響力の面で取るに足らない状況であるといえるかもしれないが、後者の状況は、もっと大きな社会秩序に、直接の、また広範な影響を及ぼす。構造化理論では、行為能力と、「規則や資源の型にはまった利用によって制度的秩序の再生産に寄与するミクロな主体」を「同一視」している。「マクロな行為を——規則や資源を擁護したり、維持したり、変質させるために集団を形成する個々の主体の変異に富む能力から結果的に生ずる行為類型だけでなく……権威をもつ地位に就くことから結果的に生ずる行為類型をも——無視している」(4)。

5 外在性と拘束力というデュルケム学派の概念は、たとえデュルケム自身がこうした概念を表明した際の様態とおそらく異なるとはいえ、維持する必要がある。さまざまな度合やレヴェルが関係している。ある人にとって外在的で、拘束力をもつことがらは、他の人にとってはさほどそうでないかもしれない。このことは、さきの論点と結びついている。なぜなら、それは、社会生活がヒエラルキーを形成していることの容認を意味する――「社会」と向かい合う「個人」という言い方をするよりも、むしろ私たちは、社会組織化のレヴェルに見いだすさまざまな度合の乖離とともに、社会組織化のレヴェルの多様性を認めるべきである。

こうした所見に答える際に、まずはじめになぜ構造の二重性という概念を私が展開したのか詳論しておきたい。私は、二元論の二つの主要類型にたいして疑義をさし挟むためにそうしたのである。ひとつは、既存の理論的視座の間に見いだす二元論である。たとえば『社会学の新しい方法規準』で論じた理解社会学は、私が他のところで表現したように、「行為には強いが、構造には弱い」。理解社会学は、人間を、目的をいだいた行為体である、つまり、人間はみずからがそうした存在であることを認識し、みずからのおこなうことがらにたいして理由を有する、とみなしている。しかし、理解社会学は、機能主義や構造主義の取り組み方で明らかに重大とみなされてきた争点――拘束力や権力、大規模な組織体の問題――に対処する手段を、ほとんど欠いている。他方、こうした機能主義や構造主義の取り組み方は、「構造には強い」ものの「行為には弱い」。行為体を、あたかも自力活動ができず、能力を欠いた存在――その人たちよりももっと強大な勢力の玩具――とみなしている。

理論的視座に見いだすこうした二元論と決別する過程で、『社会学の新しい方法規準』で展開した分析は、同時にまた「個人」と「社会」という二元論も排除している。「個人」も「社会」も、理論的熟考のための適切な出発点にはならない。むしろ、《再生産された実践》に焦点を合わせる必要がある。とはいえ、「個人」と「社会」という二元論の放棄が何を意味するのかについて明確に理解することは、重要である。こうした放棄は、独自の構造特性をもつ社会システムやさまざまな形態の集合体が存在することを決して否定するのではない。また、それは、こうした構造特性がそれぞれ状況規定された個人の行為のなかに何らかのかたちで「包含されている」ことを暗に意味するわけでもない。個人と社会の二元論に異議をさし挟むのは、両者をそれぞれ《脱構築》すべきであると主張したいからである。

「個人」が肉体をもち、有形的な存在である以上、この個人という概念は一見何の問題もはらんでいないように思えるかもしれない。しかしながら、個人は身体ではないし、また身体という観念でさえも、行為する自己との関連でいえば、複雑な観念であることがわかる。個人について論ずることは、たんに「主観」だけでなく、行為体についても論ずることである。したがって、(タルコット・パーソンズがつねに力説したように)行為は、必然的に中心的理念のひとつとなる。さらに——また、この点が非常に重要であるが——行為は、たんに個人の特性だけでなく、同じように社会運営なり集合生活の構成要素でもある。ほとんどの社会学者は、理解社会学の枠組みのなかで研究をおこなう多くの社会学者を含め、たとえ社会理論が「マクロ」なことがらにどれほど関心をよせるにせよ、社会理論が社会の複雑さについて説明を要求しているのとまったく同じように、行為能力と行為体に関しても洗練された理解を要求していることを認識しそこなってきた。まさしくこうした理解を、私はこの『社会学の新しい方法規準』のなかで展開しようとしている。

構造の二重性という概念は、社会分析の論理と密接に結びつく。二重性の概念は、それだけで社会的再生産なり社会的変容の諸条件について何らかのかたちの一般化を提示できるわけではない。この点は根本的な意味をもつ。なぜなら、さもなければ構造化理論の見方は、たしかに還元主義という非難を免れないからである。社会生活の生産と再生産がまさしく同一のことがらであると主張することは、社会活動の具体的状況における安定性なり変化の条件について、《何ら》見解を示しているわけではない。むしろ、それは、論理のレヴェルにおいても、私たちの実際の日々の生活においても、たとえ私たちの行為が最も厳格な社会制度の諸要素に寄与するにせよ、最も急進的な社会変動に寄与するにせよ、私たちが行為の流れの外側にはみ出ることはできないという主張につながる。

こうした考えを述べたうえではじめて、さきに挙げた論点1から論点5についての私の見解を示すことができる。論点1は、構造の二重性という概念を誤解しているだけでなく、再帰性の概念をあまりにも素朴にとらえている。行為者は、誰もが社会理論家であり、また、少なくとも社会的行為体となるには社会理論家でなければならない。社会生活を運営する際に参考にされる慣習は、決して「見境なくしたがう習慣」ではない。現象学や、とりわけエスノメソドロジーのもたらす示差的な寄与のひとつは、⑴社会生活の遂行がたえず「理論化」を必要としていること、⑵最も長く存続する習慣でさえも、あるいはまた最も揺るぎない社会規範でさえも、絶え間のない、こと細かな再帰的注意を必然的にともなうこと、を明示してきた点にある。活動を型にはめ込むことは、社会生活では根本的に重要である。しかし、型にはまった行いはすべて、つねに偶然の、潜在的に壊れやすい遂行である。

いずれの社会形態においても、人は、規則や資源から「みずから距離を置いた」り、規則や資源に戦略的に働きかける等々のことをおこなう。ある面で、このことは、さきに言及した理由から、最も整然とした社会的再生産様式の条件でさえある。たとえば、行為の脈絡がいかに伝統的であっても、伝統は、その行為が「おこなわれる」際の手段として、絶えず解釈され、再解釈され、一般化がなされる。もちろん、再帰的注意のすべての契機は、それ自体が規則や資源をたよりにしており、またそうした規則や資源を組成し直していく。

とはいえ、モーゼリスが想定したような「距離を置くこと」は、伝統の影響力が弱まってきた社会環境では、とりわけ明白である。この点で、人間の行為全体の特質である再帰性と、歴史的現象としての《制度的再帰性》との有用な区別をおこなうことができる。制度的再帰性とは、システム再生産の一般化された条件にたいする、探究的な、計算ずくな態度の制度化を指称している。制度的再帰性は、ものごとをおこなう伝統的様式の衰退を刺戟するだけでなく、その衰退をも反映している。制度的再帰性はまた、権力の（変革能力として理解した場合の）生成とも関連している。制度的再帰性の拡大は、地球規模に拡がる組織体を含め、近現代という時代状況のもとでの組織体の増殖を後押しする。(5)

論点2に関するかぎり、構造の二重性そのものが何かを「説明する」わけではないことを、私は再び主張しておくべきであろう。構造の二重性は、何らかの類の現実の歴史的状況を検討する際にのみ説明価値をもつ。構造の二重性の「二重性」とは、論理的言明として受けとめれば、行為と構造の依存関係を問題にしている。しかし、「二重性」は、状況規定された行為者を集合体と合一化することを明らかに意味するわけではない。ここでは、二元論を認めるよりも、むしろヒエラルキーについて論ずることのほうが実際には望ましいであろう。個人と集合体との間には、数多くの様式の相互の結びつきが存在する。状況規定された行為者がいずれも、その人にとっての、擬似デュルケム学派的意味合いでの「客観性」を有する行為環境にたち向かっていることは、間違いなく明白である。

論点3と論点4についていえば、ミクロ分析とマクロ分析の区別は、社会科学で、少なくとも普通に理解されている意味合いで、あまり有効な区分ではない。かりにこうした区別そのものを――「ミクロな状況」とは行為能力という観念が適切な状況であり、他方、「マクロな状況」は一人ひとりの制御できない状況であるという――二元論ととらえるのであれば、こうした区分は、とりわけ誤解をまねきやすい。(6) 重要なのは、共存在という状況と、個人やさまざまな集合体類型との間の「媒介された結びつき」の分裂だけでなく、両者のつながりを検討することである。構造化理論では、モーゼリスが「マクロな行為」と称することがらを決して無視しているわけではない。とはいえ、「マクロな行為」は、モーゼリスがその理由を挙げる意味での共存在の欠如と同じではない。この点で、権力の格差という現象が、通常、最も重要になる。一緒に会合をもった少数の人びとが、非常に広範な帰結を及ぼす政策を制定するかもしれない。この種のマクロな行為は、モーゼリスが暗に示している以上に、もっと広範囲に見いだすことができる。なぜなら、こうしたマクロな行為は、決して意思決定という意識した過程だけに限定されないからである。規模の大きな権力システムは、共存在的相互行為というもっと型にはまった環境のなかでも、同じように強力に再生産されていく。

論点5についていえば、社会生活は、とりわけ近現代の時代特性のもとでは、確かに多様なレヴェルの集合的活動を必然的にともなう。このような所見は、『社会学の新しい方法規準』で打ちだした見解と矛盾しないどころか、完全に合致している。「外在性」と「拘束力」を、デュルケムが考えたように「社会的事実」の一般的な特徴とみなすことはできない。「拘束力」はいくつかのかたちをとるが、なかにはこの場合も権力の格差という現象と関連する拘束力もある。社会的事実の「外在性」は、社会的事実を社会的事実《として》規定するのではなく、むしろ状況規定された一人ひとりの行為環境の多種多様な特性なり脈絡、レヴェルに注意を向けさせている。

構造化理論では、「構造」の概念は、「システム」の概念を想定している。つまり、社会システムなり社会的集合体だけが構造特性を有する。構造は、何よりもまず整然と規定された実践から派生しており、したがって制度化と密接に関係している。構造は、社会生活における全体化を促す影響力にたいして《形式》をもたらすからである。それでは、構造の二重性という概念構成を言語使用に関連づけて解明しようとするのは、結局のところ誤解をまねきやすいのであろうか。かりに言語を、閉鎖された同質的実体とみなすのであれば、誤解をまねきやすい、と私は思う。むしろ、私たちは、言語を、集合的組織体の有する、断片化された多様な一連の実践や脈絡、様式として理解するべきである。私が本文中で力説しているように、「社会は言語に似ている」としたレヴィ＝ストロースの見解には強く反論するべきである。しかし、言語の研究は、社会活動全体の基本的特徴をいくつかより明確にするのに確かに役立っている。

ここまで述べても、それでも批判する人たちは、相変わらず当惑なり不満を示すかもしれない。一人ひとりの状況規定された相互行為である「毎日の実践」と、近現代の社会生活のほとんどに影響をもたらす大規模な、地球規模にさえ及ぶ社会システムの特質との間には、大きな隔たりが存在するのではないのか。一人ひとりの「毎日の実践」は、どのようにして社会システムの構造特性の再生産媒体となりうるのか。こうした疑問にたいする応答のひとつは、今日のグローバル化が進む趨勢の結果として、日常の活動が地球規模の成果と結びつき、逆に地球規模の成果が日常の活動と結びつく非常に重要な側面が、《確かに》現実に存在する、と主張することであろう。たとえば、地球規模の経済では、ある地域での購買の決定は、逆にその後におこなわれる購買の決定に作用する経済秩序に影響を及ぼし、またそうした経済秩序を組成する一因となっている。

ある人が口に運ぶ食べ物の種類は、地球の生態系に全地球規模で影響を及ぼす。それほど包括的でないレヴェルでいえば、男性が女性に目を向ける様式は、おそらくジェンダー権力という社会のなかに深く根づいた構造を組成する要素である。グローバル化が進展するシステムの再生産なり変容は、あらゆる種類の日々の意思決定や行いと関係している。

とはいえ、「社会」の脱構築は、多様性や脈絡、歴史のもたらす基本的意義を認めることを意味する。経験的な社会的再生産の過程は、その過程の時間的、空間的「拡張」や、権力の生成と配分、それに制度的再帰性との関連で、互いに多種多様なかたちで交錯している。社会的再生産を研究する格好の場は、相互行為を組成する過程そのもののなかにある。なぜなら、社会生活はすべて能動的達成であり、社会生活のいずれの瞬間も全体性を刻み込まれているからである。とはいえ、「全体性」とは、包括的な、境界規定された「社会」のことではない。「全体性」は、さまざまな全体化を促す動向や衝動の混成物である。

制度的再帰性——この概念は、モダニティの分析を、二重の解釈学というもっと一般化された理念に結びつけている。「二重の解釈学」の「二重」とは、この場合もまた二重性を暗に意味している。社会科学の「知見」は、その知見が言及する「研究対象」から隔離されたままの状態でいるわけではなく、たえず研究対象に再参入し、研究対象を作り変えていく。ここで問題になるのが、フィードバック・メカニズムの存在でないことは、強調しておく必要のある最重要な点である。それどころか、事象世界を記述するために鋳造された概念や知の主張が、逆戻りしてその事象世界のなかに侵入することは、本質的に方向の定まらない状態を生みだす。したがって、二重の解釈学は、とりわけ「ハイ・モダニティ」の局面では、モダニティそのもののまとまりを欠いた、断片化する特質と本来的に結びついている。(7)

こうした所見から多くの含意が生ずるとはいえ、ここでは二重の解釈学の命題について、科学哲学や科学社会学でなされてきた近年の論争の観点からもっぱら検討しておきたい。これらの論争の発端は、自然科学が解釈学的特徴をもつという今日一般に容認されている所見である。この『社会学の新しい方法規準』で論じたように、旧来の《理解（*Verstehen*）》と《説明（*Erklären*）》の区別が、問題視されている。自然科学が法則に類した一般化だけに、あるいは第一義的にそうした一般化だけに関係するという考え方は、科学活動にたいする今日ではほとんど放棄されてしまった見解の部類に入る。カレン・クノール＝セイティーナがいうように、「自然科学の研究は、私たちが社会的世界の象徴的、相互作用的特質と結びつけて考えてきたのと同じ種類の状況論理にもとづいており、また同じ種類の指標的推論によって特徴づけられている」(8)。

これらは、哲学的解釈というよりも、むしろ科学社会学の研究成果として到達した結論である。だから、たとえば科学的認識の基盤と長い間みなされてきた実験法は、周辺状況の情報を翻訳し、構成する過程として、研究されてきた。しかし、実験法は、自然科学の二重の解釈学と明らかに区別される「二重の解釈学」なのであろうか。クノール＝セイティーナを含め、一部の人びとは、そうではないと主張する。こうした区別は次の二つの想定に依拠している、とクノール＝セイティーナは述べる。ひとつは、人間が自然界に見いだすことができない「因果的行為能力」を有しているという想定、もう一つは、社会的世界には、因果的行為能力を誘発する示差的な手段が、つまり、意識的な充当利用手段が存在するという想定である。どちらの想定も、正しいとはいえない。ひとつ目の想定は、自然界の因果律についてのあまりにも洗練されていない理解にもとづいている。なぜなら、自然的世界における客体もまた、原因力をもっていると主張できるからである。二つ目の想定は、かりに直接対比できないにしても、自然界においてもそれに相当する情報受容の誘発メカニズムが存在するという事実を無視している。

ハーバーズとド・ヴリースは、二重の解釈学について対立するこれらの見解を経験的証拠に照らして検討できると指摘する。クノール＝セイティーナは、その主張の根拠を、自然科学に関する歴史学的、社会学的研究に置いている。知識と行為というもっと広い枠組みのなかでの社会科学の影響力についてじかに考察してみたらどうであろうか。ハーバーズとド・ヴリースによれば、二重の解釈学という命題は、次の二つの仮説を前提にしている。ひとつは、社会現象を組成する常識的解釈が歴史的変化の主因となった場合に、社会科学のなかで提示される解釈もそれに対応して変化していくとする仮説、もう一つは、社会科学のなかで展開される新たな概念なり知見を、たんに社会学者の世界のなかだけでなく、「一般の人びとが形成する常識という公開討議の場《フォーラム》」との関係においても、擁護していく必要があるとする仮説である。二重の解釈学という観念は、自然科学における状況と対照的に、社会学者には、自分たちの考えを一般の聴衆に提示しなければならないという、たんなる市民としての責務よりも、むしろ「科学者としての」責務があることを、暗に意味している。(9) ハーバーズとド・ヴリースは、これらの仮説を、オランダにおける教育の発達過程について考察することで検証しようとした。

社会学者は、教育機会の不平等を立証することに前々から関心をよせてきた。こうした不平等状態に影響する要因をあばこうとして、一九五〇年代以降さまざまな国で数多くの研究がおこなわれてきた。そのひとつに、才能をめぐってオランダで一一人の研究者グループのおこなった研究がある。この調査研究の目的は、従来から存在すると考えられてきた「まだ使われていない才能」の大規模な予備軍の研究である。いいかえれば、かなり生い立ちの貧しい子どもの多くが中等教育の上級課程に進む資格を有しているにもかかわらず、この子どもたちをこの子どもたちにふさわしい学校に見いだすことはおそらくできないと考えられてきた。調査結果は、こうした予想と食い違っていた。子どもたちは、その子の能力に合った学校に通っていた。貧しい境遇出身の子どもたちの進学が相対的に不十分なのは、初等教育後に進む学校の種類の決定にたいして誤った指導がなされていたからではない。子どもたちは、初等学校において、すでに学業に遅れをとっていた。

当初、ほとんどの教育当局はこうした結論を受け容れ、また政府の施策も、こうした結論にもとづいてきた。ところが、その後、別の研究者が、同じデータから得た新たな算定を用いて著作を発表した。この研究者は、「才能」について別個の概念を用いることで、まだ使われていない才能の予備軍が実際に存在する、と結論づけた。才能に関する最初の研究は、「能力主義社会」とは何かについての世間一般の見解と合致する想定の枠組みのなかで遂行されていた。二つ目の研究では、研究者は、こうした想定を攻撃し、たんに教育機会の不平等に関して最初の研究と異なる見解を提示しただけでなく、教育機会の不平等を減らすために実際に役立つ別の取り組み方をも提案していった。この研究者の用いた概念と示した知見は、それ以前に存在した「能力主義社会という合意」の消滅に寄与した。その後、教育社会学は、研究課題を新たに規定し直し、対立するいくつかの視座に分かれていく。こうした対立する視座は、たち代わって教育政策をめぐる公の論争のなかに徐々に浸透していった。

ハーバーズとド・ヴリースは、自分たちの研究が二重の解釈学の具体例になっていると指摘する。一般社会が教育に関していだく見方は、社会の調査研究過程によって修正され、また調査研究過程の修正を助長してきたからである。研究作業の「理論的表現様式」が一般の人びとが広くいだく想定と一致している場合、いずれの側も、常識的想定を顧みることをしない、とふたりはいう。こうした状況のもとでは、社会学の研究者は、自然科学者とほとんど同じように、「自立した科学者」として登場することが可能である。とはいえ、一般の人びととの間で多様な、異なる意見が存在する場合、社会現象の分析に関しておこなわれる主張は、いろいろな公開討議の場で提示され、同時に擁護される必要がある。ハーバーズとド・ヴリースは、次のように結論づけている。

社会科学者は、自然科学における常識と科学的知識の関係とは明らかに異なるかたちで、常識的思考に依存している。もちろん、自然科学の場合でも、理念や概念、隠喩等々を非科学的伝統から取り入れており、また常識的思考は情報源として役立つかもしれないが、常識的解釈は、社会科学にいろいろな制約を加えて、社会科学の認識論的展開を、私たちが示した仮説のなかで詳しく述べてきた線にそって拘束していく(10)。

ウィリアム・リンチは、こうしたハーバーズとド・ヴリースの所説を批判し、クノール＝セイティーナに近い見解を主張している(11)。社会科学と自然科学は、結局のところさほど異なってはいない。しかし、このことを理解するには、社会科学よりも自然科学にもっと注意を集中させる必要がある。たとえば、研究対象に関する説明と、その研究対象からの「応答」との間の相互作用は、社会的世界だけでなく、自然的世界においても生ずる。社会生活では、行為者のおこなう説明は、しばしば、それどころか通常は「代表されている」――押し黙ったままの人もいるが、その場合、他の人びとがその人を代弁している。同じことは、科学者なり普通の行為者が自然的世界を「代弁」する自然科学においても生ずる。同じように、自然的現実のもつ因果的秩序は、その自然的現実に負わされた説明によって作り変えられていく。なぜなら、自然的世界は、自力活動できない所与の客体ではなく、それ自体が科学者や一般の行為者のもたらす説明によって「組成」されているからである。

自然科学における演繹的–法則定立的な法則という事象について考察したい。このような法則は「現実の世界に適用できない」と、リンチは述べている。それどころか、こうした法則は、こうした法則が「適用できるように思える」条件を確立するために、科学者が自然的秩序にたいしておこなう手の込んだ介入に依拠している。こうした法則を実験室の外にまで「拡大適用」することは、法則に類似した行動の「適切な明示」が可能になる条件を構築することを、暗に意味している。こうした法則は、「その適用可能性が、論証のための介入や操作を決して完全に実現できないし、要求しない排他的条件に依存する」[12]。

かりに自然科学者が社会科学者以上に多くの自立性を権利主張できるとすれば、それは主として、科学の主張にとって好都合な文化が近現代の社会のなかにある程度まで発達してきたからである。自然科学者がその認識上の選択にたいして社会科学者以上に説明責任を負っていないことは、膨大な数の研究によって確証されてきた。それゆえ、社会科学における二重の解釈学にだけ焦点を当てることは、自然科学が一般の人びとの生活に及ぼす認知的、実践的影響力を不明瞭にする従来からの傾向性を、より一層強める。二重の解釈学は、とりわけ社会科学に適用された場合がそうであるように、「自然科学の発達に過去に加えられた門外漢たちの圧迫の経験的検討と、さらに潜在的には、一般の人びとが利害関係をもつとおそらく主張する争点へのより一層の介入[13]」を排斥している。

こうした考え方の妥当性を査定するために、二重の解釈学という概念について『社会学の新しい方法規準』のなかで取り上げた見地をいくつか――たんに「二重」の意味だけでなく、「解釈学」の意味についても――再検討していく必要がある。二重の解釈学という考え方は、ある面で論理的な、またある面で経験的な観念である。所与のいずれの脈絡においても、「誰かがいまおこなっていることがら」を記述できることは、行為体みずからが自分たちの活動を組成する際に承知していたり、また適応することがらを知っていることを指し示すという意味で、すべての社会科学は不可避的に解釈学的である。それらのことがらを知っていることは、「うまくやっていく」ことが（原則的に）できることである――それは、当事者たちと社会科学の観察者が相互知識を共有していることである。このような解釈学的要素に相当するものは、自然科学には存在しない。自然科学は、このようなかたちの認識能力をもつ行為体を――たとえほとんどの動物の行動事例においてさえ――問題にすることがないからである。

このことは、二重の解釈学の論理的側面である。一般の行為者は概念を担う存在であり、その人たちが担う概念は、その人たちの活動のなかにそれらの活動を組成するかたちで参入していく。社会科学の概念は、日常の行為でのその概念の充当利用や日常の行為への組み入れから隔絶された状態でありつづけることができない。二重の解釈学の経験的側面は、制度的再帰性に関係している。制度的再帰性は、さきに言及したように、近現代の社会秩序の成熟にともない、とりわけ広範に見いだすようになった現象である。社会科学は、決して近現代の時代特性を完全に研究し尽くしているわけではないが、モダニティの制度的再帰性と深く結びついている。この点に関して多少のただし書きが必要であるとはいえ、経験的な現象としての制度的再帰性は、調査研究のきっかけとなる。社会科学の観察者は、自分の研究成果を公表することで、研究成果にたいする統制力を放棄していく以上、再帰性から決して完全に超然とできるわけではない。自己成就的なり自己否定的予言を防ぐことで制度的再帰性を鈍化させようとする予言は、『社会学の新しい方法規準』が明らかにしているように、無駄な企てである。それは、調査研究が時としてそうした予言に注意を払うことができないからではなく、そうした予言を、社会科学と社会科学の「研究対象」との関係に固有なものというよりも、むしろ研究過程の堕落とみなしているからである。

ハーバーズとド・ヴリースが企てたこの種の研究に何らかの価値を見いだすことはできるのであろうか。私は、制度的再帰性の過程の事例研究として価値があるように思う。しかし、私見では、二重の解釈学が現実に存在することを立証するために、新たな経験的研究は必要ではない。制度的再帰性はまさしくモダニティの中核をなしているため、制度的再帰性の具体例を私たちは数限りなく提示できる。二重の解釈学は、ハーバーズとド・ヴリースがふたりのおこなった説明で想定した以上に極めて複雑であり、またふたりがおこなったように狭く限定できるわけでもない。社会現象についての移ろいやすい常識的解釈と、社会科学の理念や理論との間に必然的な呼応関係は何も存在しない。両者の間には、数多くのさまざまな結びつきや対立が生じうる。私見では、社会科学の知見は、その活動を社会科学が研究対象として網羅する人びとと《向かい合うかたちで》、またそれ以外の人びととも《向かい合うかたちで》、確かに擁護される必要がある。しかし、このことは、本来、倫理的ないし政治的問題である。なぜなら、ものごとはなぜ現実にそのようなかたちで生起するのかを、一般の行為者以上にもっと「よりよく知る」ことが自分たちの権利である、と社会科学は主張しているからである。

これらの考察は、自然科学に二重の解釈学が存在するのか否かという疑問を解決していない。かりに存在するとすれば、私たちは、旧来の自然主義的見解と極めて異なる解釈であるとはいえ、「科学の単一性」をめぐる新たな解釈を手にするべきである。『社会学の新しい方法規準』を執筆して以降このかた、自然科学に関する構成主義的説明やエスノメソドロジー的説明が早々と生みだされ、それらは、多少極端な見解は別にしても、科学に関する洗練された社会学的理解の出現に多大に寄与してきた。とはいえ、私は、それらの説明がここで表明した見解を危うくするとは思わない。科学の「二重の解釈学」を、一般の人びとの信念や活動に関して科学がもつ自立性と同一視すべきではない。この点で、相互知識と常識の区別の必要性を主張しておくべきであろう。科学的観念は、常識的な確信や概念に疑問をさし挟むだけでなく、そうした常識的な確信や概念に由来してくる。こうした確信は、自然科学の研究調査にとって促進要因として作用する場合もあれば、逆に抑制要因として作用する場合もある。自然科学の概念や知見は、社会的世界から分離されたままの状態で、つまり、人間が自然界にたいしておこなう、概念的、技術的介入から分離されたままの状態でいるわけではない。自然科学の解釈学と、研究手続きを構築するための関連活動は、学術上の意味や意義の相互作用だけに限定されるわけではない。ゲーデル以降、数学の最も形式的な体系でさえ、「外側」という概念を想定してきたことを私たちは承知しているし、また、明らかに日常言語は、科学の研究手続きや議論を生みだし、遂行する媒体となっている。社会科学に特有な二重の解釈学という命題が、科学と一般の人びとのいだく文化との間の相互作用を禁ずることを暗に意味しているととらえるのは、確かに正しくない。

とはいえ、自然科学者と自然科学の研究領域との関係は——科学者どうしの関係や、科学者と一般の人びととの関係と異なり——私が定義したかたちでの相互知識によって組成されるわけでもないし、また媒介されているわけでもない。このことは、二重の解釈学が社会科学に特有なかたちで関係している理由である。この点は、自然科学に関しても社会科学に関しても、一部の人びとが、黙っていたりはっきり言わない人びとのために発言しているという事実によって影響されるものではない。それはまた、構成主義が、たとえ最もラディカルな装いをとったとしても影響を及ぼすことのない立場でもある。なぜなら、自然的世界こそがみずからについての説明を組み立てていくなどということを、誰も言い出すことはできないからである。

二重の解釈学のもたらす帰結のひとつは、社会科学に端を発する観念や知見が、それらが実際の活動のありふれた構成要素のなかに一体化される度合に応じて、「姿を消す」傾向にあることである。これは、社会科学が、自然科学に類する「専門技術的」応用性を有していないし、自然科学ほど一般の人びとの評価を得ていない理由のひとつである。なぜなら、最も興味深く、挑発的な観念は――論点をもう一度強調するために言えば、多くの異なる結果が生ずる可能性を必然的にともなうとはいえ――まさしく一般の人びとの生活領域のなかでおそらく把握できる考え方となるからである。表面的に見れば、近現代の文明は自然科学によってほぼ完全に支配されているように思える。社会科学は、自然科学に比べて、はるかに地味で、勝ち目がない。しかし、現実には、社会科学が――社会活動の諸条件にたいする系統的かつ幅広い見聞にもとづいた熟考として、可能なかぎり最も広い意味で理解していった場合に――及ぼす強い影響力は、近現代の制度にとって中心的な、極めて重要な意義をもつし、近現代の制度は、社会科学を欠いてはその存在を考えることができない。

本文を改訂するにあたって、重大な変更をおこなわなかった。新たな項や節を実質的に何も加えなかっただけでなく、改訂は、表現方法の修正と、極端に時代遅れになったデータに言及している一、二の段落を削除することだけにとどめた。初版で示した註のうち約半分を省いたが、残した註を最新のものに代えることはあえてしなかった。また、初版に載せた参照文献の一覧も省略した。

第一版への序論

社会科学は、私たちが今日承知しているように、一八世紀後半から一九世紀の自然科学やテクノロジーの目ざましい進展によって形成された。私は、そっけなくこう述べたが、そこに隠される複雑な問題を十分に認識している。人間が、自然界を、科学においては知性の面で、またテクノロジーにおいては物質の面で、うわべは支配するのに成功したことが無批判的に社会思想のモデルとなったという言い方は、確かに正しくないであろう。一九世紀を通じて、さまざまなかたちで装われた社会哲学における理念主義と文芸におけるロマン主義は、自然科学が育んだ理知的な観点を疎んじてきたし、また、通常、機械技術の普及に強い敵意を示してきた。しかし、総じてこうした伝統に立つ人びとは、自然科学の主張を容易に信じようとしなかったように、社会現象に関する科学を創りだす可能性にたいしても同じように懐疑的であった。しかし、その人たちの見解は、まさしくそうした社会現象の科学を創りだそうと努めた人びとのもっと大きな影響を及ぼす著作にとって、たんなる口喧しい引き立て役でしかなかった。ほんの一、二の名前を個別に挙げるのは無謀な企てであるとはいえ、コントとマルクスを、社会科学のその後の発達に傑出する影響を及ぼした人物とみなすことは妥当であろうと思う（私は、この社会科学という言葉を、主に社会学と人類学を指称するのに用いるが、時として経済学や歴史学を指すためにも用いたい）。コントは根本的な影響を及ぼしている。なぜなら、デュルケムの著述の至るところに明示されているように、社会学的方法に関するコントの概念形成は、二〇世紀の「アカデミックな社会学」や人類学のいくつか基本的テーマのなかに、その痕跡を容易にたどることができるからである。マルクス主義は、マルクス自身がコントを軽蔑的に退けたことにならって、コントの強調したことがらと関連する社会理論の潮流に対立してきた。社会現象の自然科学という構想をコントが説く場合、たとえその構想が、転倒されたヘーゲル弁証法に基礎をおいたマルクスの研究の示す緻密さ（そして、そういわざるをえない論理的難点）を欠いているとしても、コントの言説は、『実証哲学』のほんの二、三ページにざっと目をとおせば誰もが確認できるように、実際には洗練されていた。コントもマルクスもともに自然科学の華々しい成功の陰で著述活動をおこない、また、ふたりとも、社会における人間の行動の研究にも科学が拡大適用されることを、人間の人間みずからにたいする理解の漸進的進展の直接の成果とみなしていた。

コントは、このような人間の人間みずからにたいする理解の進展を、教養として神聖視した。「科学のヒエラルキー」とは、たんに関係の論理的順序だけでなく、歴史的序列をも表わしている。人間の知識は、まず最初、人間みずからの関与や統制が及ばず、人間が主体として何の役割も演じない自然現象の領域で、神秘主義の被いを一掃していく。最初が数学であり、次が天文学であった。科学の発達は、つづいて人間生活に徐々に近づき、物理学、化学、生物学を経て、社会における人間行動の科学である社会学の創設につながっていく。ダーウィン以前においてさえ、生物学における進化論がどのように科学的推論の原理による人間行動の解明のお膳立てをしてきたかは容易に理解できるし、また、マルクスがエンゲルスとの研究で達成しようと企てたことがらに匹敵するものとして『種の起源』に示した熱中も、容易に理解できる。

神秘性を排除し、神秘性に終止符を打つ。このことは、コントとマルクスが同じように期待し、努力した点である。かりに自然現象が非宗教的な秩序であることを暴露できるのであれば、人間の社会生活を謎めいたままにしておいてよいはずはない。なぜなら、科学的知識から人為的統制に進むのは、おそらくほんの一跨ぎのことになるからである。つまり、人間がみずからの社会的存在の諸条件について正確な理解を手にしてしまえば、みずからの運命を合理的に決めるようになるのは当然である。マルクスが心に描いたことがらはいろいろな意味にとれる。したがって、私は、マルクスの主張のある種の解釈を、少なくとも存在論のレヴェルではこの論考と容易に合致できるように思う。それは、マルクス主義を、資本主義の消滅と社会主義による交代をたまま予言した、社会現象の自然科学とみなす解釈ではなく、人間の社会的存在における客観性と主観性との歴史的相互連関について見聞広くおこなわれた研究とみなすマルクスの解釈を指している。それでもやはりマルクスの著作に強い自然主義的傾向が見られるかぎり、また確かにそういう傾向はあったが、自然現象の科学がすでにもたらしたのと同じような耳目を驚かす啓発と説明能力を、人間の社会生活の研究においても再現できるような社会の科学を予見し、そうした科学を生みだす努力をしてきた人物として、マルクスをコントと同じ範疇に入れることは可能である。とはいえ、その意味では、確かに社会科学を失敗した企てとみなさなければならない。ニュートン以後のあらゆる野心的な学問にとってのモデルとなり、一九世紀においては絶対的にみならうべき目標とされた古典力学で獲得した外見上の確実性を有する精密な法則体系に比べれば、社会科学の成果は、人びとに強い印象を与えていない。

今日、この点を社会科学の分野で同じ類の理想に連綿と執着する人たちもおおかた認めており、それは必然的にそうなる。自然現象の科学と同じ類の論理構造を有し、同じような成果を求める社会現象の自然科学を確立したいとする願望は、相変わらず強い。もちろん、そうした願望をいだく人の多くは、社会科学が、たとえそれほど高度に発達していない一部の自然科学でも有するような精確さなり説明能力に匹敵するものを近い将来に生みだすことが可能であるとの確信を、さまざまな理由から放棄している。とはいえ、社会科学におけるニュートンの出現を切望する声を、たとえ今日その種の期待を捨てがたく思う人よりその可能性に懐疑的な人のほうがおそらく多いにしても、依然としてかなり耳にする。けれども、ニュートンのような人物をいまだに待ち望む人たちは、たんに到着しない列車を待つだけでなく、まったく見当違いの駅で待っている。

もちろん、まずはじめに重要なのは、二〇世紀に入って自然科学そのものの確実性が攻撃されるようになった経過を明らかにすることである。こうした攻撃は、主に、物理学の内的転換と、さらにアインシュタインの相対性理論や相補性理論、「不確定性理論」によるニュートンの排除をとおして生じている。しかし、同じように重要なのは、少なくともこの論考にとっては、新たなかたちの科学哲学の出現である。科学哲学では、過去四、五〇年間に古典物理学で経験された混乱の結果から、相互に絡み合いながらも究極的には対立する二つの動向を確認できる。一方で——しかも、それは決して逆説的でないが——自然科学的知識を、あるいは自然科学的知識による個別の特性描写を、「知識」として正当視できるものすべての手本とみなすべきであるとの主張を支持する努力がおこなわれてきた。かりに、かの有名な「検証原理」そのものが検証不可能であることが即座に明らかにされ、そして、人間に関することがらから形而上学を削除するという極端な試みをすみやかに断念したとしても、論理実証主義や論理経験主義の及ぼす影響力は、圧倒的ではないにせよ、引きつづき根強い。ここ数十年間に、こうした正説信奉にたいして次第に首尾よい異議の申し立てがなされてきた。そうした異議の申し立てのなかで、カール・ポパーの研究は、疑問の余地がないわけではないにしても、中核的な役割を果たしている。たとえポパーの本来の意図がどうであるにせよ、帰納論理にたいするポパーの批判と、科学における知識要求をどこかでしなければならないが、それをはじめる《べき》場がどこにもないというポパーの主張は、たんにそれ自体価値があるだけでなく、後につづく研究貢献の跳躍台としても決定的に重要であった。

こうした自然科学での議論のなかには、社会科学における認識論の問題にとって直接的な意味をもつ議論もある。しかし、自然科学がたとえどのような哲学の外被でおおわれているにしても、いずれにせよ社会科学は自然科学の分身の立場から抜け出すべきである、と私は主張したい。このことで、私は、人間の社会的行動の研究の論理と方法が、自然現象の研究で必要とされる論理と方法とまったく相違すると主張しようとしているのではないし、また、そのようなことを明らかに考えてもいない。さらに、《精神科学》の伝統を継ぐ人びとが表明するような、どのような類のものであれ一般化を目的とした社会科学は論理的に認められないとの見解を支持するよう提案するつもりもない。けれども、社会科学の認識論と抱負が、自然現象の科学のそれとまったく同じであるとする社会科学のとらえ方は、いずれもおのずから失敗を余儀なくされる運命にあり、結局のところ人間社会についての限られた理解に帰着するだけである。

社会現象の自然科学として想定された場合の社会科学の不首尾は、適用できる状況が精確に認識され、「専門家集団」の間で容認されるような抽象的法則の集積を欠いていることにだけ明示されるのではない。その不首尾は、一般の人びとのとる反応のなかにもはっきりと示されている。コントとマルクスがいだいた目論見では、社会科学は啓示的でなければならず、それまでの時代の愚鈍な偏見を一掃し、そうした偏見を理性的な自己理解に置き換えるはずのものであった。社会科学の「知見」にたいして一般の人びとが示す一見「抵抗」のように思える反応は、自然的世界に関する理論がこれまで時として引き起こした反感、たとえば、地球が平らでなく球体であることを認めたがらないのと、多くの場合、まったく同等の反応である。しかし、この種の抵抗は、常識を動揺させたり、混乱させる科学上の発見や理論によって引き起こされている（既得権者たちが科学的観念に示す反感について、ここでは言及しない）。けれども、社会の成員がしばしば社会学の主張にたいしていだく不満は、まったく正反対である。つまり、社会学の「知見」が、自分たちのいままで知らなかったことを何も教えてくれない――さらにもっと悪く言えば、日常の用語体系で完全に熟知されていることがらを専門用語で着飾らせているだけである――という不満である。社会科学にかかわる人びとの間では、こうした不満を真面目に受けとめたがらない傾向が見られる。とはいえ、結局のところ自然科学は、人びとの当然視してきた確信が、つまり、「十分承知していた」ことがらが、実際には間違いであったことを多くの場合に明らかにしてこなかったのであろうか。常識を点検し、社会の一般の成員が知りたいと求めていることがらをその人たちは本当に知っているのかどうかを確かめることが社会科学の任務であると、なぜありのままに言ってはいけないのであろうか。しかしながら、たとえこうした異議の申し立てが最終的に支持されないにしても、私たちはそうした異議の申し立てを真剣に受けとめるべきである、と私は提案したい。なぜなら、社会は、詳細に説明することが難しい意味合いにおいて、人間という行為体が意識的に用いる技の結果として生じているからである。

社会と自然界の相違は、自然界が人間の所産ではない、つまり、人間の行為に《よって》創りだされるのではないという点にある。どんな人でもたったひとりで社会を築き上げることはできないが、とはいえ、社会は、《無から》というわけでないにしても、あらゆる社会的出会いに加わる人びとによって生みだされ、また新たにつくり直されていく。《社会の生産》とは、人びとによって支えられ、人びとによって「生起される」熟達した遂行である。社会の（相応な能力をもつ）成員はいずれも実際の経験から学んだ社会の理論家であるがゆえに、《社会の生産》は、現実に可能となる。人は、どのような類の出会いを維持する際にも、通常、強制的ではない、型にはまった仕方で、社会についての知識や理論を参考にしている。そして、こうした実践的資源の活用は、いずれにしても出会いのまさしく生産条件となる。このような資源（私はこれらの資源を、後で「相互知識」と総称するつもりである）は、それ《自体》が、社会科学者の用いる理論に照らして誤りが改められる性質のものではない。むしろ研究者は、これらの資源を、自分たちがおこなういずれの研究においても、つねに参考にし、たよりにする。いいかえれば、社会の成員が社会的相互行為を生みだすために用いる資源を十分に理解することは、社会の成員みずからにとって不可欠であるのとまったく同じように、社会科学者が社会の成員の行動を理解するうえでも不可欠な条件となる。この点は、異なる文化を訪れ、その地で観察した行動を記述しようとする人類学者には容易に認識できるが、みずからが熟知している文化の枠組みのなかで人びとの行動を研究する人にとっては、さほど明白ではない。なぜなら、その人は、こうした相互知識を当然視する傾向が強いからである。

分析哲学や現象学におけるあまり最近のものではない展開に大部分依拠しながら示されてきた近年の社会学の動向は、これらの問題におおいに関心をよせている。社会科学と哲学の間でこのような交流が生じたことは意外でもない。そうした哲学の広範な伝統に内在する主要な論点のいくつか——つまり、「実存主義的現象学」や「日常言語哲学」、それに後期ウィットゲンシュタイン哲学——を特徴づけるのは、人間の社会生活という脈絡のなかでの行為や意味、慣習にたいする関心が再生してきたことにある。今日、行為の問題にたいする関心は、社会科学において目下主流をなす考え方にとって、確かに相容れないものではない。「行為」という用語自体、タルコット・パーソンズの研究では、「行為の準拠枠」というかたちで最も重要な位置を占めている。パーソンズは、少なくともその初期の著述では、みずからの取り組み方のなかに明らかに「主意主義」という枠組みをとり入れようとした。しかし、パーソンズは（J・S・ミルのように）、主意主義を、パーソナリティにおける「価値の内面化」と、したがって心理学的動機づけ（「欲求性向」）と同一視しつづけていた。《パーソンズの「行為の準拠枠」には、行為は存在せず》、欲求性向ないし役割期待によって駆り立てられた行動しか存在しない。舞台は設定されているが、行為者は、自分たちについてすでに事細かに書かれた台本にしたがって、役柄を演ずるだけである。こうしたとらえ方のもつさらに詳しい意味合いについて、私はこの論考で後ほど明らかにしたい。しかし、一般の人びとがこうした理論のなかに自分自身の存在を認めがたいことに気づいたとしても、それは少しも不思議ではないであろう。なぜなら、パーソンズの著述は、他の多くの研究者の著述に比べ理論面で非常に洗練されているとはいえ、私たち人間を、熟達した聡明な行為体として、少なくとも私たちみずからの運命をある程度まで左右できる存在として登場させてこなかったからである。

この論考の最初の部分では、社会思想と社会哲学の主要な潮流をいくつか手短に、かつ批判的に駆け足で一覧することにしたい。存在の哲学がかなり抽象化されたレヴェルでのハイデッガーや後期のウィットゲンシュタインと、他方、社会科学に関するかぎりであるが、さきのふたりほど有名でないシュッツやウィンチの間には、広く認識されていないとはいえ顕著な結びつきを見いだすことができる。シュッツとウィンチには、本質的な差異がひとつある。シュッツの哲学は、自我の観点に固執し、したがって、私たちは他者について断片的で不完全な知識以上のものを決して得ることができず、他者の意識は私たちにはおそらく永久に閉ざされたままになる、との見解にとどまっていた。一方、ウィンチは、ウィットゲンシュタインにならって、私たちが自分自身についての認識を獲得できるのは公に手に入れられる意味の範疇をとおしてである、と考えていた。しかし、シュッツもウィンチもともに社会的行動の記述を定式化する際に、観察者である社会科学者は、社会成員みずからが自分たちの行為を記述したり説明するのに用いる、シュッツの用語で言えば、類型化によることになるし、また必然的にそうならざるをえない、と主張する。そして、ふたりは、それぞれ別々のかたちであるが、人間の行動における再帰性ないし自己覚知の重要性を強調する。シュッツとウィンチの主張はいくつかの点であまり隔たっていないため、ふたりの著作にほとんど同じような限界が見られるのは、さほど驚くことでもない――それは、私見では、「行為の哲学」を論じてきた多くの人びとが、とりわけウィンチと同じく後期ウィットゲンシュタインの影響をとりわけ受けてきた人びとがともにする限界でもある。「ポスト・ウィットゲンシュタイン派哲学」は、私たち人間を社会のなかにしっかりと植え込み、言語の多岐にわたる性質と、言語が社会的実践のなかに埋め込まれていることを、強調する。とはいえ、「ポスト・ウィットゲンシュタイン派哲学」もまた、私たちを社会のなかに植え込んだままにしている。生活形式を左右する諸規則は、パラメーターとみなされ、そのパラメーターの範囲内で、またそれとの関連で、行動の態様は「解読」され、記述されることになる。しかし、二つの問題が不明瞭なままになっている。ひとつは、時間の経過にともなう生活形式の変容の分析をどのようにはじめるのか、もう一つは、ある生活形式を左右する規則は別の生活形式を左右する規則とどのように関連づけたり、あるいはそうした規則によってどのように表現できるのか、の二点である。「ポスト・ウィットゲンシュタイン派哲学」は、ウィンチを批判する人たちの一部（ゲルナーやアーペル、ハーバーマス）が指摘したように、社会学の前に立ちはだかる基本的争点のいくつかが、つまり、制度的変化と異文化間の媒介の問題がまさにはじまるところで頓挫してしまう相対主義に、結局は終わってしまう。

注目されるのは、ウィットゲンシュタインの『哲学探求』と直接ほとんど何の結びつきももたない哲学なり社会理論の学派のなかに、「生活形式」（言語ゲーム）の概念と少なくともいくつか重要な点で類似する概念が、頻繁に現われていることである。つまり、「多元的現実」（ジェームズ、シュッツ）、「変転する現実」（カスタネダ）、「言語構造」（ウォーフ）、「プロブレマティーク」（バシュラール、アルチュセール）、「パラダイム」（クーン）である。もちろん、こうした概念の明示する哲学上の観点にしても、またその概念を明らかにするために論者が展開した問題にしても、ともに非常に根本的な相違を見いだすことができる。これらの相違はいずれも、現代哲学の広範な最前線での、意味の理論における経験主義や論理的分子論からの離反の動きを、ある程度まで示している。しかし、個別的な「意味の領域」の強調が、意味と経験の《相対性》の原理をいかに悪循環の罠にかかった《相対主義》に陥らせ、意味変化の問題を論ずるのを不可能にさせているかを明らかにすることは、難しくない。この論考では、一方で相対主義を拒否しながらも相対性の原理を認めることがいかに可能であり、また重要であるかを、私は明らかにしたい。この点は、さきに言及した人びとのうちのほとんどではないにしても何人かがとる傾向、つまり、意味の世界を他から媒介されない「自己完結」した世界とみなす傾向から逃れられるか否かにかかっている。自己の認識が（G・H・ミードが明らかにしたように）幼児のごく初期の経験から他者の認識をとおして獲得されるのと同じように、言語ゲームの学習、生活形式への参加は、その生活形式から明確に排除されていたり、弁別されるべき他の生活形式について学ぶなかで生じていく。この点は、ウィットゲンシュタインの一部の信奉者たちがどのように解釈しようとも、ウィットゲンシュタインの考え方とたしかに相容れないわけではない。それぞれの「文化」は、実際の活動や儀礼、遊戯、技芸のレヴェルで、多くの種類の言語ゲームに具体化されている。したがって、ある文化に精通することは、発育ざかりの幼児のように、あるいは外国人の観察者や訪問者のように、表象や手段、象徴等々である言語の間を移動するなかで、そうした言語ゲームの諸類型が媒介するものごとを把握するようになることである。シュッツとクーンは、それぞれまったく別々の文脈のなかで、シュッツは異なる「現実」の間を移動することの「ショック」について論じており、またクーンは新しい「パラダイム」の理解を突然の「ゲシュタルトの切り換え」と称している。しかし、確かにこうした突然の変換が間違いなく生ずるとはいえ、社会の一般成員は、科学者が理論的熟考の段階でおこなうのと同じように、言語や活動の異なる秩序の間をまったく型にはまったかたちで推移している。

現代の社会思想において最も意味のある収斂した考え方は、デュルケムとフロイトがそれぞれ独自に到達した「価値の内面化」の問題にかかわる、とパーソンズは論じている。しかし、もっとそれにふさわしい例として、ミードやウィットゲンシュタイン、ハイデッガー——さらに、ハイデッガーに追随するガダマー——がさまざまな観点からそれぞれ個別に到達した、再帰性の社会的（および《言語的》）基盤という考え方を挙げることができるように私は思う。実証主義的傾向の強い社会理論の学派では、自己意識を、ほとんど評価に値しない邪魔ものとつねにみなしてきた。これらの学派は、外部からの観察を「内観」の代わりにしようとしている。事実、「意識の解釈」は、それが自己によるものであれ観察者によるものであれ、明らかに「当てにならないこと」が、つねにそうした学派の《理解（*Verstehen*）》を拒否するうえでの主たる理論的根拠であった。この人たちは、意識の直観的ないし感情移入的把握を、人間の行動に関する《仮説》

がよりどころにする可能性があるもののひとつとしか見ていない（それは、ウェーバーでさえ共鳴した見解である）。一九世紀から二〇世紀初期の《精神科学》の伝統では、《理解》を、とりわけ《方法》として、つまり、人間の活動の研究手段として、また他者の経験の「追体験」なり「再演」に依拠するとみなしてきた。このような見解は、ディルタイや、後に修正されたかたちでウェーバーによって示されてきたが、確かに論敵である実証主義者の非難を被りやすかった。なぜなら、ディルタイとウェーバーはともに、それぞれ異なるかたちであるとはいえ、「理解の方法」が、「客観的」な、それゆえ相互主観的に検証できるデータをもたらすことを強調しようとしたからである。しかし、ディルタイとウェーバーが「理解」と名づけたものは、たんに他者のおこなうことがらの意味を理解するための方法ではないし、また、かなり秘技的に、あるいは不鮮明なかたちで他者の意識を感情移入的に把握することを必要とするわけでもない。《理解とは、それ自体が社会における人間生活の存在論的条件に他ならない》。この点は、ウィットゲンシュタインが、また実存主義的現象学の一部がもたらした重要な洞察である。つまり、自己理解は、他者の理解と不可分に結びついている。したがって、現象学的意味での志向性を、私的な精神経験の言いようのない内的世界の表現の一部としてでなく、言語のもつコミュニケーション上の範疇に《必然的に》依拠するとみなすべきであり、逆に、言語は、明確な生活形式の存在を前提としている。自分のおこなうことがらの理解は、他の人たちのおこなうことがらの理解ができることによって、つまり、記述ができることによってのみ可能となり、また逆に、他人のおこなうことがらの理解は、自分のおこなうことがらの理解をとおしてのみ可能となる。それは、感情移入の問題というよりは、むしろ意味論の問題である。そして、人類の示差的属性としての再帰性は、言語の社会的特質に、密接かつ不可分に依拠している。

言語は、何よりもまず、象徴体系ないし記号体系である。しかし、言語は、ただたんに、あるいは第一義的にも「潜在的記述」の構造ではない——言語は、実際の社会的活動の媒体である。「説明可能性」の組織化とは、ハイデッガー以後の実存主義的現象学で十分に解明されてきたように、社会生活の基本的条件である。コミュニケーション行為における「意味」の生産は、その「意味」が下から支える社会の生産と同じく、行為者の熟練を要する達成である——当然視されているが、それにもかかわらず決して完全に当然視されてないゆえに、もっぱら成し遂げられることがらである。コミュニケーション行為における意味は、一般の行為者によってその意味が生産されているとはいえ、コンテキスト依存に何の注意も払わない形式論理の枠組みのなかで別のかたちに置き換えることができないように、語彙目録によって簡単に把握することはできない。このことは、正確であろうと想定されて社会科学で使用されるある種の「尺度」に見いだす明らかに皮肉な巡り合わせのひとつであり、一般の人びとは、社会科学で用いる範疇が多くの場合に相容れない押し付けがましいもののように一見思えるために、こうした尺度をひどく不快に感じている。

この論考では、シュッツの現象学にはじまり、解釈学的哲学や批判理論における最近の展開に至るまでの、社会理論と社会哲学のいくつかの思想潮流について検討する。これらの学派のそれぞれから、私が必要に応じて摂取したことがらを明らかにすると同時に、そうした学派の不十分な点をいくつか指摘していきたい。とはいえ、この試論は、何かをまとめることを意図した著述ではない。また、今日の社会思想での類似したいくつかの潮流にとりわけ注意を喚起することになるとはいえ、社会学にとっての確固とした論理的枠組みを最終的に確立する内的収斂過程を示そうとするのが、目的でもない。今日の社会思想には、私の主張の多くが直接関係しているとはいえ、この論考で詳しく分析してこなかった立場がいくつかある。私が念頭におくのは、《機能主義》、《構造主義》、それに《象徴的相互作用論》の立場である——確かにこれらの名称は、一連の多様な見解にたいして貼られたレッテルであるとはいえ、それぞれの学派には中心となり、他から明確に区別されるテーマが存在する。この論考で展開する議論が、こうした社会理論の伝統に特徴的な立論となぜ異なるのかを、ここでおおまかに述べておきたい。

少なくともデュルケムやパーソンズに代表される機能主義には、本質的に欠ける点が基本的に四つあるように私は思う。ひとつは、すでに言及したように、人間の主体的行為を「価値の内面化」に還元していることである。二つ目は、それにともない、社会成員の行いが社会生活を《能動的に組成する》とみなすのに失敗していること。三つ目は、孤立した状態にある規範なり「価値」を、社会的活動の、したがって社会理論の最も基本的な特徴ととらえるために、権力を《副次的な》現象とみなしていること。四つ目は、社会のなかで相違し、相争う《利害関心》との関連で、相違し、相争う「解釈」を免れないものとしての規範が、《取り決め》られた性質をもつ点を概念構成のうえで中心にとらえるのに失敗していること、である。私見では、こうした失敗が暗にもたらす意味は、非常に有害であり、したがって、他の異なる視座と融合させることで機能主義を補正し、救済しようとする企てをいずれも損ねてしまう。

「構造」という言葉の使用は、「記号」という言葉の使用が記号言語学と特別な結びつきを何らもたないように、「構造主義」とはとくに何の関連性ももたない。「構造」が社会理論で不可欠な概念であることを、私ははっきり主張したいし、また、以下の議論でもこの概念を用いていきたい。しかし、この「構造」概念についての私の解釈は、それを「記述的」用語と考える英米の機能主義に特徴的な解釈とも、また還元的なかたちで用いるフランスの構造主義者の解釈とも異なることを、はっきりさせておきたい。なぜなら、構造概念のいずれの用法も、結果的に能動的な主体を、いわば概念上で抹殺してしまうからである。

象徴的相互作用論は、これら三つの学派のなかでは、熟達した創造的行為者としての主体に優位性を与えようとする唯一の学派であり、とりわけ米国の社会理論では、ここ数十年にわたって機能主義に唯一比肩できる存在であった。ミードの社会哲学は、この点が非常に重要であるが、再帰性をめぐって、つまり、「主我」と「客我」の互酬性をめぐって、構築されてきた。しかし、ミード自身の著述においてさえ、「主我」の《組成的》活動に重点は置かれていない。ミードが専心没頭していったのはむしろ「社会的自己」であり、「社会的自己」の強調は、ミードのほとんどの信奉者の著書でさらに一層顕著になっている。したがって、「社会的自己」を「社会的に決定された自己」と安易に解釈し直すことが可能であるため、このようなミードの理論化の様式がおそらくもたらすことができた重要な影響力の多くは、失われてしまった。それ以来、象徴的相互作用論と機能主義の差異はさほど際立っていない。このことは、なぜ象徴的相互作用論と機能主義が米国の社会理論で合体できたのかを説明している。米国の社会理論では――ミードからゴッフマンに至るまで、制度と制度的変化に関する理論を欠いてきた――象徴的相互作用論と機能主義との区別は、総じて「ミクロ社会学」と「マクロ社会学」のたんなる役割分担とみなされている。とはいえ、この論考で私が強調したいのは、行為者による社会の組成（あるいは、私がしばしば表現するように、生産と再生産）と、行為者みずからがその一員である社会による行為者の組成との関連性の問題が、ミクロ社会学とマクロ社会学の区別とまったく何のかかわりももたない点である。この問題は、そうした区別をいずれも超えた問題である。

1

社会理論と社会哲学のいくつかの潮流

この章では、一見当惑するほど多様に思える思想潮流について論じていきたい。とはいえ、これらの潮流は、すべて同じ主題をいくつか共有するだけでなく、相互にかなり明確な結びつきを示している。こうした潮流は、いずれも何らかのかたちで、人間の行為の「解釈的理解」に関する、言語と意味の問題にかかわっている。私の関心は、これらの思想潮流が依拠する伝統をひとつに結びつける知的源泉について、こと細かな分析をすることではない。誰もが、こうした伝統を少なくとも三つに容易に区別できる。最も早くに確立されたのは、ドイツでは一八世紀にまで遡る《精神科学》ないし「解釈学的哲学」と呼ばれている伝統である。もちろん、この伝統は、含意に富み、複雑に入り組んだ潮流であり、人間行動の研究において《理解（*Verstehen*）》の観念が中心的な位置を占めることで、また社会科学と自然科学の問題の根本的な相違を一貫して強調することで、独自の思想体系としてのまとまりを示している。マックス・ウェーバーは、一面でこの伝統にたいして極めて批判的であったとはいえ、この伝統の影響を色濃く受けてもいた。《理解》という言葉は、むしろ主としてウェーバーの著述をとおして、英語圏の社会科学者の間で耳慣れた新語となっていった。ウェーバーの説く「理解社会学」をここで詳細に検討することはしない。その理由は、ウェーバーの見解にたいする多くの批判的分析を文献のかたちで容易に入手できるからだけではない。後で明らかになると思うが、私は、行為の解釈と説明に関するウェーバーの立論のほとんどが、その後の方法の哲学における展開に照らして、すでに時代遅れになっているとみなすからでもある。

二つ目は――あまり近年の潮流なので「伝統」と称するのはおそらく不適切かもしれないが――後期ウィットゲンシュタインの影響に由来する思想潮流である。この潮流は、英国の哲学に最も強く基盤を置くために、オースティンの「日常言語哲学」と、その「日常言語哲学」のその後の展開におおまかに色分けできる。ウィットゲンシュタインかオースティンに立脚点がある研究者で、ヨーロッパ大陸の解釈学の影響を何らかのかたちで受けた人はほとんどいなかった。それでもなお、この二つの潮流の間に、表面化してきた争点についても、またその争点にたいする取り組み方についても重要な一致点が見られることは、今日では明白なように思える。

三つ目にとり上げる現象学は、この章で重要な位置を占める潮流であるとはいえ、他の二つの潮流の仲介者としての役割をかなり果たしている。複雑に枝分かれした相互の結びつきを、手短に言えば次のようにたどることができる。シュッツの著述は、フッサールの著述におおいに負っている。しかし、シュッツはまた、フッサールとウェーバーを結びつけ、したがって間接的に《精神科学》の伝統と結びついている。次に、ガーフィンケルの研究は、シュッツの研究に出発点があり、シュッツを、ウィットゲンシュタインやオースティンから摂取した思想に結びつけてきた。ウィットゲンシュタインの『哲学探求』は、ウィンチの著作に最も大きな刺戟を与えている。以下で言及する何人かの研究者が指摘したように、ウィンチの考察と、現代の解釈学的哲学の重鎮ガダマーが展開する考察との間には、明らかに類似性を見いだすことができる。そして、ガダマーの研究は、それ自体が現象学の伝統の支流のひとつであるハイデッガーの代表する潮流の影響を著しく受けている。

実存主義的現象学——シュッツ

現象学の存在を英語圏の社会科学者が知るようになったのはごく近年のことであるといっても、妥当であろう。少なくとも、現象学の哲学者の著作が広範な注目を集めはじめたのは、この二〇年くらいの間である。しかし、フッサールはウェーバーと同じ年代に著述活動をはじめていたし、またシュッツは、パーソンズが『社会的行為の構造』(1)を刊行したほぼ同じ時期に、フッサールとウェーバーに由来するテーマを発展させようとして、その主著を執筆していた。現象学といっても、それはひとつにまとまった思想体系を指称するわけではない。フッサールには名だたる信奉者がいろいろといたが、その人たちのうちでフッサールが追求したのと同じ方向をたどった人はほとんどいなかった。たとえば、シェーラーやハイデッガー、メルロ=ポンティ、サルトルといった人びとの哲学上の取り組み方に見いだす相違を私はここで詳述しないが、現象学の伝統が内部的にかなり多様であることを心に留めておくべきであろう。

フッサールの最も重要な目標は、少なくとも初期の著述では、経験的知識に超越する哲学図式の確立におかれていた。すべての意識は、ブレンターノがその用語に与えた意味合いで「志向的(intentional)」である。もちろん、この「志向的」は、私たちが英語で「意図的な(intended)」行為という場合に通例意味することがらとは異なる。ブレンターノには、スコラ哲学にまで遡って明らかにした理念、つまり、意識にはつねにそれを構成する対象が存在するという考え方が念頭にあった。したがって、認識論は必然的に存在論を意味し、知識は存在を意味する。だから、「客観的」とは(たとえ「実在的」でないにしても)、意識がその対象に向けられていないかぎり、何の意味ももたない。経験主義は、その中心概念を「感覚与件」に置くので、この点を多少認識しているが、思考がいかに個別的なことがらから一般的なことがらへ、特定の経験から抽象的分類へ進むのかを説明できずにいる、とフッサールは主張する。抽象的概念を特定の対象物や出来事と同定することはいずれもできないし、また抽象的概念は、決して一定の数の対象物や出来事の集約ではない。「観念的全称命題」とその具体的「特殊命題」の間には、純然たる違いが存在する。志向性は「イデー化の行為」を必要としており、「イデー化の行為」は、注意する対象そのものとはっきり区別できる。したがって、この点がまさにフッサールの関心の焦点であった。

なぜなら、かりに私たちが《判断停止《エポケー》》状態であらゆる経験的個別事項を「括弧に入れる」ならば、私たちは、あたかも意識の本質を看破できるように思えるからである。それゆえ、初期のフッサールは、超越論的現象学の探究過程で、主観性をその純粋なかたちで明らかにしていくために、「生活世界」と「自然的態度」を——つまり、物質的世界に関して、他の人びとに関して、さらに自分自身に関して私たちが日々の生活でおこなう通常の想定を——一掃すべき、たいして価値のないものとみなしていた。こうした逃げ場から脱却し、存在をその最も本質的な側面において考察する手段で武装し、先入観を免れることができれば、私たちは現実の歴史的世界を再び把握することが可能になる。つまり、現実の歴史的世界を、手つかずの複雑な状態において組成し直すことが可能になる。

厄介なのは、現実の歴史的世界が組成し直されるのを拒否することである。この問題について私は詳述しない。なぜなら、そこに内包される難題はよく知られており、また、実際にフッサールをして晩年の著作でその考え方の一部を修正させているからである。かりに、私たちが現実の歴史的世界から、その世界と何の接点ももたない「自己完結した」意識「領域」へ脱出するにしても、こうした領域の存在を哲学的に確認するためのいかなる手段を私たちは獲得してきたのであろうか。結局のところ、「自然的態度」は、私たちがものごとの本質を洞察するために払いのけねばならない遮蔽物ではおそらくない。フッサールは、確かに晩年の研究で「生活世界」に注意を集中し、とくにそれ以前には超越論的《判断停止》状態においてともに無視してきた、「自然的態度」と科学で採用される態度とを区別しようと努めた。そして、科学で採用される態度が、

「自然的態度」をすでに免れているとする自負にもかかわらず、「自然的態度」を免れることができない点を明らかにしようとした。しかし、一部の論者がおこなってきたように、フッサールが以前にとった立場を根底から改めたと推測するのは誤りであろう。「生活世界」の強調はフッサールを歴史的現実により一層近づけたかのように思えたが、「生活世界」の分析でフッサールがおこなった試みは、超越論的哲学のレヴェルにとどまっていた。現実世界内存在は、現象学的に組成されねばならなかった。相互主観性の「問題」は依然として手に負えない問題である。他者を（事実、「超越論的自我」に相対立するものとしての具体的自己でさえも）どのようにして意識のたんなる志向的投企以上のものとみなせるかの解明は、依然として難しい。

確実性の追求――前提条件に束縛されない知識の追求――が不可欠な課題であるだけでなく、個人意識の考察をとおしてしか達成できない課題でもあるという見解は、聖職者政治の支配から脱却して以来、西欧哲学のなかに非常に深く埋め込まれている。しかしながら、個人の意識が、他の種類の知識に、「外在的」世界や他者についての知識に優先するという主張は、他者が決して一種の影のような副現象的存在でないことを明らかにするための絶望的努力をおこなわねばならないという結果をもたらす。だから、たとえばフッサールにとって、志向性とは主体と客体との内的関係であって、自我が壮大な心的行為のなかで経験的世界を離脱できる現象学的還元の方法は、こうした志向性が主体と客体との内的関係であるとする出発点に依拠している。フッサールは、それ以前の意味と経験に関する理論のなかで受け容れがたい前提とみずからみなしてきたことがらにたいする反動として、志向性の概念を展開させ、その過程で、意味付与の「イデー化の行為」を重視し、意味と指示対象の区別をことごとく放棄するにいたった。多くの論者は、この点に異議を唱え、志向性に関するフッサールの定式化を修正するべきであると提言してきた。たとえば、ライルは次のように論評する。

事実であると自分の認識することがらが、その事実を自分が知っていようといまいと事実であると主張することは、かりに自明ではないにしても、いずれにせよもっともなことである。だから、このように修正された志向性の概念で操作される現象学は、確かに自己中心的な形而上学に終わるはずではないし、あるいは、たとえば論理学や物理学の哲学といった哲学の他のすべての部門にたいして、優位性を主張できるわけでもない。(2)

とはいえ、フッサールの信奉者のほとんどが超越論的哲学の提示という目的を放棄し、「生活世界」における人びとの経験に関心を向けている以上、つまり、その関心が本質から実存に移行している以上、それでもはたして現象学と言えるのであろうかという、一時的な興味にとどまらない疑問が生ずる。重要な点であるが、このことは、フッサールの体系を骨抜きにし、それが生じてきたところへ、つまり、ブレンターノがその大要を述べた自己経験の記述へと、フッサールの体系を引き戻している。しかし、ブレンターノは、シェーラーや、とりわけハイデッガーとサルトルが没頭した世界内存在の自己の問題よりも、むしろ自己の心理学に関心をよせていった。フッサールの図式を実存主義者の図式と合体させたことの特有な結果である非合理主義への強い傾向は、とりわけサルトルの初期の哲学のなかに、つまり、「無は存在に《つきまとう》(3)」とする人間のみに関係する哲学のなかに、とりわけ明示されている。しかし、こうした傾向は、サルトルの『弁証法的理性批判』においても決して見られなかったわけではない。『弁証法的理性批判』は大著であるとはいえ、サルトルは、人間存在の非合理性を歴史の非合理性と折り合いをつける方向には、つまり、存在論的自由を歴史的必然性と折り合いをつける方向にはほとんど進まなかった。

フッサールの主な門弟ではシュッツだけが、現象学の理念を社会学の先行する諸問題を解決するために応用しようとし、それを一生の仕事にした。さらに、現象学は社会行動の十分に成熟した科学にたいして基盤を用意できるし、またそうしなければならないとする徹底した合理主義者の立場を、シュッツだけが生涯を通じて守りつづけた。シュッツは超越論的自我の問題を当然のことながら重要視したが、シュッツの目論見は、実際には徹底して生活世界の記述的現象学に向けられていった。相互主観性は、哲学の問題としてでなく、(後で私が主張するように、満足のいく解決はなされていないにしても)社会学の問題として現われる。シュッツの関心は、フッサールのいう《判断停止》を裏返しにした、「自然的態度」そのものにある。「自然的態度」は、物質的、社会的現実にたいするみずからの信念の留保を想定するのではなく、まったく逆である。

見えている以外の何かではないのかという疑いを留保する。それが、「自然的態度の《判断停止》」である。[4]シュッツは、最初の、また最も基本となる著作のなかで、ウェーバーのいう「有意味的行為」の解明から出発して、このウェーバーによる解明がいくつか重要な点で当を得ているとはいえ、このウェーバーによる解明を、自然的態度の研究によって、つまり、シュッツが「常識的世界」や「日常的世界」等さまざまに名づけることがらの研究によって、補足し、敷衍する必要性を明示しようとした。シュッツによれば、ウェーバーの社会的行為の概念構成は、ウェーバーが考えたような「原初的なものでは決してなく」、「さらにもっと進んだ研究を必要とする、非常に複雑多岐にわたる問題領域をたんに指し示すにすぎない」。[5]二つの疑問が未解決のままに残されている。ひとつは、行為者は、反射的「行動」と対比されるような行為をおこなう際に、自分のおこなうことがらに「意味を付与する」とウェーバーは述べているが、どのような意味合いでそう述べているのであろうか。もう一つは、《社会的》行為をおこなう際に、行為者は、どのようにして他者を独自の主観的経験を有する別個の人として体験するのであろうか。

ひとつ目の疑問に関しては、たとえばある人が木を伐る行いをしている場合に、私たちはその人がおこなうことの意味を「直接の観察」によって理解すると考えていた点で、ウェーバーは間違っている、とシュッツは主張する。なぜなら、その人の活動を「木を伐っている」と名づけること自体が、その活動をすでに解釈しているからである。その活動を「木を伐っている」と名づけることは、「客観的な意味」であり、観察した行動を広範な解釈の脈絡のなかに当てはめることである。さらに、ウェーバーの有意味的行為の議論では、行為が挿話的出来事であり、また行為者の観点から見て、ベルグソンが用いる意味において持続性をもつという事実を、つまり、行為は「生きられた」体験であるという事実を、考慮に入れていない。この点への注意を怠っているために、ウェーバーは、行為の観念の両義性に気づいていない。行為の観念は、主観的体験そのものか、あるいは完了した行いかのいずれかを指している。生きられつつある行為に私たちが意味を「付与する」と考えるのは、誤りである。なぜなら、私たちは、行為そのものに没頭しているからである。体験にたいする意味の「付与」は、行為者なり他者がその行いを再帰的に見ることを暗に意味しており、過ぎ去った行いにたいして過去を振り返りながらはじめて適用できることがらである。したがって、体験とは本質的に有意味であるという言い方もまた、誤りである。「すでに経験されたことがらだけが意味を有しており、目下経験されていることがらは意味を有していない」。

行いの再帰的カテゴリー化は、行為者が達成しようと努める目的や企ての同定に依拠している。企ては、ひとたび達成されれば、経験の一時的な流れを完結した挿話的出来事に変えていく。この点について、シュッツは、ウェーバーが行為の企てを——将来の達成への方向づけを——その行為の「理由」動機と区別していないと批判する。企ては、つまり、「目的」動機は、それ自体では何の説明的意義ももたない。この点を説明する際に、シュッツは、雨のときに傘をさす行為を引き合いに出している。

傘をさすという企ては、その行為の原因ではなく、たんなる根拠のない先行的予測にすぎない。逆にいえば、傘をひらくという行為は、その企てに「かなう」場合もあれば「かなわない」場合もある。それにたいして、降雨に気づくというだけでは、何の企ても示されない。降雨に気づくことと、「かりに雨に身をさらせば服が濡れる。それは好ましくない。だから、それを防ぐために何かをしなければならない」との判断の間には、何の結びつきも存在しない。「結びつき」やつながりは、自分の過去の経験の全体連関に注意を向けさせようとする私自身の志向的［注意―この言葉の現象学的意味合いにおいて］行為によって生みだされる。(6)

シュッツの著述では、「有意関連性」という概念が重要である。行為のいずれの進行過程においても、「主題」と「地平」を区別できる。「主題」とは、その時の行為者の関心事である特定の企てと有意関連性をもつ状況なり行為の、主観的に評定された諸要素を指すのにたいして、「地平」とは、行為者が自分の成し遂げようとすることがらと何の有意関連性をもたないとみなす状況の諸側面を指している。(7)生活過程は、行為体がいだく企てのヒエラルキーの絡み合いや重なり合いに応じてつねに変化する有意関連性の体系を必然的にともなっている、とシュッツは主張する。つまり、生きられた体験の淀みない流れは、一連の重複し合う主題と地平の面から分析が可能である。だから、たとえば小説を読み終えるという企ては、その人が仕事に出かけるために本を伏せることで中断されるかもしれない。それゆえ、小説を読み終えるという企てられた行いは潜在化したり、一時停止されるが、容易に再開できる状態にある。「私たちは、さまざまな深さのレヴェルで私たちのパーソナリティの諸層とつながりをもつ、一個の主題的有意関連性と、多くの周縁的な主題的有意関連性にかかわっている」[8]。

シュッツによれば、他者の行動の理解を《類型化》の過程として現象学的に詳細に検討することが可能であり、行為者は、この類型化の過程をとおして他者のおこなうことがらの意味を把握するために、経験的に会得した解釈図式を当てはめていく。中核となる社会関係は、直接的に経験される他者との関係、つまり、「われわれ関係」であり、行為者が日常の社会生活で当てはめる社会形態に関する他のすべての観念は、この「われわれ関係」から得られる。いずれの対面的接触においても、行為者は、その関係に、「手持ちの知識」の蓄積を、つまり、「常識的理解」の蓄積を持ち込み、こうした「常識的理解」によって、他者を類型化し、自分の行為にたいする他者の予想される応答を推測して他者とのコミュニケーションを維持することが可能になる。行為者の有する「知識の蓄積」は、「もっと先になって気づくまで妥当性をもつ」として当然視されていく。それは、「状況ごとに変化し、不確定性を背景にしていずれの場合にも浮き彫りにされる『自明性』の総体」である。知識の蓄積は、その性質上実用的である。したがって、行為体は、日常の社会的行為のなかで、他者に応答するためのおびただしい数の処方箋を所有している。しかし、行為体は、かりに観察者に問われても、通例、そうした処方箋を意識的に定式化された

「理論」として説明することができない。[9] とはいえ、他者はまた、「共存在者」、つまり、われわれ関係の領域以外においても、行為者が聞知しているとはいえ直接出会うことのない「同時代者」として、また行為者が出生する前に生存していた先の世代である「先行者」として、行為者の意識のなかに現われてくる。シュッツは、その著述のほとんどで、主にわれわれ関係に注意を集中させている。なぜなら、このわれわれ関係の分析によってはじめて、同時代者と先行者の領域のもつ意義を明らかにできると明言していたからである。この同時代者と先行者という二つの社会的領域の間には明確な境界線が存在せず、両者は互いに溶け込んでいる、とシュッツはいう。シュッツによれば、他者の行動の意味を理解するために用いる知識の蓄積は、さまざまな「限定された意味の領域」ないし「多元的現実」のなかで組成され、作用する。このような意味の領域の変更は、たとえば労働という功利主義的な世界から聖なる領域なり遊びの領域へ移行できることとは、社会的行為者の通常の相応な能力の重要な要素である。とはいえ、こうした注意力や応答の移行を、通常、行為者は「ショック」として——それぞれの世界の間の分裂として——経験する。

社会の一般成員が見いだす有意関連性は、日々の社会生活の実践的用務に即応している。それにたいして、社会学の観察者が見いだす有意関連性は、純粋に「認識的」ないし「理論的」である。[10] シュッツによれば、理解社会学の方法は、行為の主観的基盤を解明するために、行動の「類型的モデル」を構築しなければならない。「すべての社会科学は、理解社会学も含め……その第一義的目的を、社会的世界に生きる人びとがその社会的世界について考えたことがらを可能なかぎり解明することに置いている」[11]、とシュッツはいう。社会科学で定式化される概念は、「適合性の原理」にしたがう。こうした社会科学の概念を、シュッツは「二次的」構成物と名づけている。なぜなら、これらの概念は、行為者みずからが有意味な社会的世界をつくり上げる際に用いる概念と、必然的に結びつく必要があるからである。適合性の公準は、シュッツが定式化したように、次の点を明示している。つまり、社会科学の用いる概念は、「類型的概念構成の指示するかたちで生活世界のなかで個々の行為者のなし遂げる行いが、行為者の仲間だけでなく、行為者自身にとっても、日常生活の常識的解釈という観点から理解が可能になるように構成されなければならない」[12]。

実存主義的現象学についてシュッツが下した解釈の長所と私がみなす点には、後で言及したい。ここでは、さし当たりその欠点にもっぱら注意を向けたい。

志向性と時間意識、行為に関するシュッツの論議のほとんどは、フッサールにじかに基盤を置いており、フッサールに固有な認識論的目論見を放棄しているとはいえ、フッサールの苦心の作である超越論的現象学を特徴づける自我の主観性の問題とは、臍の緒でつながれたような緊密な結びつきを保っている。シュッツにとって、社会的世界は「厳密にいえば、私の世界」である。あるいは、シュッツがもっと専門的な用語法でいうように、社会的世界は、「自我意識の作動しつつある志向性に本来的に依拠し、またそのなかにありつづけるものにすぎない」[13]とされている。

その結果、「外的世界」を、とりわけ相互主観性との関連で組成し直す際に、フッサールのいう志向的意識が引き起こした問題は、再びシュッツの社会的世界の現象学につきまとい、悩ましている。シュッツは、現象学的還元を出発点にしたために、社会的現実を対象世界として組成し直すことができない。このことはシュッツによる「同時代人」と「先行者」の不完全な説明のなかに明示されており、「同時代人」と「先行者」は、行為者の意識に現われるかぎりにおいてのみ、シュッツの分析で重要な位置を占める。したがって、「一目見ただけでは私自身と私の先行者のひとりとの間の関係のように思えるものも、つねに結果的に私の側の一方的な他者志向となる」[14]。先行者のとる行動が後続者の行動にじかに影響を及ぼす可能性がある稀な具体例として、シュッツは、わずかに財産の遺贈を引き合いに出すことしかできない！　しかし、デュルケムが的確に強調したように、連続する世代は、財産以上のものを次の世代に遺贈する。超越論的意味合いでの志向的意識が、社会的領域を組成することはありえない。事実、この点がそうであることをシュッツみずから認めており、シュッツは、フッサールの著述を解釈する際に、まだ説明のついていない相互主観性の問題と対決する努力をまったく何もしていない。社会的世界の研究をさらに進展させるために、私たちは「厳密な意味での現象学的方法を放棄」しなければならない、とシュッツは主張する。「社会的世界の存在を容認することで研究に取りかかる」[15]必要がある。

ウェーバーによる「主観的に有意味な行為」の解明は不十分であったかもしれないが、ウェーバーは、所与の行為の経過がいずれも他者にたいしてもたらす、意図されたり意図されなかった

「客観的帰結」が社会学的分析にとって重要なことを、少なくとも終始認識していた。こうした問題への関心は、シュッツの著述ではまったく示されていない。シュッツの研究は、行為の結果よりも、むしろ行為の条件の解明に総じて向かっていった。したがって、ウェーバーが執拗に強調した権力の格差の問題は、実際のところシュッツの主張にほとんど反映されていない。社会の分析は、「社会的世界のなかで暮らす人びとがその社会的世界をどのように考えているかを明らかにする」だけでなく、それ以上のことがらを——行為が及ぼす一般に気づかれていない影響作用の面からだけでなく、行為者の意識によって媒介されない行為の決定条件の面からも——解明しなければならない、とウェーバーは強調した。その強調は、まったく正しかった。

シュッツによる「目的」動機と「理由」動機の区別は、ウェーバーのいう直接的理解と説明的理解との弁別を書き直す試みである。しかし、シュッツは確かにウェーバーの見解の不十分な点をいくつか首尾よく暴露しているとはいえ、シュッツ自身の見解は、それほど得心のいくものになっていない。たとえば、「理由」動機は、次の二つの例をともに網羅すると考えられている。つまり、「ある人が、仲間に唆されたために人殺しをした場合[16]」と、ある人が「雨を防ぐ手だてを何もせず雨に身をさらせば、ずぶ濡れになり、すぐに気持ちが悪くなる。そうなるのを防ぐ方法は、傘をひらくことである。だから、傘をひらくことが私のすべきことである[17]」という道理にしたがったために傘をひらく場合、の二例である。とはいえ、後の例は暗黙のうちにおこなわれる実践的推論の筋道を示すが、先の例はそうではなく、その代わりに他者の行動が行為体の行動に及ぼす影響作用を問題にしている。少なくともこのことのもたらす言外の意味のひとつは、シュッツのいう「目的」動機と「理由」動機を区別するとともに、さらに特定の行動の経過が生ずる際に行為体が再帰的に適用する理由を識別しなければならないことである。

終わりに付け加えて言えば、シュッツのおこなった「適合性の公準」の定式化は、不十分である。シュッツによれば、社会科学理論の用語は、かりに「類型的概念構成」によって明確にされた活動の態様が行為者自身の概念によって「行為者みずからにとっても理解可能になる」場合にのみ、「適合性をもつ」とされている。しかし、このことが何を意味するのかは、少しも明らかでない。かりにこの主張が、社会学の概念はいかに抽象的であろうと、有意味的行為の具体的形態と究極的に釣り合わなければならないことだけを意味するのであれば、啓発する点は少しもない。他方、社会科学の専門的概念はその概念が表示する行動をおこなう人びとによって理解できる概念に翻訳可能でなければならないという言外の意味をもつとすれば、なぜそのようなことが望ましいとされるのかにしても、また――シュッツみずから指摘するように、社会学的概念の定式化に導く関心が、それゆえ判断基準が、日々の想念に必要とされる判断基準と異なることを考えあわせば――どのようにしてそうした翻訳が可能であるのかにしても、その理由を理解するのは難しい。

かりに広範囲の人びとが自分の研究を「現象学的」と称してきたり、あるいは明らかにフッサールの著作に依拠してきたからだけの理由で、はたして現象学的社会学は「成立できる」のか「成立できない」のかといった疑問を提起することが有用であるとは、私は思わない。シュッツの著作には、フッサールの超越論的現象学のなかで最初に表面化したのと同じ厄介な問題がいくつか、たとえ厄介さの度合が軽減され、形を変えてきたとはいえ、再び現われているという言い方は、正しくないように私は思う。これらの厄介な問題のなかに、「外的」現実を、自然的世界の意味においても、社会的現実の「事実性」の意味においても、どのように現象学的に組成すべきかという問題が含まれる。さらに、いわゆる「他者の問題」（相互主観性）が含まれている。この他者の問題は、この場合もまた、超越論的自我のレヴェルでも、「超個人的」構造としての集合体の存在を包み込み、解明する、もっと世俗的なレヴェルでも現われる。

エスノメソドロジー

現象学の諸概念が社会学で影響力を及ぼしている事実にもかかわらず、現象学がいまや滅びかけた哲学であると論じられるのは、当然かもしれない。ヨーロッパ大陸の哲学者の間では、実存主義の第二次大戦後の隆盛が――終始どこか《世の顰蹙をかう成功》であったとはいえ――急に先細りとなり、関心は別の領域に移って、新しい視座が発達してきた。英米の哲学者は、つねに現象学にたいしてことさら疎遠な態度をとってきた。とりわけ英国では、難解な専門用語体系と道徳上の堕落にたいする不安が混じり合った「現象学的実存主義」に対応するのが日常言語哲学であり、日常言語哲学は、英国の安楽な素封家階級が身につける、ひとり悦にいった上品さをことごとく示していた。とりわけ、オースティンほかの第二次大戦後のオックスフォードの哲学者と結びついた「日常言語哲学」は、習慣上「分析哲学」と称されるもっと広い範疇の哲学と区別されているが、この「日常言語哲学」もまた、完全に影響力を失っていないにしても、今日では衰微しているように思える。それゆえ、一部の社会科学者が現象学を借用してきたように、別の社会科学者たちが日常言語哲学に関心をよせ、現象学の病める身体に生気を吹き込もうとしているように見えるのは、むしろ注目すべきことである。エスノメソドロジーのなかには、この双方の哲学の観点に拠りどころを置く企てを見いだすことができる。ひとつならず二つの死にかけている哲学を蘇生させ、両者を互いに結びつける努力をしても、社会科学にとって取り上げる価値のある論点が生みだせるとはほとんど思えないといった感想を述べたい誘惑にかられる。しかし、そうした感想は妥当でない。エスノメソドロジーは、こうした生いたちの説明が示す以上に創意に富み、挑発的な取り組みである。

前段で言及した哲学の二つの学派は、哲学上の様式の相違にもかかわらず、また相互の影響作用をほぼ完全に欠いているにもかかわらず、互いに何か共通するものがあるとおそらく主張できる。この二つの学派は、ともに日常的世界の研究に、つまり、科学者の世界と対立する一般の人びとの世界の研究に収斂しているように思える。(かつてオースティンは、むしろ不愉快そうにであるとはいえ、自分の研究を「言語学的現象学」と称したことがある。）現象学は、少なくとも非本質論を装う立場では、さきに確立された哲学上の伝統のほとんどに共通する仕方で、とりわけ実証主義哲学において顕著なように、「自然的態度」を軽蔑したり、排除するべきではない、と主張している。むしろ、常識こそが、これまでの哲学者たちの犯した真の過ちや途方もない考えを論駁する拠りどころとならねばならない理念や実践の宝庫である。ここにもオースティンとウィットゲンシュタインの哲学の間の主要な接点があり、この接点は、イギリス哲学における「第二次革命」のおおまかな動向をひとつにまとめている。(18)

とはいえ、ガーフィンケルはパーソンズに負うことをはっきり認めているものの、ガーフィンケルにとって、シュッツの著述こそがみずからの考え方を展開させる最初の刺戟を与えたように思える。(19)シュッツの影響の端的な現われはガーフィンケルの比較的初期の論文に見いだすことができ、その論文のなかでガーフィンケルは、社会的行動における合理性の本質に関するシュッツの見解を検討して、それを敷衍しようとした。この論文での議論は、ガーフィンケルがおこなう「科学の合理性」と、常識、つまり、「自然的態度」の合理性との区別にもとづいている。(20)ガーフィンケルは、「科学の合理性」という表現によって、ウェーバーが合理的行為の分析で想定したような観点を、つまり、明確な手段－目的という判断基準を社会的行動の説明にも適用する立場を指称している。この観点に立った場合、行為者が自分の行動を方向づける際に行為者みずからの用いる判断基準とまったく食い違うかもしれないし、また通常は食い違う、そうした観察者の用いる判断基準によって、動機づけられた行為を説明することになる。とはいえ、結果として、人びとの社会的活動の広範な領域は「非合理的」とみなされ、「合理的行為」は、ほんの周縁的意味しかもたなくなるように思える。かりに私たちが社会的行動の解釈に適用できる合理性の基準はただひとつしか存在しないとする考え方を放棄し、かわりに行為者の用いる可能性があるさまざまな「合理性」を問題にするのであれば、合理的行為は、もはやたんに残余カテゴリーではなくなる。ガーフィンケルは、シュッツの例にならってこれらの「合理性」をかなり数多く弁別しており、こうした「合理性」は、社会科学の関心よりはむしろ実際の日常生活の関心にとって有意関連する。他方、社会科学のなかで作動する合理性の判断基準は――たとえば、概念を正確に定義づけ、可能なかぎり一般化するべきであり、また概念が「コンテキストに拘束されない」ことは――一般の行為者たちの関心を引く判断基準ではない。

一般の行為者は、社会の実践的理論家として、世界が（自然的世界も社会的世界もともに）外見上そう思えるとおりのものである――ガーフィンケルの著述のなかにいろいろ姿を変えて頻繁に現われる謎めいた表現――という想定を確認するように、自分の経験をうまく整理していく。

たとえば、二つの客体間の不確かな対応関係のように、客体の実際の外観と想定された客体との生じうる一連の可能な関係のなかから、人は、あらかじめ想定された疑う余地のない確実な対応関係が、是認できる対応関係であることを期待していく。人は、相手が自分とほぼ同じ仕方で同一の期待をいだくことを期待するし、また、この対応関係が相手にたいして当てはまるよう自分が期待するのとちょうど同じように、相手もこの対応関係が自分にたいして当てはまるよう期待することを期待していく。(21)

社会科学の観察者のとる態度は、それとは正反対である。ものごとはそれが現実に現われてくるとおりのものであるとする確信を一時停止させ、「自然的態度」を左右する実際的要求によって影響を受けることは(理念的に)ない。社会科学の観察者のとる態度と一般の人びとのとる態度は、互いに融合せず、根本的に乖離している。それゆえ、ウェーバー学派のような理解社会学のモデルを社会的行為の「理解」に適用する際に遭遇した困難な問題が、ここでも生じてくる。

したがって、社会生活は、行為者による営みであるため、「科学的態度」が明示するような合理性の基準に応えるための一連の弱々しい企てではなく、それどころかこうした合理性の基準が本質的にまったく関与しない、眩惑するほど多彩な一連の遂行とみなされるべきである。たとえガーフィンケルのこうした説明の出発点がシュッツの現象学にあるとしても、結果は別の方向に導かれている。ガーフィンケルは、シュッツがとくに重視した一種の動機分析を発展させることにまったく関心を示さず、日々の生活のなかで行為者が「自然的態度」をひとつの現象としてどのように《実現する》かに関心を向けている。ガーフィンケルによれば、エスノメソドロジーの根底にあるのは、「成員が、毎日整然と営まれる出来事という舞台装置を生みだし、管理していく活動は、そうした舞台装置を『説明可能』にするために成員が用いる手続きとまったく同じである」という主張である。社会の実践は、「日々の用務を組織化する過程でみずからが記述対象にするまさにその同じ日々の用務の後援のもとで遂行され、またその日々の用務のなかで出来事として生ずるように仕向けられている」と、ガーフィンケルはいう。[22] この点が、主観的経験の（本質的ないし実体論的）第一義性をデカルト的に強調する現象学からガーフィンケルを引き離し、「公に」解釈できる言語形態としての「状況規定された行為」の研究に向かわせている。こうした展開がオースティンと後期ウィットゲンシュタインのほうに向かうことは、容易に理解できる。なぜなら、発語内行為という観念は、つまり、ウィットゲンシュタインが述べる「言葉もまた行為である」[23] という考え方は、哲学上の目的よりもむしろ記述的目的にかなうとはいえ、ガーフィンケルが没頭する課題と明らかにぴったり合致するからである。

とはいえ、エスノメソドロジーが関心をよせる問題を記述する際に、ガーフィンケルは、さきに言及した哲学者たちの用語体系にほとんど依拠せず、かわりに「指標性」や「指標的表現」といったバー＝ヒレルの著作から引用し、最終的にはパースに由来する術語を用いている。パースは、もともと「指標的記号」という言葉を、コンテキストを異にすれば、トークンの意味も異なる可能性があるという事実を――そして、コンテキストによっては、異なるトークンが「同一」の意味的成分を表現する可能性がある（また逆に、同じトークンが別の意味的成分を表現する可能性もある）という事実を――指称するために造語した。バー＝ヒレルによれば、人が生活のなかで何かを説明するために生みだすセンテンス・トークンの九割以上は、指標的表現である。『私』『君』『ここ』『あそこ』『今』『昨日』『これ』といった表現を含むセンテンスのすべてはもとより、時制動詞をともなうセンテンスのほとんどが指標的表現であることは、明白である」[24]。こうした指標的表現は、日常の談話で生ずる際にそうであるように、社会の成員が社会的活動を実践的達成として計画していくための、まさしく素材である。しかし、社会科学の観察者にとって、こうした指標的表現は社会的活動を記述していくのにまさに妨げとなる、とガーフィンケルは主張する。社会科学の方法に関する改まった論議のほとんどは、指標的表現を「矯正」し、その表現の指標的性質を除去するかたちで言い換えることに専念している。とはいえ、日常の型にはまった言説での指標的表現の使用は、行為者が、自分の真意の表示がそれによって可能となる当然視された知識を活用できることを必要とする。この点は、決して所与のことがらではなく、行為者による説明の再帰性に依拠しており、行為者による説明は、行為者がおこなおうとしていることがらの組成要素である。他の社会的行為者も再帰性そのものを当然視しており、他の社会的行為者は、どのような社会的行為を「達成する」際にもこの再帰性にたいする認識を活用していく。「社会の成員は、自分たちのものごとの処理の手続きや知見の有するすべての実践的目的にかなう合理的適合性を生みだすために、あるいは成就するために、認識したり論証するために、こうした再帰性を熟知し、また必要とし、たよりにし、活用している」[25]。二人ないしそれ以上の人びとの間のどのような会話でも、現象の「説明可能性」は、当事者による相互「作業」である。

この相互作業を一連の「注釈の実行」とみなすことは可能であるし、こうした注釈をおこなうことで、「個別の発話状況に置かれた話し手は、非常に多くの言葉でもって言い表わすことができるものとは異なる何かを意味していく」[26]。

このような分析は、言語学にたいして明確かつ重要な言外の意味をもたらす。なぜなら、言語学では、「記号」や「語」、さらには「センテンス」という抽象的、自己充足的体系とみなされてきた言語の構造特性の観点から「意味論」を論じきれないことが、久しく明らかにされてきたからである。このことは、ウィットゲンシュタインやオースティン、ライルの著作から多大な刺戟を受けた重要な点であり、また、一世代前にラッセルの記述理論が――さらには「現実の全体を論理構造の世界として表象したい」とするカルナップの野望が――縮図的に示した強調点からの漠然とした離脱である。とりわけオースティンの見解と、さらに少なくとも後期ウィットゲンシュタインに関する一部の解釈は――もちろん、主として哲学の古くからの争点をいくつか解決するというよりも、むしろ解消させるために――日常の発話における語の意味の記述的かつ詳細な分析を促す方向に進んでいる。たとえ哲学本来の任務に関する多年の論争の真偽がどうであれ、ガーフィンケルのいうように、ウィットゲンシュタインの後期の研究が「哲学者たちの議論を指標的現象として考察し、そして……そうした現象を矯正する意図はまったくなしに記述する」[27]ものとして解読が可能であると提言することは、ある程度意味をなす。ガーフィンケルが定義づけるエスノメソドロジーの目的と直接関係するこうした論評と、言語哲学者の研究の間には、つまり、「言語コミュニケーションの単位は、一般に考えられているようなシンボルや語、センテンスではなく、またシンボルや語、センテンスから構成されるトークンでさえもない。その単位は、むしろ発話行為という実際の言語使用におけるシンボルや語、センテンスの生産なり発生である」[28]という見解に到達した言語哲学者による研究の間には、明らかな結びつきが存在する。しかし、こうした哲学者や言語哲学者のほとんどは、依然として発話を、人びとの間で一時的に状況づけられた会話としてでなく、むしろ抽象的な個々の行為者が生みだすものか、あるいは抽象的な言語規則なり言語慣習に同等に関係するものとしてとらえているように思える。ガーフィンケルやサックス、シェグロフほかの研究が指摘するように、発言によって伝達される意味は、こうした相違のもつ言外の意味はおそらく奥深いであろう。なぜなら、発言によって伝達される意味は、「会話という作業」が《その場所において》おこなわれる際の態様を介して、実際の会話の過程のなかで生ずるからである。したがって、会話の重要な構成要素は、会話そのものが、それゆえ会話を構成する発言のもたらす意味が、注釈されたり特徴づけられる際のあり方である。

かりにこのことがガーフィンケルの考え方と言語学との有意関連性を明らかに示唆しているとすれば、ガーフィンケルの見解は、社会学の問題にたいしてどのようなかかわりをもつのであろうか。ガーフィンケルの関心をおそらく強く引くように思える答えのひとつは、哲学が世界をそのままの状態に放置するように、エスノメソドロジーも社会学をそのままの状態に放置しているという答えである。だから、たとえばガーフィンケルは次のような言い方をする。「エスノメソドロジーの研究は、矯正策を処方したり、論ずるためにおこなわれているのではない」。「エスノメソドロジーの研究は、社会学的方法のマニュアルを作成するためにおこなわれているとはいえ、こうしたマニュアルは『標準的な研究手続き』の補足では《決してない》し、それらとはまったく別個のものである」。さらに、エスノメソドロジーの研究は、「理論をめぐる自由奔放な議論に関与したり、そうした議論を鼓舞するものではない」[29]と述べている。これらの主張が暗に意味すると思える点は、二つある。ひとつは、エスノメソドロジーの目的は、社会的実践そのものが有する説明可能性を説明可能にすることであるが、これらの実践を分類して一般的なレヴェルで説明しようと努める理論と同じ仕方で、指標的表現を「矯正」しようとするのではないという含意である。もう一つは、それゆえ、エスノメソドロジーの研究者は、自分自身の研究のために、社会の一般成員が日々の生活の過程でおこなう社会学と職業的社会科学者がおこなう社会学の差異を認めていないという含意である。職業的社会科学者がおこなう社会学は社会の一般成員がおこなう社会学以上に野心的な「矯正的もくろみ」をいだいているとはいえ、社会科学は、合理的に説明可能な他のすべての社会活動形態と同じように、実践的達成であり、またそのような達成として研究対象にすることが可能である。この点がたんにある種の社会学の社会学を唱道するかのように万一受けとられることに備えて、エスノメソドロジーは一見したところ経験的にさまざまなかたちをとるすべての指標的表現の記述的研究に限定されているために、ガーフィンケルのいう「構成的分析」と、つまり、正統派の社会学と、エスノメソドロジーの間には融合しがたい関心の相違が存在する、とガーフィンケルは急いで付け加えている。こうした態度が、「エスノメソドロジー的無関心」のひとつである、と主張している。

ガーフィンケルの見解と、エスノメソドロジーの用語を取り入れている他の人びとの見解には、明らかな相違があるために、「エスノメソドロジー」を簡単にひとまとめに評価することはできにくい。とはいえ、ガーフィンケル自身を含め、エスノメソドロジーの研究者の何人かが主張する「エスノメソドロジー的無関心」という態度は、かりにエスノメソドロジーと社会学の間にあると主張される論理的隔たりが実際に存在するのであれば一見簡単に失うはずのない無頓着さのせいで、実際にはほとんど守られていない。このことは、かりに社会学の「再組成」という目論見を明言するシュッツの著作がガーフィンケルの考え方の展開に及ぼした影響を思い起こせば、ほとんど意外でもない。ガーフィンケルの著作は、「構成的分析」に関する所見で実際には満ちあふれており、そこでは「構成的分析」にたいする無頓着な態度はほとんど見られない。たとえば、「日常生活の熟知された常識的世界が……的確な説明をしようとする社会学者の権利主張にたいして、奇妙な、頑強な主権を行使する」(30)といった所見のなかに、シュッツの企てのかなり明確な残滓を見いだすことができる。いずれにせよ、社会学がエスノメソドロジーにたいし無関心でいられないように、エスノメソドロジーもまた社会学にたいして無関心ではありえない、と私は主張したい。かりにこの点があまり明白でないとすれば、少なくともその理由の一部は、ガーフィンケルを含め、関係する研究者のほとんどが、ときには部分的に重なるとはいえ、論理的に互いに区別できる一連の論点を総じてごっちゃに論じているからである。これらの論点のなかには、行為とコミュニケーションにおける「合理性」の問題と、一般の人びとがいだく概念と専門的概念の関係の問題、それに「指標性」の問題が含まれている。

社会的実践の「説明可能」性というガーフィンケルの観念が、合理性に関するガーフィンケルの議論のなかから、またウェーバーが規定したような行動と合理性規範との相応関係を分析することが必要かつ有益でさえあるという見解の拒否のなかから、どのように生まれてきたかについて、私はすでに指摘しておいた。ガーフィンケルが、このような結論からいかなる観点を得ようとしているかの手がかりは、次の所説のなかに、つまり、社会科学では「合理性のモデルが確実な知識を明示するために必要である」とはいえ、「日常生活の出来事をあるがままに受け容れていく場合」には、こうした「モデル」はまったく必要とされないという所説のなかに、見いだすことができる。[31] エスノメソドロジーにとって、行為は、まさしくその行為が「説明可能である」かぎりにおいてのみ、「合理的」とみなされることになる。事実、エスノメソドロジーの中心をなす公理は、日常生活の舞台装置を生みだす活動はそうした舞台装置を理解可能にするために行為者が用いる手続きと同一であるという公理である。しかし、この公理は「エスノメソドロジー的無関心」の概念をもっともらしくさせるための支えとなるかもしれないが、このように「合理性」を二つの包括的な類型に分断することは、現実には論理的に擁護できない。まず、ガーフィンケルが名づけた「科学的合理性」を構成する要素のいくつかは、行為の説明可能性を説明するうえで――つまり、行為の了解可能性を了解可能にするうえで――必要である。後で私は多少詳しく論じたいと思うが、これらの要素を、一般の行為者みずからが見いだす要素に結びつけていく必要がある。さもなければ、結果は、救いようのない相対主義に陥ってしまう。こうした指摘を容認することは、意味の枠組みの媒介が、通常、科学の概念や理論の妥当性を判断するための基準――つまり、精密さや一般性、コンテキストに拘束されない語彙による定義づけ――とは無関係な、解釈学的作業であるという――シュッツとガーフィンケルがそれぞれ別の用語法でおこなう主張を言い表わすとすれば――極めて妥当な論点を支えるために、確かに必要がある。二つ目に、合理性と「説明可能性」との同一視は、目的的行動ないし動機づけられた行動のどのような分析からも、つまり、行為者が明確な利害関心を実現するためにおこなう奮闘のどのような分析からも、行いとコミュニケーションに関する記述を削除してしまうことになる。私見では、この点は、ガーフィンケルやガーフィンケルの影響を受けた人びとの著述に所収されている、相互行為や会話の分析報告に特有な、妙に現実離れした中身のなさを説明している。だから、たとえば官僚政治を「おこなう」、原子物理学を「おこなう」といった表現を用いて、そうした活動を「技巧を弄した実践」や「実利的達成」等々とみなすのは、誤解をまねきやすい。「社会的実践をおこなうこと」は、その社会的営みを説明可能にするだけでなくそれ以上のことがらであり、このことがまさしくその実践を《達成》にみちびいていく。

「エスノメソドロジー的無関心」の態度をまじめに一貫してとるかぎり、行為をめぐる行為者の説明と観察者の説明の関係についてまったく何も述べることはできなくなる。ガーフィンケルにとって、社会科学者を含め、すべての人が「成員」とみなされている。だから、たとえば社会学は、たんに社会学者による実践的な社会学的推論にすぎない。ところで、社会科学者は自然科学者とは異なるかたちで、自分たちが記述し、分析しようとする社会的世界のなかで暮らし、帰属しているという主張には、同意できる。しかし、社会科学者は行為者の説明と観察者の説明の関係が提起した対立する争点を免れることができないというガーフィンケルの見解には、本質的に奇異な面がある。このことは、かりにエスノメソドロジーそのものがエスノメソドロジーの専門家によって説明可能にされる技巧を弄した実践であることを指摘すれば、おそらく容易に論証できる。それゆえ、エスノメソドロジーをおこなう成員にたいして、「エスノメソドロジー的無関心」の態度をとることは可能であり、さらにさらに……。その向こうには底の知れない深淵が横たわることになる!

同じ難点は、「エスノメソドロジー的無関心」の態度を拒否して、「構成的分析」の失敗とみなされることがらを修正しようとする企てを支持する人びとの著述にも現われている。社会学者が自分たちの理論を構築し、その理論を検証するためのデータは一般の行為者が先行しておこなう「作業」に依拠しているというのが、この人たちの主張の要旨である。たとえば、自殺や犯罪といった研究「領域」での調査は、行為者が身につけており、この現象をある現象として——つまり、「自殺」なり「犯罪行為」として——定義づける常識的知識なり「背後期待」に依存する。

この見解にしたがえば、社会科学の観察者は、その現象の「妥当な」あるいは「的確な」名称を得るために、たとえば警察や法廷で働く官吏の「背後期待」を研究することになる。とはいえ、底の知れない深淵は、依然として大きく口を開けている。なぜなら、社会の成員《と》研究者が「データ」や「知見」と名づけて分類することがらは、背後期待との関連で理解される必要があると想定されているからである。しかし、それは誰の背後期待であるのかという疑問が、間違いなく生ずる。なぜなら、かりに行為者の背後期待のほかに観察者の背後期待が必要とされるのであれば、結果は無限に回帰するからである。行為者の背後期待を分析する観察者がいだく背後期待は、もう一人別の観察者によって分析される必要がおそらくあるし、もちろんこの二人目の観察者もまた、その場合にその人自身の背後期待に必然的にたよることになるし、こうした回帰は果てしなくつづいていく。この問題をこれ以上長々と論ずる必要はないであろう。これらの研究者の何人かの著述に見いだす未解決の混乱は、この人たちの到達した結論が、とりわけ、社会現象は一般の行為者がそうした現象を「存在するもの」と確認したり、分類するかぎりにおいてのみ「存在する」という結論が、擁護できないことによって証明されている。ひとたび「エスノメソドロジー的無関心」という保護的外被を脱ぎ捨ててしまい、実践的遂行と、そうした遂行を説明可能にするための手続きとの同化が、たんに経験的世界の諸側面を括弧に入れるための方法ではなく、むしろ存在論的命題になってしまえば、こうした結論への到達は避けられないように思える。

ガーフィンケルの著述や、ガーフィンケルの影響を受けた著述の少なくとも一部に見いだす非常に興味深い、重要な要素を抽出するためには、エスノメソドロジーが気がつけば陥っている循環論法を、もっと広い哲学的分析の対象に委ねる必要がある。もちろん、ガーフィンケルにしても、またガーフィンケルの主張の一部を「正統派の社会学」を再構築するために用いようと努める人びとにしても、その循環論法に気づいていないという言い方は正しくないであろう。それどころか、この人たちは、循環論法をよい成果を生むかたちで適用できるとの見解をいだいているように思える。だから、たとえばシクレールは、シクレールみずからが名づけた「無限の三角測量」について、「信ずるべき根拠を『固定』し、それによって一定水準の妥当性を要求するように思える手続きは、いずれもそれ自体が新たな具体的事象の、また一つまた一つと際限のない配列を生みだすのと同じ類の分析にさらされる可能性がある(32)」と述べている。しかし、シクレールは、どういう意味合いで「信ずるべき根拠」という言葉をここで用いているのかをさらに明確に説明するまでには、つまり、そうした主張を何らかのかたちで哲学的に解明するまでには至っていない。

ガーフィンケルの「指標性」という術語の使用に関しても、類似した未解決の問題が現われている。ウィットゲンシュタインの《表現は、生活の流れのなかでのみ意味をもつ》という有名なエピグラムは、ここでのガーフィンケルの関心の方向を要約するのに役立つかもしれない。ガーフィンケルによれば、指標的表現の「矯正」が、エスノメソドロジーの任務ではない。

［ガーフィンケルのいう］指標的特徴は、一般の人びとの説明だけに特有ではない。指標的特徴は、専門家の説明においても、同じようによく耳にする。たとえば、専門家は、「社会的事実の客観的実在性は社会学の根本的原理である」という自然言語による定式を、時に応じ、学界の成員たちがおこなう活動の定義づけとして、あるいは学界の成員たちのスローガンや任務、目的、自慢、売り口上、弁明、発見、社会現象、さらには研究上の拘束として耳にすることになる。(33)

しかし、この一文は、それ自体が指標的であり、必然的に自己言及的でもある。さらに、同じことは、もちろん、ガーフィンケルがおこなう指標的表現についてのどの言及にも当てはまり、これらの所説は、それ自体が「指標的特徴」であることを間違いなく示している。

厄介なのは、ガーフィンケルが特性描写するように、指標的表現をあらたに記述し直すことは不可能であり、ただ「代わりのものに置き換える」ことしかできないという点である。ガーフィンケルの用いる「指標性」の概念は、バー＝ヒレルのいう「指標的表現」に比べて、ずっと散漫であることに注意するべきであろう。多くの語は、その語義に関していえば、その語が口から発せられる直接の状況に依拠している、というのがバー＝ヒレルの論点である。ガーフィンケルは、この問題について徹底的に細論している。ガーフィンケルの用語法でいう「コンテキスト」は、発話行為の時間的（進行中の会話としての）、物理的（一定の物理的背景のなかで生じており、そこでは、顔の表情等を含め、その背景の諸側面が意味を定式化するために活用されていく）状況だけを指称しているのではない。「コンテキスト」はまた、一連の暗黙のルールのなかでの発言の「コンテキスト的位置づけ」をも指称しているように思える。とはいえ、最初の二つとともに「コンテキスト的位置づけ」を「コンテキスト」のなかに含めることは、「指標的表現」を「コンテキストに拘束されない」表現と区別しようとする意図――ガーフィンケルが保持したいとおそらく考えている区別――を少なくとも無にしてしまう。なぜなら、いかなる表現も、三つ目の意味合いにおいて「コンテキストに拘束されない」ことはありえないからである。「2×2＝4」という言明は、最初の二つの意味合いで、たんにコンテキストに拘束されていない、つまり、「非指標的」である。この言明のもつ意味を理解するには、その言明を一定の演算規則の知識のなかに「位置づける」ことが前提となる。ガーフィンケルがこの「指標的表現」の本来の伴示的意味作用のもう一方の側面からおこなった推敲は、「指標的表現」が、オースティンのいう発言の「発語内的」力や「発語媒介的」力――皮肉やほら話などを指す――を含むまで拡大することを、必然的に意味している。そこで、こうした発言の遂行的側面と発言のもたらす「意味」との関係が、議論の対象となる。けれども、さきに指摘した複雑な問題点とともに、いつかはこの問題にも直接立ち向かう必要がある。さもなければ、哲学者のひとりが「言葉の意味は、それが生ずるコンテキスト全体から『切り離すことはできない』という、聞き飽きた決まり文句[34]」と名づけたことがらを、また口にすることになりかねない。とはいえ、行為と意味のもつコンテキスト的特徴が提起する問題は、確かにエスノメソドロジーだけに固有ではない。次に検討するもう一つ別の思想潮流もまた、この問題に直面している。

ポスト・ウィットゲンシュタイン派哲学——ウィンチ

次の主張について検討したい。「人びとが特定の仕方で話すということは、経験上の発見である。なぜなら、私たちは、談話のコンテキストのなかでのみ、人びとがいまおこなっていることがらや、なぜそうしているのかを理解すると主張できるからである[35]」。これは、「エスノメソドロジーの研究者」の所説ではない。一般の行為者がみずからの行為について示すことが可能な説明よりもすべての点ですぐれた人間行動の理論を構築できるとした社会科学者の主張を論難する著述のなかで、ある哲学者（ローチ）が示した所説である。人間の行為の説明は——それが、行為者みずからが企てるにせよ、人びとのおこなうことがらを「社会科学的」に観察する人が企てるにせよ——必然的に道徳的説明になる、とローチは論じている。私たちは、ある行いを説明しようとする場合、その行為の「根拠」を問い求め、その「根拠」は、ある人がその人なりの仕方でおこなう行為にたいして示す（道徳的）「正当化」としての意味をもつ。私たちはその根拠を知るや否や、なぜその行為が生じたのかをもはや問う必要性はなくなる。その結果、社会科学は、記述的な、しかも一般の行為者みずからの言葉での行為の検分にまさる検分をしようとする企てに従事するかぎり、まったくの冗漫な行いにすぎなくなる。だから、たとえば人類学は「これといって科学的に意味のない、旅行者の話の寄せ集め」となる。また、同じことは、この種の話が多くの場合に身近な、熟知された話である点を除けば、社会学にも当てはまり、「したがって、こうした説明は、無用で、もったいぶっているように思える」(36)。

ここに示した議論は、もっともウィンチが社会科学の目的やその可能性について下した評価はたったいま引用したローチの徹底した批判に比べて不明瞭な箇所が多いとはいえ、ウィンチの展開した議論に類似している。ウィンチもまた、社会科学者たちはみずからの企ての本質を誤解しているため、社会科学者たちは失敗する運命にある主張をおこなってきた、と考えている。ウィンチによれば、社会学は本来的に哲学的課題を担っている。こうした主張は、最初、人を当惑させるように思えるかもしれない。しかし、私たちは、実際には非常になじみ深い見地に立っている。なぜなら、この主張は、自然的世界における出来事がそうではないかたちで、人間の行為が「有意味的」であるとする命題に依拠しているからである。ウィンチによれば、人間の行為がこうした意味合いで「意味」を有するのは、「《事実上》規則によって支配されている」からである。ウィンチは、「有意味的」行動と「規則に支配された」行動の間に普遍的な相似性があることを論証するのに、かなり苦労している。一見したところ、有意味的行動の一部の形態のみが規則に支配されていると思えるかもしれない、とウィンチはいう。官僚の行為は、規則にたいする志向性を必然的にともなう。しかし、もっと広い社会の社会規範を拒否する社会的反抗者の行為もまた、規則にたいする志向性を必然的にともなうことは、なかなか容易に理解されにくい。この問題の論点は、社会的反抗者も一定の生活形式に引きつづきしたがい、また、その人たちの生活形式が最も厳しく規則に同調する人びとの生活形式に負けず劣らず規則を志向していることにある、とウィンチは主張する。かりに行動が「規則によって支配される」としても、規則にしたがう人は、問われた場合に意識してその規則を明確に表現できるわけでは必ずしもない、とウィンチはつづけて述べている。問題は、「その人のおこなうことがらとの関連で、ものごとの正しいおこない方と正しくないおこない方を弁別することが、はたして意味をなすかどうか」である。

ウィンチの分析によれば、「有意味的」行動が必然的に規則にしたがう行動であることの認識は、言外に奥深い意味をもたらし、自然科学と社会科学の方法に根本的な相違があることを示している。人間の行動のなかに識別できる「規則性」を、自然的世界において生ずる規則性と同じかたちで説明することはできない。人間の行為が通例「予見可能」であることを強調している点で、ウェーバーは正しかった。しかし、人間の行為の説明が自然科学に特有な説明の仕方と、かりに内容面ではそうでないにしても論理的に同じ因果関係のかたちをとると考えた点で、ウェーバーは間違っていた。観察された現象に見いだす「規則性」は、同一性の基準を前提としており、この同一性の基準によって、さまざまな出来事は「同じ種類」の出来事として分類される。社会的行動では、こうした同一性の基準は、異なる「生活形式」を表出する諸規則によって必然的にもたらされることになる。具体的にいえば、私たちは、このような仕方でのみ二つの行為が「同じことをしている」と論ずることが可能になる。

もちろん、自然科学は、規則にしたがって展開する。しかし、こうした規則は、他の影響を受けずにもたらされた研究対象との関係で、科学者の活動を支配している。社会科学の場合、研究の手続きはもとより、研究対象となることがらもまた規則にしたがっておこなわれる活動である。同一性の基準をもたらすのは、私たちが究明する行為の支配規則であって、私たちの研究手続きの様式に内包される規則ではない。

だから、社会的行動の様式について検討する研究者の活動を、たとえば、機械の作動について研究する技術者の活動と比較するのは、原理的にまったく誤りである。……かりに社会の研究者を技術者になぞらえようとするのであれば、機械工学——つまり、機械工学のおこなう研究活動——とはどのような学問であるかを研究している見習い技術者に喩えたほうがましである。社会の研究者による社会現象の理解は、技術者が自分の研究している機械システムについておこなう理解よりも、むしろ技術者が自分の同僚の活動についておこなう理解に似ている。

社会行動の研究では、観察した行為の「意味の理解」を必然的にともない、観察者は、観察した行為が関係する個別の規則の観点からのみ意味の理解をおこなうことが可能である。このことは、社会科学者が行為者みずからの概念を利用しなければならないという意味では決してない、とウィンチは言葉をつづけている。とはいえ、社会科学者の用いる専門的概念は、つねに行為者みずからが使う概念と（ウィンチの用語で言えば）「論理的に接合」していなければならない。また、かりに専門的概念を適用すべきであるとすれば、行為者みずからが使う概念は、真っ先に「理解」されなければならない。学術上の専門的再記述は、因果的説明を意味するわけではない。なぜなら、「かりに人びとの間の社会関係が、その人たちの観念のなかでのみ、またそうした観念をとおしてのみ存在するのであれば、観念と観念の間の関係は内的関係であるために、社会関係もまた一種の内的関係でなければならないからである」[37]、とウィンチはいう。このことは、ある人が別の人に与える命令と、その命令に応ずる行為の結びつきを検討することで、ごく簡単に例証できる。ウィンチによれば、その命令に応ずる行いの説明は「命令」と「服従」という認識の間の概念的関係を明確化することが必要であり、したがって、行いの説明は、自然界における二つの出来事の間の因果的依存関係を分離して取りだすのとはまったく異なる作業である。

ウィンチは、最初の著作である『社会科学の理念』の刊行後に、そこで述べた見解をさらに敷衍していった[38]。提起された論点は、私たちが自分たちのものとまったく異なる「生活形式」を研究する際に、最もありのままのかたちで現われている。ウィンチは、ヨーロッパ文化のなかで教育を受けた人びとにはとりわけ相容れない現象であるアザンデ族の呪術と妖術を研究したエヴァンズ゠プリチャードの有名な分析を、具体例として取り上げている。妖術がたとえば病気の回復に及ぼす影響力や、呪術が病気の発生に及ぼす影響力についてアザンデ族が確信していることが誤りであるのを私たちは知っている、とエヴァンズ＝プリチャードは想定する。したがって、呪術の習わしや妖術、託宣による占いは、アザンデ族の人びとがそうなると信ずる結果をもたらさないという事実にもかかわらず、どうして残存しているかの疑問を解明することが課題になる。しかし、ウィンチによれば、この疑問は、エヴァンズ＝プリチャードが提起したかたちで最初から筋道立てて問うことができる問題ではない。呪術と妖術は、アザンデ族の文化の中心をなし、アザンデ族の文化に内在している。したがって、私たちみずからの文化のなかにも類似した呪術や妖術が依然として廃れずに残っているかぎり、私たちは、アザンデ族の呪術や妖術を、こうした類似した信念や習わしとはまったく異なるかたちで理解しなければならない。私たちがアザンデ族の活動を「非合理的」であると、あるいは「正しくない」、「誤った」活動であるとさえ主張できるのは、私たちみずからの文化の脈絡のなかだけである。

こうした結論になぜ到達せざるをえないのかを論ずる際に、ウィンチは、ウィットゲンシュタインがおこなったゲームの分析を引用する。ゲームのルールは、遊びの領域のなかだけに関係する意味の世界を具体的に示している。かりにあるゲームで、誰かひとりが単純なごまかしを用いてつねにゲームに勝つことができるとしたらどうであろうか。この場合、他のプレイヤーがそのごまかしに気づいたときに、このゲームはゲームでなくなる。「そのゲームが実際にはまったくゲームでなかった」ことを私たちが気づいたという言い方は、決してできない。ここでの論点は、ごまかしをおこなった人が私たちに《新たな》ゲームを、前のものと違う原理が支配するゲームを教えてくれたことにある。「その時点で、私たちは何か別なことがらを経験し、もはや愚直にゲームをつづけることができなくなる」(39)と、ウィットゲンシュタインはいう。「科学的理解」という西欧社会の理念によってアザンデ族の習わしを解釈しようとする際に、観察者は、あるゲームのルールを別のゲームのルールに立脚した想定によって理解しようと試みるのと同じ、カテゴリーの錯誤を犯している。この種の分析のもたらす相対主義的含意は明白である。もっとも、ウィンチは、さまざまな文化を定数との関係において解釈するために、そうした定数をいくつか明示することで、このような相対主義的含意を回避している。ウィンチは、「科学的合理性」を拒否して、ウィンチが「制約的観念」と名づけた「人間生活を成り立たせる概念」が前提としていることがらに固執する。これらの「制約的観念」――出生や死、性的関係を指称する――は、「かりに私たちが異国のシステムや制度のもつ意味や特質について当惑したとしても、私たちにどこに着目するべきかの手がかりを与えてくれるかたちで、既知のすべての人間社会の生活のなかに必然的に内含されている」(40)。

ウィンチの研究は、これまでのところ後続の文献のなかでかなり批判的に受容されているため、私は、ウィンチを批判する人たちがおこなった主要な指摘をいくつか述べるだけにとどめたい。まずはじめに、「有意味的行為」を「規則に支配された」行動と同義とみなすウィンチの議論は、不適切である。

1　「規則」の観念は、確かにウィンチの論考で非常に大きな役割を演ずるが、十分な解明がなされていない。ウィンチによれば、私たちは、所与のいかなる態様の行動についても、その行動をおこなうのに「正しい」方法と「間違った方法」が存在するという言い方が意味をなすかどうかを照合することで、その行動が規則に支配され、それによって「有意味」であるか否かを明示できる。しかし、マッキンタイアが疑問を唱えているように、たとえば散歩に出かけるのに正しい方法と間違った方法が存在するのであろうか。夕べの散策に出ることを私たちは確かに「有意味な」活動であると考えたいが、散歩に出かけるのに正しい方法や間違った方法は存在しない、とマッキンタイアは断言する(41)。とはいえ、私はマッキンタイアに反駁して、むしろ次のように主張したい。何かを「正しく」おこなうか「間違って」おこなうかの判断基準を、たとえば散歩に出かけるといった活動に適応する場合には、実際に二つの意味合いがあり、この二つの意味を弁別していないことがウィンチの分析の著しく不首尾な点である、とむしろ私は主張したい。ひとつは、「散歩に出かける」という《言語表現》が、その当否はともかく特定の行動態様に適用されていることの意味である――この点は、たとえば乳母車に乗って押してもらうのが「散歩をする」例として正しいとみなせるかどうかの判断にもおそらく及ぶ。もう一つは、正しい正しくないという《道徳的》評価と、さらにこうした《道徳的》評価と結びつく制裁に関係している——つまり、幹線道路の真ん中を散歩することが法律違反とみなされていることの意味である。

2　ウィンチは、「規則」という言葉を非常に融通のきくかたちで用いている。しかし、ウィンチの主張のほとんどは、明らかに言語規則なり言語習慣のモデルから学んでいる。言語規則や言語習慣のモデルでは、同調は本来的に問題視されていない。このことは、二つの帰結をもたらす。まず、ウィンチは、《誰の》規則なのかという疑問を一度も提起していない。後で論じたいが、言語は、権力の非対称性を表わしている。また、社会規範は、とりわけ道徳規範は、支配システムのなかで頻繁に責務として《課せられている》。二つ目に、行為者が社会規範に《向かい合うかたちで》展開する志向性は、一種類ではない。行為の「意味」を知ることは、その行為を実行するためのコミットメントと明確に区別できる。ウィンチは、道徳的コミットメントと「規則追従」にともなう認知的評価との間の許容加減について論じていない。この許容加減は、この場合もまた社会生活における権力のもつ意義とじかに結びついている。

3　したがって、ウィンチは、行為の意味を行為の意味の発生と混同する傾向がある。ウィンチによれば、命令を下す行いと、その命令にしたがう行いの間には「本質的な関係」が存在する。しかし、このことは、意味のレヴェルないしは行為の了解可能性——「命令」や「服従」等々といった言語表現を用いて《意味》することがら——のレヴェルでそうであるにすぎない。命令にたいする服従が実際に生ずるという意味での規則追従を、ウェーバーがこの点について極めて的確に強調しているように、「服従」の了解可能性の確認によって説明することはできない。

4 この後者の論点の容認は、行為がたんなる「観念の表出」であり、観念相互の関係が因果的ではなく、むしろ概念的であるとの議論にもとづいて、社会科学から因果分析の余地を排除するために論理的立証をおこなおうとするウィンチの企てを、徐々に損なうことになる。ある人がなぜ命令にしたがうかの説明を、因果律の具体例として示すことができないと考えるのは、なるほど正しいかもしれない。しかし、それは別の問題である。

5 ウィンチの説明は、かなり重要な点で、社会科学と自然科学の差異を強調しすぎている。なぜなら、ウィンチは、自然現象の観察に関して提起される「なぜかの疑問」が、一般の人びとにしても専門家にしても、多くの場合に了解可能性の問題に向けられていることを十分理解していないからである。だから、たとえば「なぜ空がちょうどその瞬間に明るくなったのか」と問う人は、それにふさわしい答えとして、「遠くの稲光の反射で空全体が明るくなったからだ」という説明をおそらく受け容れることができる。

社会学の観察者が社会的行動を説明しようとする際に、その用語を一般の行為者みずからが使う用語だけに限定しなければならない、とウィンチは主張したいのではない。しかし、ウィンチは、付随的に表明されたいくつかの見解は別にして、一般の人びとが用いる概念と専門家の概念の関係について何も指摘していないし、また、事実、なぜ専門家の概念が必要とされるのかについてもまったく明確にしていない。文化の違いは、それぞれの固有な見地のなかで理解されねばならない極めて多くの「言語ゲーム」の違いである。したがって、こうした文化の多様性を考察する社会科学者の活動は、会話の理解のために自分の言語知識を利用するのと同じであり、機械部品の作動の仕方を理解するために科学の一般法則を応用することと同じではない、とウィンチはいう。このような見解のもたらす含意は、詳しく説明されていないとはいえ、自分の分析がすでに社会科学者のおこなってきたことがらを簡単に説明しているにすぎないとするウィンチの主張に矛盾している。社会学者や人類学者がすでにおこなってきたことがらのひとつは、社会の成員たちが使う用語では定式化されていないし、またおそらく定式化できない類似性に依拠する、そうしたさまざまな社会に関する一般化を確立しようとする試みである。なぜなら、こうした一般化は、社会の成員が使う用語のなかでは明確に示すことができない比較をおこなう方向か、あるいはこうした用語がもともとなぜ存在するのかを説明する方向に進むからである。しかし、ウィンチの立論ではこうした努力を明らかにことごとく排除しており、ウィンチの見解は、このような比較をおこなう可能性をあからさまに拒否しているように思える。

ウィンチの見解にもともと論理的難点があることは、ウィンチが徹底した相対主義の立場から出し抜けに撤退して、すべての人間社会に存在する例の「制約的観念」に言及することに示されている。これらの「制約的観念」は、ある意味で人間の存在性のすべてで重要な役割を演ずるだけでなく、どのような形態の社会組織も順応したり、対処しなければならない切迫した要求を提出する、そうした生物学的普遍特性を指称していることがわかる。しかし、これは、確かに留保条件をつけて適切に限定されているとはいえ、まさに非論理的であるとウィンチ自身が判定したいような主張である。これらの普遍特性を用いて私たちがおこなうと想定されているのは、他国の制度の不可解な諸特性の解明である。これらの普遍特性は、そうした制度のなかに「表出」される観念体系の内的関係を明らかにする私たちの企てにたいして、いわば頼みの綱をもたらす。とはいえ、私たちがそれをもとに構築することになる基本的事実と関連した諸々の観念は、それ自体が同じ言語ゲームのなかに閉じ込められており、西洋文化の生活形式のなかで《私たち》が「生物学的普遍特性」とみなすことがらとはまったく無関係なかたちで、人間存在のある種の「不可避的急務」を表象している、と応酬することがおそらく可能である。

ウィンチの研究は、一九六〇年代以降の英国の哲学者がおこなったおびただしい数の著述にたいする寄与のひとつである。その当時の著述では、後期ウィットゲンシュタインの影響が非常に大きな位置を占め、行為と意味の問題と、「意図」や「理由」、「動機」等々の面から見たこの行為と意味の問題の解明に関心をよせていた。ウィンチの研究の意義は、おそらくその際立った独創性よりも、むしろ研究の焦点を明らかに社会科学に置いているという事実にある。たとえばアンスコムやピーターズ、メルディン、ケニーといったほとんどがウィンチと同じか、部分的に重なる見解を表明する人びとの著述は、総じてこうしたウィンチの強調した論点を明らかに欠いている。これらの著述は、哲学以外の他の学問に目を向けている場合には、社会科学（あるいは、他の社会科学というべきかもしれない）よりも、むしろ心理学に、とりわけ「行動主義」の諸問題に関心をよせてきた。こうした関心の背景にある誘因は、「心理学にあるのは、実験方法と《概念的混乱》である」というよく引用される言説をともなったウィットゲンシュタインの『哲学探求』に見いだすテーマの、紛れもない所産である。こうした社会科学にたいする外見上の相対的軽視は、むしろ奇異に思える。なぜなら、ウィンチも述べているように、「ポスト・ウィットゲンシュタイン派哲学」の主な構成要素となっているのは、

人間の理性と、人間の理性と密接に結びつく諸概念の哲学的解明が、こうした概念を、社会における人びとの関係という脈絡のなかに位置づけることを要求している点である。近年、哲学において真の変革が生じたとすれば、その変革は、おそらくウィットゲンシュタインの著作に見いだすこうした事実の強調と、その論理的帰結の鋭い究明のなかにある。(42)

《ウィンチ自身が、こう言うのである》。この点に、「哲学革命」の強みと弱みをともに見いだすことができる。ウィンチは、この言明のすぐ後で、ウィットゲンシュタインの次の文句、「受け容れなければならないことがらとは、所与のことがらとは――いうなれば――生活形式である」という表現を引用している。この警句的表現は、哲学における新たな関心の方向を見抜き、

と同時に厳密に限定している。社会的「慣習」なり社会的「規則」の発見と、また、個人とその個人を取り巻く世界との相互のやりとりの過程の多くが社会的行動に由来し、同時にその社会的行動のなかに表現されていることの認識によって、哲学者は、社会生活の諸形式を所与のものとみなし、そして哲学の問題に着手する際に社会生活の諸形式からいわば「たち戻って研究する」ことになる。既存の規則は、探究の境界を設定している。だから、一方で行為者の行動は目的をもち、要を得たものとして描写されるのにたいして、「慣習」の起源は、神秘に包まれたままで、おそらく必然的に説明不可能なものとして放置される。「慣習」は、「取り決められたもの」としてでなく、つまり、それ自体が人間の行為の所産としてではなく、むしろこうした人間の行為が理解可能になる背景として出現する。

要約――理解社会学の意義

ここで、シュッツによる現象学の解釈、エスノメソドロジー、それにウィンチがおこなったウィットゲンシュタインの『哲学探求』に由来する理念を社会学の諸問題に応用しようとした努力について、その寄与する点と限界を要約しておくのは有益であろう。この三つの立場には、かなりはっきりした違いが見られる。シュッツの著作は、フッサールがもともと企てた現象学の目論見にかなり近く位置している。シュッツはまた、超越論的現象学を放棄しているが、熟慮した論拠を用意してではなく、むしろ根拠なしに放棄している。それゆえ、シュッツの研究は、一方で自我の経験に根ざす現象学と、他方で個々の主体の側での自己理解の前提条件となる相互主観的世界の存在から出発した根本的に異なる観点との間の、未解決の緊張関係をさらけだしている。こうした最も基本的な点で、シュッツの研究は、ハイデッガーやガダマー、リクールほかが練り上げたほどに、フッサールから継承したかたちの現象学の変容を特徴づけてはいなかった。ハイデッガーほかの著作では、実存主義的現象学は、後期のウィットゲンシュタインが独自に展開し、ウィンチが摂取していった観点にかなり近づいている。この観点にしたがえば、自己理解は、主体による、公に入手可能な言語形態の充当利用をとおしてのみ可能である、と考えられている。[43]

ガーフィンケルはシュッツとウィットゲンシュタインにともに依拠しているが、それは、社会科学の論理の哲学的根拠を確立するためではなく、実際の一連の調査研究を展開するためである。ガーフィンケルの関心はもっぱらこうした調査研究の推進にあるため、エスノメソドロジーの哲学的基盤は未解明のままであり、この展開はいずれも他の人びとに委ねられている。ガーフィンケルの研究には、互いに折り合いのつかない二つの対立するテーマないし強調点を見いだすことができる。一方で、「矯正の思想から解放された」指標的表現による記述をもたらそうとする努力のなかに明示される、極めて率直な自然主義に向かう気配が存在する。他方で、《精神科学》の伝統を継ぐ人びとが「解釈学的循環」として熟知してきたことがらの容認が、つまり、前提条件に照らした「解釈」を免れない記述はまったく不可能であることの容認がなされている。

さきに論じた三つの思想の潮流は、いくつかの点で見解をかなり異にするとはいえ、確かに数多くの共通点をもっている。これらの潮流はともに次のような結論で一致しており、これらの結論のおのおのが、社会学的方法の本質にたいするいずれの評定にとっても、実際に極めて重要な意味をもつように私は思う。まず、《理解》を、社会科学者に特有な研究技法としてではなく、すべての社会的相互行為に――シュッツの言葉でいえば――「常識的思考によって社会的、文化的世界を認知していく特定の経験的様式[44]」に固有であるとみなす必要があること。二つ目として、このことの直接的な含意として、基本的に社会の研究者は、自分が分析し、説明しようとする行動の意味をくみとる際に、一般の人びとがおこなうのと同じ種類の資源に依拠していること。逆にいえば、一般の人びとがおこなう「実践的理論構築」は、観察者がたんに人間の行動の「科学的」理解にたいする障害物として排除できないだけでなく、社会的行為者が行動を《組成》したり、「生起させる」うえで不可欠な要素でもあること。三つ目として、社会の成員が有意味な社会的世界をつくりだすうえで判を押したようにたよりにする知識の蓄積は、そのほとんどが実用的な志向性をもつ、もっぱら当然視されていたり暗黙裏に了解された知識に、つまり、行為体が稀にしか命題のかたちで表現できないし、また科学の理念――定式化の精確さ、論理の完全さ、語彙の明確な定義づけ等々――とは無関係な「知識」に、依拠していること。四つ目として、社会科学者の使う概念は、一般の人びとが有意味な社会的世界を維持する際に用いる概念の事前の理解と結びついていたり、あるいはそうした概念の事前の理解に依存していること、である。

これらの結論は、それぞれ修正とより一層の明確化を必要としており、その点を私はこの論考で示したいと思う。くわえて、これらのさまざまな研究者の著述でおこなわれたテーマの展開は、その人たちの見解に特徴的に見いだす弱点によって制約されている。まず、それぞれの研究者は、《プラクシス》——人間の活動による自然界の物質的変容を含む、利害関心の効果的な実現にたいする行為者の関与——としての行為よりも、むしろ意味としての行為を問題にしている。二つ目に、いくぶんかはひとつ目の弱点がもたらす帰結であるとはいえ、誰ひとりとして、社会生活における権力の中心的役割を認識していない。ふたりの人の間での束の間の会話でさえも権力関係であり、当事者は、その関係のなかに不均等な資源を持ち込んでいる。「整然とした」、あるいは「説明可能な」社会的世界の生産を、たんに《対等な人びと》による共同作業としてだけ理解することはできない。考慮に入れることになる意味は、権力の非対称性を表出しているからである。三つ目として、社会規範なり社会的規則は、さまざまな解釈を受ける可能性がある。「同じ」理念体系の相異なる解釈は、利害関心の不一致にもとづく争いごとの——たとえば、西欧キリスト教の歴史で有名なカトリック教徒とプロテスタントの闘争のように——核心をなしている。

これまで論じてきた三つの思想の潮流は、いずれも制度変容や歴史の問題にたいしてほとんど見解を示していない。したがって、基本的にこれらの問題への関心を、社会生活における意味とコミュニケーション、行為の問題にたいする一様な強調と結びつける、さらに別の知的伝統に注意を向けることが重要である。

ディルタイによるJ・S・ミルの術語「道徳科学」の流用が、《精神科学》という概念の生まれる発端であった。けれども、この《精神科学》という用語は、今日、英語では直接それに相当する語句を得ていない。ミルの術語の翻訳を取り入れているにもかかわらず、ディルタイは、人間行動の科学の論理や方法論に関するミルの見解に、徹底的に異議を唱えようとした。ディルタイが位置し、その形成に大きな影響を及ぼした思想の伝統は、その伝統を呼称するようになる術語の創案に先んじていただけでなく、ミル以後に英語圏を支配してきた哲学の学派とも著しい対照をなしている。近現代における解釈学的哲学の源流は、おそらくシュライエルマハーに求めるのが最もふさわしいが、解釈学のための「一般綱領」を設定するというシュライエルマハーの企ての先行形態は、同時にヘルダーやフリードリッヒ・ウォルフにまで遡ることができる。このように、解釈学の伝統の一部は、こうした人びとにはじまり、ディルタイを経て、近年のドイツ哲学ではハイデッガーやガダマーに及んでいるとはいえ、《精神科学》と結びつく視座は、数人の歴史哲学者（最も有名なのはコリンウッド）を除き、依然として英語圏の研究者たちにとってほとんど相容れないままであった。それゆえ、たとえば（フランスのリクールとともに）アーペルやハーバーマスのような解釈学の影響を受けた現代ドイツの一部の哲学者や社会思想家が、解釈学的哲学における今日の思想動向の収斂と、英国の哲学者の著作に見いだす「ポスト・ウィットゲンシュタイン派」哲学を発端にした論理経験主義からの断絶を容認していることは、とくに興味深い現象である。たとえばアーペルとハーバーマスは、ともにウィンチの研究に忌憚のない検討をおこなっている。ふたりは、一方でウィンチの研究にたいして批判的であるとはいえ、ウィンチの著述で展開された見解が、またもっと広く見た『哲学探求』のテーマが、解釈学の中心をなす結論と類似した結論に個別に到達していることを明示しようとした。

しかし、この傾向は解釈学の伝統そのものにおける重大な変化がなければ生じなかったし、またこのような変化は、ごく近年の研究者たちの著述を一九世紀の先学たちから区別している。このような変化は、ポスト・ウィットゲンシュタイン派哲学の場合と同じく、言語の本質と、社会生活における言語の意義に関する認識の修正を必然的にともなっている。ガダマーが簡潔に表現するように、《理解は、言語に拘束されている》からである。[45] シュライエルマハーやディルタイほかの「初期の解釈学」は、自然界における出来事の発生を「外部から」しか因果関係的に《説明》できないのにたいして、人間の行動の場合はその行動にたいする主観的意識の把握をとおして《理解》できる（また、理解されねばならない）と考えることで、人間行動の研究と自然界における出来事の発生の研究に見いだす根本的な相違の論拠を確立しようとした。《理解》と《説明（*Erklaren*）》の対比では、人間の社会生活や歴史を研究しようとする観察者に必要とされる心理的「再演（*Narcherleben*）」なり想像力による他者の経験の再構成（*Nachbilden*）に、強調が置かれている。

ドロイセンや（とくに初期の著作での）ディルタイが、またもっと限定されたかたちでウェーバーがおこなった《理解》のこのような概念構成は、数多くの実証主義的傾向の強い批判者による攻撃にさらされてきた。これらの批判者のほとんどは、解釈的理解の方法が行動に関する「仮説」の源泉として社会科学に有用な補助的手段となるかもしれないが、そうした「仮説」は、別の、もっと印象主義的でない行動の記述によって確認される必要があると考えてきた。たとえば、アベルによれば、「《理解》の操作は、二つのことをおこなう。理解の操作は、馴染みのない、あるいは予期しない行動に関して私たちがいだく懸念の気持ちを和らげ、また『予感』の源泉となり、そうした予感は、仮説を定式化する際に役立つ[46]」。ディルタイやウェーバーの前提に立てば、この種の批判の主旨に逆らうことはおそらく難しい。なぜなら、ふたりがそれぞれ（とりわけディルタイの場合に）どれほど人間の研究と自然現象の科学との差異を強調したかったにせよ、両者とも、人間の研究が自然現象の科学の成果に匹敵する「客観的妥当性」をもつ成果を提示できる、と主張したかったからである。ディルタイの見解を、修正されたかたちであるにせよ擁護する人がいないわけではない。しかし、解釈学的思考の主たる推進力は、ガダマーの『真理と方法』（一九六〇年）が発表されて以降、別な方向に進んでいった。

ガダマーによる《理解》の説明では、たとえば過去における人びとの行為を解釈する際に必要とされる理解は、主観的理解ではなく、「むしろ、過去と現在がつねに相互に媒介される、そうしたもう一つ別の伝統への立ち入りである」[47]ことが強調される。ディルタイがそうであったように、ガダマーも、「理解」を、自然界における出来事の「説明」とはまったく異なる、ととらえている。しかし、理解は、その行為の意味が理解の対象となった人びとの経験を心理面で「再演すること」に依拠するという考え方を、ガダマーは排除している。それよりも、理解が、二つの準拠枠の間の、あるいは異なる文化的枠組みの間の交流に依拠すると考えている。《精神科学》においてその行動が研究対象となった客体（主体）を際立たせるのは、観察者が客体（主体）の行為の仕方を理解するために原則として客体（主体）との対話に乗りだすことが可能であり、また、事実、限定されたかたちで対話に乗りだす必要性がある、という点である。たとえば、私たちの時代から歴史的に遠く隔たった時代のテクストや、私たちみずからの文化とは著しく異なる文化のテクストの理解は、ガダマーによれば、観察者が、相容れない存在態様にたいする洞察を通じて、他者の視座の把握によって観察者みずからの自己認識を高めていく、そうした本質的に創造的な過程である。《理解》とは、テキストの筆者の示す主観的体験の「内側」にみずからを置くことではなく、ウィットゲンシュタインの用語を使えば、その主観的体験に意味をもたらす「生活形式」の把握を通じて書かれたものをきちんと受けとめ、理解することである。理解は、言説をとおして達成される。したがって、《理解》は、ディルタイが（もう一度いえば、とりわけ初期の研究で）基礎づけたデカルト的個人主義からは切り離され、それよりも相互主観性の媒体としての、また「生活形式」なりガダマーが「伝統」と称することがらの具体的表現としての言語と、関係している。

ガダマーはまた、解釈学の中枢をなす「追体験」という考え方を放棄する際に、ディルタイやウェーバーと同じように「客観的」知識の追究をも放棄している（もっとも、それは「真理」追究の放棄ではない）。すべての理解は、歴史のなかに状況規定され、特定の準拠枠や伝統、文化の内側からの理解であるとされている。ガダマーがハイデッガーから取り入れた解釈学的循環という観念によれば、ハイデッガーがいうように、「理解に寄与するべきいずれの解釈も、解釈されるべきことがらをすでに理解しているに違いない(48)」。すべての理解は、それをとおしてより一層の理解が可能になるような、ある程度の事前の理解を必要としている。たとえば、小説を読むには、その小説の全体の筋道を少しずつより完全に認識することを通じて、一章一章をそのたびごとに理解する必要がある。他方、小説の全体像の理解はその小説の詳細な筋道の把握によって深められ、そして、こうして豊かになった全般的理解は、代わって作品の展開につれて記述された個々の出来事のもっと詳細な正しい理解を促進していく。ガダマーは、解釈学的循環による人間の生みだすもの（芸術作品、著作物）の理解を、「方法」とみなすべきではない、と主張する。むしろ、そうした理解は、人びとがおこなう現在進行中の言説の存在論的過程であり、その過程では、言語という媒体によって「生活が生活を媒介していく」。ガダマーの言葉でいえば、言語の理解は「解釈の手続きを含まない」。言語を解釈することは、「その言語のなかでの生活」が可能になることである――これは、「たんに現用語だけでなく、死語についても当てはまる」原理である。それゆえ、解釈学の問題とは、言語の正確な使いこなしでなく、言語を媒介にして達成(*geschieht*)されることがらの正確な理解の問題である。[49]

ガダマーの『真理と方法』は解釈学の包括的な研究範囲の確認というかたちで締めくくられているが、解釈学は、もはや《精神科学》だけに限定されず、あらゆる研究形態に拡大適用されている。最も気軽な会話にはじまり、自然科学の研究装置に至るまで、前提条件に拘束されない研究形態は存在せず、こうした前提条件は、ただそのなかでのみ思惟が可能となる伝統の枠組みを表出している。このことは、この枠組みを、批判や修正を免れた存在とみなす必要があるという意味では決してない、とガダマーはいう。それどころか、この伝統の枠組みは、日々の生活においてであれ、著作物においてであれ、あるいは社会科学や自然科学においてであれ、一方でつねに私たちの思考や行動をまさに組み立てる生地であるとはいえ、絶えず変化の過程にある。したがって、解釈学は、「哲学の普遍的様態」であって、「いわゆる人間科学のたんなる方法論的基礎ではない[50]」。

ガダマーの見解の主要なテーマのいくつかと、後期ウィットゲンシュタインのテーマの間に類縁性があることは、人目を引く。なぜなら、ウィットゲンシュタインの『哲学探求』は、ドイツ語で書かれているとはいえ、ガダマーが参照してきた知的源泉の影響を受けていないように思えるからである。かりにウィットゲンシュタインの後期の著述に『論理哲学論考』のテーマを継続して論じている重要な点がひとつあるとすれば、それは、言語の境界が世界の境界であるとする主張に関してである。ガダマーは、「存在は言語のなかに顕現する」[51]という表現で、ウィットゲンシュタインの主張をそのまま繰り返している。後期ウィットゲンシュタインにとってそうであったように、ガダマーにとっても、言語は、客体を何らかのかたちで「表わす」記号や表象の体系ではなく、何よりもまず「世界内存在」の人間的態様の表現である。アーペルは、こうした類縁性がすでにハイデッガーのなかにはっきり見られることを、かなり詳細に明らかにしてきた。しかし、アーペルは、ガダマーの哲学がまた、ウィットゲンシュタインの研究にたいする、とりわけウィットゲンシュタインの研究に由来する考え方を社会科学の論理に適用しようとしたウィンチの努力にたいする、批判的取り組みの拠りどころになってきたことを、ハーバーマスとともに指摘している。アーペルが論評するように、ウィンチは、約七、八〇年前のディルタイと同じように、みずからの見解を展開するための論争上の引き立て役としてミルの『論理学』を利用している。[52]ウィンチは、そうすることでみずからを解釈学的理論に近い立場に置くことになる見解に到達している、とアーペルは言葉をつづける。しかし、ウィンチの思惟の示す非歴史性は、解釈学的理論のもつ意味を十分に追究することを妨げている。ウィンチは、ウィンチのよき助言者とともに、解釈学の主たる関心が実際にはじまるところに、つまり、さまざまな「生活形式」ないし「言語ゲーム」の間の接触の問題にとどまっている。別の評者が述べるように、「ウィンチのモデルにしたがう言語解釈的社会学のかかえる難点は、結局のところウィットゲンシュタインの言語哲学そのものの限界を示している。それは、解釈学の向こう側に横たわり、またウィットゲンシュタインが超えられなかった限界である」[53]。アーペルによれば、ウィンチの見解は結果として支持できない相対主義に帰着する。なぜなら、ウィンチは、言語ゲームの三つの「契機」の間に──「言語の使用」、「実践的な生活形式」、「世界の理解」との間に──互酬的関係だけでなく、緊張関係がつねに存在することを認識しそこなっているからである。だから、たとえば西欧のキリスト教信仰は、ともにひとつのまとまりを──単一の文化システムを──形づくるが、それにもかかわらず絶えず内部での対話や外部との対話をおこない、そのことが時間を超えた文化システムの変動の源泉になっている。二つの文化が接触する際に生ずる対話は、いずれの生きている伝統なり「生活形式」のなかに包含される対話と、質的に同じである。こうした生きている伝統なり「生活形式」は、つねに「みずからを超越していく」。

ハーバーマスは、解釈学を社会科学の他の分析形態に結びつけることを意図とした著述のなかで、ガダマーの研究をかなり活用している。社会科学と自然科学では、(理論的)前提条件に照らした「解釈」がすべての研究形態にとって必要であるという指摘は非常に重要な意味をもつが、ハーバーマスによれば、人間活動の研究が純粋に解釈学的ではありえないこと──ガダマーとウィンチがともに到達した結論──の強調も同じように重要である。かりに人びとがみずからにとって全面的に透けて見える存在であれば、「解釈学の普遍性」という主張は、完全なヘーゲル的合理性の世界でしかおそらく支持されえない。事実、対立する哲学上の主要な二つの伝統である解釈学と実証主義が人間行動の説明に関して主張する「普遍性の権利要求」に抵抗していくことは、必要である。いずれの伝統も、人間行動のすべての領域を網羅して、独自の論理図式に人間の行動を順応させようとしている。解釈学的哲学の研究者たちによれば、人間のすべての行為は、「理解」されるべきであり、自然科学を特徴づける法則定立的なかたちの説明を受け容れない。他方、実証主義的傾向の強い哲学者の目から見れば、自然科学の論理形式は、おおまかにいえば社会科学においても当てはまる。とはいえ、ハーバーマスにとって、社会科学は、解釈学的であるだけでなく、法則論的（「擬似自然科学的」）でもある。したがって、こうした解釈学と法則論の二種類の努力を、三つ目の努力——「批判理論」——によって同時に補う必要がある。

ハーバーマスは、その初期の著作で、精神分析におけるエンカウンターを、あるいは少なくとも精神分析におけるエンカウンターの理念型的把握を、解釈学的説明と法則論的説明と批判理論の関係の具体例とみなしていた。ハーバーマスの言葉でいえば、精神分析におけるエンカウンターを、「筋道のとおった自己再帰を組み入れている科学の唯一の明白な例」[54]とみなしてきた。精神分析では、被分析者の言語表現を理解し、その言語表現の（隠された）意味の解明が精神分析医の目的——対話をとおして達成される目的——となるために、精神分析は、何よりもまず解釈的である。しかし、精神分析の理論と実践は、解釈学のレヴェルにとどまらない。被分析者の提示する経験の記述がなぜ歪められた表象であったり、意識にとって接近しがたいマテリアルをなぜ隠しているのかを因果関係的に説明するために、経験の記述の下層を徹底的に調べることが、精神分析の本来の目的である。精神分析療法の過程では、分析医は、レヴェルを、つまり、絶えずある準拠枠から別の準拠枠へと移動して、それによって被分析者の歪められた自己理解の背後にあることがらを「説明」していく。フロイトのもともとの著述では、こうした解釈学的なものと法則論的なものとの必然的「接合」は、それ自体はっきりと認識されていなかった。したがって、物理的な力との類推で使われた、たとえば「エネルギー」といった用語と（「シンボル」等の）「有意味的」カテゴリーを指す用語が、混同されていた。精神分析的エンカウンターの解釈学的契機と法則論的契機を互いに結びつけ、しかもなお両者の均衡を保つのは、ハーバーマスによれば、その刺戟となる解放的推進力である。精神分析療法は、かりにうまくいけば、その人がその人自身の自発的統制を受けないかたちで行動する無意識の過程を、その人自身の合理的支配を受ける、意識的な行動態様に変えていく。精神分析は、被分析者の自己認識の促進を通じて、意識の媒介なしにその人を活動に駆りたてる要因の影響力からその人を解放するという、決定的な任務を担っている。

ハーバーマスの初期の著作では、社会科学が経験的－分析的（法則論的）なものと、解釈学的なもの、批判理論的なものに分化することと、社会科学の認識論を社会科学の具体的主題に結びつけるさらに別の一連の分類とを、一体的にとらえている。たったいま言及した三つの区分は、社会的世界との関係においても自然的世界の関係においても、人びとがかかわる三種類の「認知的関心」に対応する。法則定立的知識は、一連の因果関係の人為的統制を、あるいは人為的支配を第一義的に志向している。（この法則定立的知識は決して「中立的」ではない、とハーバーマスはいう。また、この種の知識は、法則定立的知識が支配構造の隠蔽されたかたちの正統化を生みだすすべての知識のプロトタイプであるとみなす傾向を、実証主義哲学における一部の見方が表明する傾向を、まさしく示している――この問題は、ハーバーマスの著作を、「一世代前」のフランクフルト学派の哲学者たちの著述と、さらにその人たちを飛びこえてルカーチの著述と結びつけるテーマのひとつである。）他方、解釈学は、相互主観的「生活形式」への行為者の参加についての理解と、それによって人びとのコミュニケーションなり自己理解の増進にたいする関心を志向している。批判理論は、「解放的関心」と結びつく。なぜなら、批判理論は、支配からの人びとの解放を、つまり、たんに他者による支配だけでなく、その人が理解していなかったり制御していない力（現実に人間が創りだす力を含めて）による支配から、人びとを解放する努力をおこなうことを通じて、さきに別々に考察した問題関心類型をいずれも超越しようとしているからである。

この三組の「認識組成的」関心は、社会科学においては、ハーバーマスがおこなった主要な実体的概念区分のいくつかとも、さらに関連する。社会分析の関心のひとつは、《目的合理的行為》（ウェーバーのいう *Zweckrationalität*）と関係している。この《目的合理的行為》を、ハーバーマスはまた、たんに「仕事」ないし「労働」と名づけ、「道具的行為、ないし合理的選択、あるいは両者の結合のいずれか」を指している。道具的行為は、経験的観察や体験をとおして形成される法則定立的知識に依拠する。こうした法則定立的知識はまた、合理的選択という純粋に原理的な戦略決定に情報提供をおこなう。目的合理的行為を、概念上「相互行為」と区別する必要がある。なぜなら、「相互行為」は、合意された規範（あるいは、ウィンチの用語でいう「規則」）によって支配された相互主観的なコミュニケーションや象徴的表現を指しており、また日常言語を通じて表現されるからである。毎日の相互行為を特徴づけるコンテキスト内における意味は、相互行為の参加者がそうするように、社会科学の観察者によって解釈学的に把握される必要がある。しかし、社会科学の観察者は、発話の再帰的特性を、つまり、日常言語はそれ自体がメタ言語であるという事実を――毎日の相互行為に参加する人びとが当然のこととしておこなうように――活用できる。「仕事」や「相互行為」の観念にたいして、「批判理論」の担う任務が明示するように、理性の網羅的基準という観点から見た人間行動の査定という観念を付け加えることがおそらく可能である。しかし、ハーバーマスにとって、合理性の基準は、目的合理性がそうであるように、必要がある。こうした合理性の基準を、確かに人為的なかたちの目的合理性から区別する「歴史のなかに」著しく位置づけられている。人間の自己理解の進展は、「自由な行為」の範囲の拡大によって、因果律（因果律では、人びとの行動はたんに「自然界における」もう一つの一連の出来事とみなされている）に囚われた状態から人びとを自由にする方向へ進む。

ガダマーの哲学は、言語の中心的位置を、とりわけ対話が「言語共同体」内で、また「言語共同体」間で占める中心的位置を強調することで、解釈学を、近現代哲学の他の主流をなす学派に間違いなく接近させている。その点で、私たちは、「言語が、ウィトゲンシュタインの探究や、英国の言語哲学、フッサールにはじまる現象学、ハイデッガーの探究、新約聖書解釈学でのブルトマン学派や他の学派の業績、神話と儀礼、信仰に関する比較史や宗教学、人類学の研究――それに、最後に精神分析――のそれぞれ共通な合流点となっている」[55]とのリクールの見解に同意できる。ガダマーが、共有された言語表現をとおして意味が「入手可能」になるという特質を強調する際に、初期のディルタイの（それにウェーバーの）「方法論的個人主義」を放棄できるとすれば、そのかぎりにおいてガダマーの説明は、ガダマー自身の見解を《精神科学》の初期の伝統に見いだす見解から隔てる。さらに、解釈学と、科学哲学に源を発する古典的経験主義批判との間には、「出発点」に関心をよせる哲学を両者がともに拒否しようとするかぎりにおいて――十分に究明されていないが――間違いなく接点がある。リクールは、超越論的現象学にたいする批判の一端として、哲学における「第三の途」を見いだす必要性について述べた際に、このことを的確に指摘している。超越論的現象学は、哲学における幻想のひとつに、つまり、客観主義という幻想に決着をつけた。客観主義においては、自己は「世界のなかに見失われ、忘れ去られている」。しかし、フッサールは、この客観主義という幻想を、第二の幻想、つまり、主体の再帰的啓示という幻想に置き換えていった。

とはいえ、ガダマーの著述は、かりに初期の段階の解釈学的哲学に見いだす難点をいくつか首尾よく回避したとしても、別の難点もまた創りだしている。すでにハーバーマスは、これらの難点のいくつかをかなり徹底的に検討している。社会科学による純粋に解釈学的解明は、特定の伝統のなかに状況づけられた行為者の使う用語を超越し、かつまたその伝統に関して説明的意義をもつ用語によって社会的行動を分析する可能性を——実際には、その必要性を——論外のこととして無視している。とはいえ、同じように重要なのは、ガダマーが詳論するような対話のモデルそのものが引き起こす問題である。ガダマーは、解釈学が「真理を保証する学問」[56]であると論じている。しかし、この指摘は真理が存在のなかにもともと備わることを意味しており、それは、実存主義的現象学の犯した根本的誤りであり、ガダマーが弁証法に助力を求めても救済できない誤りである。ベッティは、次のように論評している。ガダマーによる解釈学の提示は、たとえば著作物や、別の時代や文化における人びとの行為といった解釈の素材の内的まとまりを確かに保証するかもしれないが、こうした解釈の「正しさ」というさらに一歩進んだ疑問について、何も問題がないと避けている、とベッティは論評する。ベッティによれば、解釈学には四つの前提があり、ガダマーは、そのうちのはじめの三つの前提を論じているだけである。その三つの前提とは、解釈の対象は対象自体の観点から、つまり、主体として理解されねばならないこと（「解釈学的自立性」）、解釈の対象はコンテキストのなかで理解されねばならないこと（「有意味な一貫性」）、それに、解釈の対象は解釈する側の経験の、ベッティのいう「現実性」に準拠しなければならないこと（「前理解」）である。しかし、これらの三つの要素を下で支えているにもかかわらず、ガダマーの研究では示されていない四つ目の関連する要素も存在する。それは、「意味の同等性（*Sinnadäquanz des Verstehens*）」、つまり、人間の生みだすことがらや行為の解釈は、それを生みだす人の意図との関係において「適切」になるという前提である。

ガダマーの見解にたいしてこの種の批判を述べているのは、ベッティだけではない。私もこの点についてここで補足しておきたい。ガダマーによれば、解釈学は方法ではないため、したがって解釈学は、テクストを通じて「著者が伝えようとしたことがら」の観点から「正しい」「正しくない」と判断できるような説明を生みだすことができない。テキストのもたらす意味は、そのテキストの創作者のコミュニケーション意図のなかにではなく、そのテキストとそのテキストを異なる伝統の脈絡から「理解」する人びとの間に確立される媒介作用のなかに存在する。ハイデッガーに追随するガダマーにとっても、「言語は、それ自体の意味を語る」。ハイデッガーの謎めいた啓示のひとつが主張するように、「他者の語りは、語られることがらにおいて私たちにたいして語りかける」。したがって、書き記されたテクストは、発話とは明らかに異なる。なぜなら、発話は、語りかける主体だけでなく、言葉が発せられる相手をもあらかじめ想定しているからである。著作物は、それ自体が、またそれ自体で意味を有しており、言語そのものの「自立的存在性」を、当然、想定している。書き留められたことがらを取りまく状況は、解釈学的現象にとって不可欠である。テクストは、その筆者の存在性と切り離された、テクストそれ自体の存在性を得ている。

テクストの理解は、伝統の創造的媒介であるため、決して終わりのない過程である。「完了される」ことは決してありえない。なぜなら、新たな伝統のなかでその著作物が読まれることで、新しい意味が次々に生みだされるからである。この点の強調が人びとの関心を引くのは、明白である。理解を、著作物における筆者の意図に関して解釈の正確さのいかなる基準も束縛できない生産的活動とみなすことは、たとえばマルクスについて一九世紀後半以降何世代もの間おこなわれてきたおびただしい数の異なる「読み方」に、容易に対処できるように一見思える。しかし、こうした見解が直面する難点も、同じように明らかである。別の読み方よりもある読み方を採用することは、明らかに恣意的であるように思える。もしそうであれば、同じ例を挙げると、マルクスの著述の分析に関しておこなわれてきた学問的論争は、まったくの徒労に思える。

ガダマーは、この種の「ニヒリズム」をしきりに回避しようとしている。ガダマーにとって、「真理」は、伝統の相互性を探究するための手段となる自己解明の豊かさのなかに存在し、また、ある伝統のみに同調することを要求すれば、その伝統のなかで実際におこなわれている複数の読み方のうちから、他にとりうる読み方を排除する一因となる。しかし、このような概念構成では、異なった伝統のもとでおこなわれる読み方の比較に対処できない。また、事実、テクストの理解に用いられた《同一の》「伝統」が異なる見解を示す可能性にたいして、いかに対処できるかについても明らかではない。なぜなら、(ウィンチが「生活形式」についておこなったように)伝統は、内的なまとまりと凝集性をもつと想定しているように思えるからである。この点をすべて考慮に入れれば、ガダマーの主張の重要な点を捨て去らずに、対象の自立性——筆者による、状況規定された創造としてのテクスト——を認める必要性を強調するベッティにしたがうことは、重要である。一方で、筆者が書き記したものによってその筆者が意味することがらを理解し、テクストが語りかけた同年代の人びとの間でそのテクストがどのように受けとめられたかを理解しようとする企てと、他方で、そのテクストが私たち自身の今日の諸状況にたいしてもつ意義を理解しようとする企ての間には、相違がある。

このような差異の認識は、解釈学を方法として復権させることになる。ガダマーは、「理解」を「解釈」と混同するべきではないと考えている。小説を読むことは、解釈の過程を必要としない。小説は、前・再帰的に読者を夢中にさせるからである。「方法」であることを否認する過程で、ガダマーによる解釈学の論議は、その論議そのものがハイデッガーの反科学主義にかなり強く染まっているとはいえ、科学哲学における一部の視座と――とくにファイヤアーベントによる「方法の放棄」の要求と――かなり類縁性を示している。とはいえ、こうした考え方の重要性は、方法であることの完全な否認にあるのではなく、方法の再構築のための含意にある。解釈学は、その中心となる問題領域を、書き記されたテクストそのものの理解ではなく、意味の枠組み全般の媒介のなかに見いだすべきである、と私は主張したい。さらに、両者の関係の究明が不可欠であり、また社会科学と自然科学にまたがる二種類の解釈学的問題が存在する。ひとつは、もちろん完全に分離できるわけではないが、社会的現実の「事前に解釈された」性質のかたちをとるにせよ、あるいは自然科学における観察の「理論受胎的」性質のかたちをとるにせよ、経験の「前・再帰的」特質と関係している。この意味でいえば、小説を読んだり、街中で偶然に出会った知合いと言葉を交わすことが、「解釈的」活動でないとはいえ、「解釈的」活動そのものを組成する「生活の流れ」にとって不可欠であることを強調するのは、まったく正しい。つまり、こうした活動がそれをとおして「意味を理解される」ことになる前提は、暗黙のうちに参考にされている。けれども、日常生活の日々のやりとりでさえも、すべてが前・再帰的ではないし、（エスノメソドロジーで明確にされているように）「説明的手続き」の再帰的充当利用は、日々のやりとりの継続にとって決定的に重要である。この点で、相応な能力をもつ社会的行為者は、社会的解釈の方法を共有しており、したがって（「普通の人びとが用いる方法（ethnomethods）」を研究するという意味の）「エスノメソドロジー」という呼称は、まさにそれにふさわしい用語である。それゆえ、「方法」は、社会科学と自然科学にとって不可欠であるとはいえ、また自然科学における「知見」の判断基準が日常生活の説明手続きと部分的に矛盾するとはいえ、社会科学や自然科学だけに固有ではない。

ガダマーに代表されるテクスト解釈学と、近年の英国の哲学者たちがおこなう意味分析の間に、重要な、啓発的な対照点を見いだすことができる。ガダマーは、テキストの理解において行為者の意図に言及するのを避けようとしているのにたいして、英語圏の一部の哲学者は、直接、意図の面から「意味」の解明を試みてきた（一三二頁以下を参照されたい）。おそらく重要なのは、これらの哲学者のほとんどが、書き記されたテクストの理解で必要とされることがらにたいしてまったく関心を示していない点である。意味の「意図」理論は、解釈学的現象学における逆の命題と同じように、つまり、「言語が語る」という命題と同じように、現状では支持できないことを、私は後で主張したい。非常に単純化して言えば、かりに一方が「主観的理念主義」に近いとすれば、他方は「客観的理念主義」に近いことになる。「主観的理念主義」は——ウィットゲンシュタインの影響に直接由来していないとはいえ——意味だけでなく、行為についての主観主義的説明とも密接に結びついている。

ガダマーは、現在と過去の間には存在論的障壁があるため、「筆者が伝達しようと意図したことがら」を再びとらえることはできないと想定する際に、ハイデッガーにおおいに依拠している。存在は時間のなかにあり、時間的隔たりは存在の差異化である。対話による伝統の媒介を強調する際に、ガダマーは、ウィットゲンシュタインの言語ゲームに関する論議の範囲をほぼ間違いなく飛びこえているとはいえ、ガダマーの論旨は、いくつか極めて重要な点で、ウィットゲンシュタイン流の批判力の麻痺状態を再び生みだしているように思える。伝統から遠く隔たり、その結果、過ぎ去った伝統を言葉で表わせないことは、伝統を批判の対象とする可能性をあらかじめ排除してしまう。ハーバーマスがやり玉に挙げるのは、まさにこの点である。

その後のハーバーマスの研究における批判理論の定式化について、どのようなかたちであれ包括的な分析をおこなうことが、私の目的ではない。ここでは、ハーバーマスの「コミュニケーション能力」の概念のいくつかの側面についてだけ——主としてハーバーマスが名づけた「歪められた」コミュニケーションよりも、むしろ「正常な」コミュニケーションとの関係で——論じておきたい。コミュニケーション能力という観念は、チョムスキーの「言語能力」の概念と、明確に区別されるとはいえ、類似するものとして提示されている。チョムスキーの「言語能力」の概念は、「独白」と関係しており、相互主観的現象としての《コミュニケーション》の周縁問題に私たちを導くだけで、コミュニケーションを適切に解明できていない。語義の単位は、つまり、「意味」は、一人ひとりがもつ言語装置のたんなる抽象的特徴だけではなく、相互行為なり《対話》のなかで相互主観的に生みだされていく。発話者は、相互行為のなかで意味を生成するために、たんにチョムスキーのいう意味で（独白の面で）「相応な能力」をもつだけでなく、言語を使いこなす技能を他者の理解に転ずる社会的《舞台装置》を意のままに支配できることもまた必要である。「潜在的な日常言語コミュニケーションの状況を生みだすことは、そのこと自体が理念的発話者のもつ全般的な言語能力に帰属している(57)」。

ハーバーマスは、コミュニケーション能力にとって基本となる、日常言語の一般的特徴を二つに区別している。ひとつは、オースティンに追随して、発話の状況を、「約束をかわしている」「告知している」「嘆願している」等々と特徴づけるような、広範囲に及ぶさまざまな行為遂行の指示である。もう一つは、たとえば「私」「あなた」「ここ」等々の、発話者間の関係を、つまり、コミュニケーションの「状況」にたいする発話者たちの関係を特徴づける直証的要素（つまり、バー＝ヒレルのいう意味での指標的表現）である。これらの要素の使いこなしを、対話を組成する一連の「普遍特性」として、つまり、コミュニケーションにおける理解の相互性を可能にする発話状況の普遍的特徴として、表出できる。こうした普遍特性には、次の四つが含まれる。

1　人称代名詞と、その派生語。これらは、相互行為における準拠システムとなる。これらの人称代名詞とその派生語に関しては、とりわけ一人称代名詞の「私」と二人称代名詞の「あなた」の再帰性について精通することを、つまり、私は「あなた」にとって「私」であるが、あなたも、一方において私にとって「あなた」であると同時に、あなたにとっては「私」でもあることの認識を、必要としている。

2　時間や空間、実体に関する直証的用語――表示的準拠システムを組成し、したがって言説を状況づけるために用いられる。

3　呼びかけや、挨拶、質問、応答、間接的に「伝達された発話」に関する用語体系。これらはすべて、発話行為そのものをメタ言語的に特徴づける（ガーフィンケルの用語でいえば、「これらの言葉がその舞台装置のまさしく特徴を描写する、そうした場面を運営していく」ような）言語運用である。

4　存在の様相を弁別する、「存在を表わす」用語。これらの用語は、発話状況を組成する特徴として現われる際に、その発話状況を次のように特徴づける表現である。つまり、本質と外観との区別（この区別は、「容認する」「表わす」「裏切る」等々の言葉によって示される）、存在と外観の区別（主観的世界と公的世界との分化で、「要求する」「確信する」「疑う」等の言葉によって示される）、さらに、存在と責務との区別（「服従する」「拒否する」「警告する」等々の言葉によって示される）を想定するものとして、発話状況を特徴づける表現である。

「純粋な対話」――つまり、実際のいずれのコミュニケーション状況でもつねに生起する発話行為のコンテキストにおける非言語的要素から抽出される――では、完全な相互理解のモデルを私たちは組み立てることが可能である、とハーバーマスは主張する。このような完全な相互理解のモデルは、「コミュニケーションの構造そのものから生起するのではない強制力が、コミュニケーションを妨げることがない」ような、参加者の間に完璧な対称性が見られる場合に、成立する。こうした対称性は、次の三つの主要な特徴を示している。つまり、議論の合理的検討をとおしてもっぱら得られる「拘束されない合意」の達成、相手にたいする十分かつ相互的な理解、それに、相手が対話のなかで十全かつ対等なパートナーとしての役割を演ずることとの真正な権利の相互認知である。このような指摘は、コミュニケーション的相互行為の規範における「真理」の問題に、ハーバーマスを結果的に引き戻している。ハーバーマスは、ストローソンの立論に部分的にたよりながら、真理を、経験の「客観性」を保証するもののなかに探し求めるべきではなく、「真理要求を議論によって確認する可能性のなかに」[58]探し求めるべきである、と主張する。ハーバーマスにとって、「真理」は、それが合理的言説に依拠するため、コミュニケーションにおける（人のレヴェルでは）「非神経症的」なものとしての、また（集団のレヴェルでは）「非イデオロギー的」なものとしての評価と、じかに関係している。真理は、陳述されたことがらの属性ではなく、理念的に想定された発話状況での討議の属性である。

ハーバーマスの著作は、いくつかの側面で、私がさきに論じた思想の潮流のなかで関心対象となったことがらの多くを包含している。ハーバーマスは、実存主義的現象学とポスト・ウィットゲンシュタイン派哲学をともに自由に参考にしているが、両者の関心の視野が狭いことをはっきり認識している。それでもやはり、ハーバーマスのもたらすものは、この論考で私が検討したい問題の適切な分析の枠組みとしては役に立たない。ある面で、それは、ハーバーマスの著作の主な目的が、つまり、フランクフルト学派社会哲学の伝統における批判理論の枠組みを解明しようとする目的が、私の追求したいテーマの範囲をはるかに超えているからであるが、同時にまた、ハーバーマスの見解に私が見いだす極めて基本的な難点のためでもある。私は、次のような異論を述べたい。

まず、ハーバーマスは、社会科学が解釈学と法則論の企てを融合すると指摘しているが、その点はまったく正しい。しかし、ハーバーマスは、あまりにも単純な自然科学のモデルを用いて議論する傾向が強く、しかも自然科学を旧来の――実証主義的でさえある――あり方で記述している。事実、ハーバーマスは、自然科学について直接論究したことがほとんどない。人為的統制というかたちで自然科学と連携した（しかし、同時にまた他の学問とも連携した）知識要求形態なり「認識的関心」形態との関係で、もっぱら自然科学について言及している。解釈学に普遍性が《ある》ことを強調するのは、重要である。つまり、科学の理論は、他の「言語ゲーム」がそうするのと同じように、意味の枠組みを形成する。自然科学における「説明」は、他の研究領域と同じようにさまざまなかたちを呈している。自然科学における「なぜかの疑問」は、確かに必ずしも一般法則を志向するとはかぎらないし、その疑問にたいする答えもこうした法則性について何らかに言及することを必ずしも必要としているわけではない。人間の行為に関してそうであるように、「理解する」――つまり、意味の枠組みのなかで「理性によって知りうる」ものにする――ことは、多くの場合に、「説明する」こと、つまり、謎を「適切に」解き明かすために根拠や理由を提示することである（二五四頁以下を参照されたい）。

二つ目として、ハーバーマスは、ポスト・ウィットゲンシュタイン派のほとんどの哲学者にならって、「意味」を意図的行為の解釈と同一視し、その結果、行いの特性描写ないし同定は、その行いがそのために企てられた目的の同定に論理的に依存する、と考えているように思える。しかし、このことは、論理的にも社会学的にもあらゆる種類の厄介な問題を結果的にもたらすとともに、後で詳しく明らかにしたいが、たとえばウィンチとパーソンズの理論のように、名目上は互いに対立する社会理論の取り組み方を接合させる要素のひとつである。三つ目として、ハーバーマスのいう「仕事」（労働）と「相互行為」の区別は、哲学的人間学と社会学との境界線上をまぎらわしく交錯している。こうした区別は、「人為的統制にたいする関心」と「理解にたいする関心」の観念的対立に由来するように思える。しかし、この段階での認識図式の論理的対称性は、もっと世俗的レヴェルでの社会分析にたいするこの図式の適用可能性をむしろ損なうことになる。ハーバーマスによれば、「仕事」と「相互行為は……相互に論理的に独立した、合理的に再構築が可能な様式にしたがっている」[59]。こうした道具的理性を相互理解から分離することは、相異なる知識要求の論理との関連で擁護できるかもしれないが、社会的行動そのものの分析との関連では、確かに擁護できない。労働は、《プラクシス》の包摂的意味合いであれ、人間活動による自然界の変容というもっと狭い意味合いであれ、どのように定義づけされようとも、（おそらく疎外状況を除けば）ただ道具的理性だけによって鼓舞されることはない。相互行為もまた、たんに相互理解ないし《合意》を志向するだけでなく、往々にして相互に排他的な目的の実現をも志向している。この点でハーバーマスの論旨に見いだす弱点は、ハーバーマスの批判理論のなかに反映されているように思える。ハーバーマスの批判理論は、対称的な「理念化された対話」のモデルを軸に組み立てられており、合理的討論をとおして到達される合意の実現を、その中心テーマにしているように思える。しかし、このことと、闘争が、つまり、搾取的支配が《稀少資源》の配分に志向している状況とどのように関係するのかは、明確にされていない。

四つ目として、ハーバーマスが、社会科学全体の理論と実践の見本として精神分析に興味をかられていることは、明らかに注目される点である。なぜなら、精神分析は、「説明」による「解釈」の媒介であり、分析医との対話をとおして被分析者の理性的自立を促すという目的をともなうために、ハーバーマスが注視する特徴をそれぞれ具体化しているからである。しかしながら、こうしたとらえ方には明らかに難点があり、ハーバーマスもその難点のいくつかを認めている。(60)精神分析は、批判理論にとってはむしろ不十分なモデルである。なぜなら、分析医と被分析者の関係は、結局のところ著しく歪められており、権威主義的な関係でさえある。とはいえ、ハーバーマスは、この場合にも「理念化して」とらえた精神分析のみを用いている。この点は、精神分析療法が任意に参加する《個人と個人》の出会いであり、その出会いでは解釈学的分析と法則論的分析が隠された《動機》をあばくというかたちでしか登場しないことと も、より強く有意関連する。この点は重要な意味をもつかもしれないが、精神分析療法は、人間の行為の解明を社会制度の構造特性と結びつける方法に関して、私たちにほとんど何の糸口ももたらさない。

私は、これまでの諸節で提示した論議がすべてを網羅しているとは思っていない。これらの論議を、この論考の後半部分を展開させるための背景幕としてだけ用いたい。ここで検討したさまざまな思想上の伝統や潮流が提起しているとはいえ、いずれも適切な解明をおこなっていない重要な争点に、次の三つの問題がある。行為能力と、行為の特性描写に関する問題、コミュニケーションと解釈学的分析に関する問題、社会学的方法の枠内での行為の説明に関する問題、である。この論考の後半で、これらの問題をさらに解明していきたい。

2 行為能力、行いの同定、コミュニケーション意図

英米の哲学者による極めて多くの論考は、後期ウィットゲンシュタインの研究に批判的な場合でさえ、後期ウィットゲンシュタインの研究からしばしば強い影響を受け、「行為哲学」に関心をよせてきた。これらの文献は、量こそ豊かであるが、その成果はかなり貧しかった。英米の研究者が論じてきた「行為哲学」は、その人たちがウィットゲンシュタインの近しい門弟でなく、ウィットゲンシュタインの少なくとも一部の見解と実質的に意見が異なる場合でさえ、ポスト・ウィットゲンシュタイン派哲学の限界を総じて共有している。その限界は、とりわけ社会構造にたいする、つまり、制度的発達と変動にたいする、関心の欠如である。このような食い違いは、決して哲学者と社会科学者の道理にかなった分業ではない。それは、人間の行為能力の特質に関する哲学的分析に深くくい込んでいる弱点である。とはいえ、行為哲学の近年の文献に生じている混乱のもっと直接的な理由は、互いに明確に分ける必要がある争点を識別しそこなっているからである。それは、《行為ないし行為能力の概念》の定式化、行為の概念と《意図ないし目的》の概念との結びつき、《行いの類型の特性描写(同定)》、行為能力との関連での《理由と動機》

の重要性、《コミュニケーション行為》の特性、の問題である。

行為能力の諸問題

日々の生活を営むなかで、一般の人びとが絶えず何らかの仕方で行為能力という観念に言及したり、それを利用していることは――一般の人びとが、（たとえば法廷のような）特定の場合や状況でのみ、自分たちはなぜ、またどうしてそうするのかを抽象的な言い方で説明できたり、説明することにおそらく関心をよせる点を強調していくことが重要であるとはいえ――明らかである。人びとは、結果にたいする「責任」をつねに決意し、他の人びとが示す説明や弁明、言い訳によって自分の応答を基礎づけるだけでなく、みずからの行動をそれに応じてモニターしていく。ある人のとった行動が「そうするより他に仕方がなかった」場合は、「そのようにしなくてもすんだ」場合とは異なる評価や反応がふさわしいとみなされる。たとえば、病気になった人は、他の人びとにたいして普段と違う気づかいを首尾よく要求したり、日常の責務を休むことができる。病気になるのは、仕方のないことと（普遍的ではないが、少なくとも欧米の文化では）認識されている。しかし、かりに「本当は病気でなかった」り、周囲の同情を引いたり、当然の責務を回避する目的でたんに「仮病」を装っていると判断された場合には、別の対応がふさわしくなる。心気症という病いの曖昧さは、この二つの事例の境界線が不明確であることを示しており、この病気を、何か自分の力で克服できるとみなす人もいれば、患者に原因があるとされる病気ではないと考える人もいる。医師は、「心気症」を医学的症候群とみなすかぎりにおいて、もちろん他の医師が認めるのと違う境界線を引くことができる。このように、行為体に責任があるとみなされ、それゆえ潜在的に釈明を求められる可能性がある行動と、「その人たちの手には負えなかった」とみなされる行動の区別は、曖昧であったり、不鮮明である。したがって、こうした曖昧さや不鮮明さは、自分の行いに加えられる制裁から逃れようとしたり、逆に特定の成果を自分の手柄として主張するさまざまなかたちの策略や企みを支えている。

法理論では、人は、たとえ自分が何をしているかの自覚がなかったり、どの法律も犯す意図がなかった場合でさえ、その行為に責任を負うとみなされている。その人は、かりに自分のおこなったことが違法であるのを一市民として「当然知っているべきであった」と判断された場合には、過失があるとみなされる。もちろん、その人の無知が考慮されて、まったく制裁を免れたり、処罰の軽減を受ける可能性もある（たとえば、「相応な能力をもつ人であれば誰でも当然承知していることがら」を知る立場にいない――「精神障害者」と診断されていたり、断言はできないが、その国にやって来た観光客で、その国の法律を十分わきまえていることが期待できないといった――場合である）。この点で、法理論は日常の習わしの形式化であり、日常の習わしでは、自分の行為がもたらす所与の帰結について知らなかったと言明しても、必ずしも道徳的制裁の免除が認められるわけではない。誰もが「承知していることを期待」されていたり、ある特定の範噂の人であれば誰もが「承知していることを期待」されることがらは、数多く存在する。人は、意図せずにおこなったことがらをとがめられるかもしれない。私たちは、毎日の生活のなかで、「行為能力」＝「道徳的責任」＝「道徳的正当化の脈絡」という等式にしたがう傾向がある。それゆえ、一部の哲学者が、行為能力の概念を、道徳的正当化という概念によって、したがって道徳規範という概念によって規定する必要があるとなぜ想定してきたのかは、容易に理解できる。

とはいえ、通例、哲学者は、「行為」を「動作」と区別する際に、慣習や規則というもっと包括的観念に助けを求めてきた。たとえば、ピーターズは、契約に署名する例を引き合いに出している。契約への署名は、社会規範の存在を前提にするため、行為の一例である、とピーターズは述べる。ピーターズによれば、「その女性は握手して契約を交わした」の言明と、「その女性の手は相手の手をしっかりと握った」の言明の間には、ある行為について記述した前者の言明が規範との関連でおこなわれているのにたいして、後者の言明はそうでないため、論理上の隔たりが存在する。[1] しかし、こうした説明はまったく説得力に欠けている。なぜなら、私たちは、行為能力とは何かを特定する際に、たんに「その女性は契約に署名した」という明らかに規範の実行を何らかのかたちで指し示す言明だけでなく、「その女性はそのペンで書いた」との言明についても、「その女性の手が紙の上を横切る動作をした」という言明から正確に区別することに、おそらく関心をよせているからである。

哲学関係の多くの著述では、主要なテーマのひとつとして、「動作」は一定の状況のもとで

——通常、その「動作」が特定の慣習なり規則と結びつきをもつ状態のもとで——行為と「みなされ」たり、「再記述」される可能性があり、逆にいずれの行為も（反復性のある行為をおそらく除外すれば）ある動作なり一連の動作として「再記述」される可能性がある問題をとり上げている。これは、同じ行動を指示するために代替可能な二つの記述様式なり記述言語が存在することを暗に意味している。腕を挙げることと腕が挙がることの間に「何の違いがあるのか」というウィットゲンシュタインの問いかけを正確に読めば、こうした結論を容易に是認できる。しかし、かりにこの問いかけを、行動の記述に代替可能な、《しかも同等に正しい》二つの様式が存在するという意味にとるのであれば、その見解は間違いである。なぜなら、行いを「動作」と称することは、行いが、機械的で、誰かにたいして「偶然生ずる」ことがらであることをおそらく暗に意味するからである。したがって、かりに行動は誰かが「生じさせる」、あるいは《おこなう》何かであるとすれば、このような仕方で行動の断片を記述するのは、明らかに誤りである。このことから、行為と《動作》の対照はまったく止めたほうがよいし、行為分析の本来の準拠単位は、《人》、つまり、《行為する自己》でなければならないことが誰にでも理解できる、と私は思う。

この点について、さらにもう一つの問題を指摘できる。かりに私たちが「動作」という術語を用いる場合、そうした仕方で表現される記述は「行為の記述」が表現するのとは違うかたちの観察言語を表わす、と私たちは想定する傾向がある。いいかえれば、動作は直接観察して記述できるのにたいして、行為の記述は、それ以上の過程を、つまり、（たとえば、「規則に照らして動作を解釈する」といった）推論なり「解釈」を必然的にともなうと想定する傾向が、私たちにはある。しかし、実際にこう仮定できる根拠は何も存在しない。私たちは、確かに（「非自発的な」）動作を観察するときと同じように、行為をじかに観察している。かりに「解釈」とは、観察されたことがらの記述が（異なる）理論的用語の存在を前提にする表現手段によってなされねばならないことを意味するのであれば、動作の観察と行為の観察は、一様に「解釈」を包含している。

非常に多くの哲学者は、行為の概念が本来的に意図の概念を中心に構成される、つまり、行為の概念が「目的的行動」を指称しているにちがいない、とこれまで想定してきた。このような想定は、次の二つのかたちで姿を現わす。(1)行為の概念全般に関して、(2)《行いの類型》の特性描写に関して、である。しかし、いずれも精査に耐える見解ではない。(1)の行為の概念に関するかぎり、意図の観念が論理的に行為の概念を含意し、それゆえ行為の概念を前提にしており、その逆ではないことを指摘すれば十分であろう。志向性という現象学の主題が例証するように、行為者は「ただ漠然と意図する」ことはできず、何かをおこなうことを意図しなければならない。さらに、誰もが認めるように、確かに人びとの行為能力を通じて引き起こされるが、人びとが意図的におこなうのでないことがらは、もちろん数多く存在する。私は、行いの同定の問題について後で詳論したいが、ここでは、行いの類型の特性描写を、行為の概念そのものがそうであるように、意図の面から論理的に導きだすことはできないとだけ断言しておきたい。とはいえ、行為能力の一般的性質に関する問題を行いの類型の特性描写に関する問題と慎重に区別しておく必要がある。この点を、シュッツは指摘していたが、英国の行為哲学関連のほとんどの著述では無視してきた。行為は、「生きられた経験」の淀みない流れである。行為を個々別々の部分や「断片」に分類することは、その行為者が払う注意の再帰的過程に、あるいは他者による注視に、依拠している。この章の冒頭ではことさら厳密に区別しなかったが、今後は行為の同定された「要素」ないし「分節」を《行い (*act*)》と称して、日常的行動の生きられた過程を総称するために用いる「行為」ないし「行為能力」とは区別したい。「原基的行為」が存在するという考え方は、哲学の文献にさまざまなかたちで現われるとはいえ、行為と行いの区別を認めないことに起因する誤りである。「腕を挙げる」という言い方は、「お祈りをする」という言い方とほとんど同じように、行いの範疇分けである。この点に、行為と「動作」との誤った対比のもう一つの残滓を見いだすことができる。(2)

私は、行為ないし行為能力を、《世界内事象の進行過程での、身体的存在による、現実の、ないし頭に描いた因果的介入の流れ》として定義づけたい。行為能力の観念は《プラクシス》の概念とじかに結びついている。したがって、行いの系統的類型について言及する場合、進行する一連の「実際の活動」としての、人びとの《実践》について私は論ずることになる。行為の概念にとって、(1)人は「別のかたちで行動できたかもしれない」ことと、(2)行為体から独立した過程内事象の流れによって組成される世界があらかじめ定められた未来を指し示さないことの二点が、分析的に重要となる。「別のかたちで行動できたかもしれない」という認識は、明らかに理解が難しく、また議論の余地がある見解であり、このような認識の諸側面をこの論考のいろいろな箇所で究明することにしたい。しかし、この「別のかたちで行動できたかもしれない」という認識は、「私には選択の余地がなかった」などといった通例の言い回しと、それゆえデュルケムのいう社会的「拘束性」や「義務」と、明らかに等価ではない。よく晴れた日に仕事上の任務として職場にとどまることを強いられた人は、両脚を骨折して余儀なく自宅にいる人と同じ状況に置かれているわけではない。同じことは、自制についても当てはまる。自制は、起こりうる行為の――その行為を控えることになる――経過を必然的に頭に描くからである。しかし、ひとつだけ重要な違いがある。現在進行中の活動の流れは行為の将来の経過にたいする再帰的予測をおそらくともなうし、また極めて多くの場合にともなうとはいえ、こうした再帰的予測は、行為概念そのものにとって必要ではない。しかしながら、自制は、行為の起こりうる経過についての認知をまさに前提としている。したがって、自制は、しようと思えばできたかもしれないことがらを、たんに「おこなわない」ことと同じではない。

意図と企て

英語の日常語法では、「意図（intention）」と「目的（purpose）」の違いを認めているが、私は、両者を同義語として用いたい。日常語法では、「目的」は、「意図」と異なり、現象学的意味合いで全面的な志向性を示す言葉ではない。私たちは、人が「目的があって」あるいは「目的のために」行為するという言い方をする。「目的」は、意図がそうではないという意味で、「決心」や「決意」と関係しているように思える。そのことは、意図という言葉が日々の営みにむしろ限定されるのにたいして、私たちには長期に及ぶ抱負を指称するために「目的」という言葉を用いる傾向があることを暗に意味している。(3) とはいえ、私は、そうした長期に及ぶ（たとえば、本を書き上げるといった）抱負を指称するために「企て（project）」という用語を使いたい。

一部の哲学者がおこなったように、行為者みずからが自分たちの日常生活のなかで説明を要求しがちな行いの類型のみを目的的と名づけることができると想定するのは、誤りである。だから、たとえば私たちは、誰かが食卓の料理に塩を振りかけた際に、通例、その人の意図をたずねたりしないため、そうした行動を意図的な行動と表現することはできないといった主張が、時としてなされてきた。しかしながら、かりにその人が食べ物にタルカムパウダーを振りかければ、私たちはおそらくそうした質問をしてみたい気持ちになる。また、食べ物に塩を振る習慣に馴染みがない別の文化の出身者であれば、食べ物に塩を振ることの目的をたずねるかもしれない。かりに私たちがこうした質問をする気がないとしたら、間違いなくそれは、こうした質問をすることに何の意味もないからではなく、その人の目的が何かを私たちがすでに承知しているからか、承知していると思い込んでいるからである。当然のことながら、最もありきたりな毎日の行動形態を、意図的な行動と名づけることができる。この点の強調は重要である。さもなければ、型にはまった、あるいは習慣的な行動は目的的行動であるはずがないという想定に(ウェーバーがそう想定する傾向があったように)陥りやすいからである。とはいえ、意図にしても企てにしても、それを——あたかも行為者は自分の達成しようとする狙いをみずから認識していなければならないかのように——目標に向けて《意識的に心にいだいた》方向性と同一視するべきではない。日常的行動を組成する行為の流れは、ほとんどがその意味で前・再帰的である。けれども、目的は、明らかに「知識」を前提としている。私は、《行為体がその行いによって一定の特質なり結果を示すことが期待できると認識(確信)しており、また行為者がこの認識をそうした特質なり結果を生みだすために利用する行い》をすべて、「意図的」行い、ないし「目的的」行いと定義づけたいと思う。とはいえ、この定義は、後で取り組む問題の解決を、つまり、行いの同定の本質に関する問題の解決を前提にすることを注記しておきたい。

さらに問題点がいくつかある。

1　行為が目的的であるためには、行為体は、みずからが適用する知識を抽象的命題のかたちで定式化できなくてもよいし、またそうした「知識」が実際に確実な根拠にもとづく必要性もない。

2　目的は、確かに人間の行為だけに限定されるわけではない。目的という概念をすべての種類のホメオスタシス的システムにも拡大適用できると考えることが有用であったり、適切であるとは、私は思わない。しかし、私がさきにおこなった概念化にしたがえば、ほとんどの動物の行動は、目的的である。

3　目的を、一部の人たち（たとえば、トゥールミン）が提案するように、「学習された手続き」[(4)]の応用に左右されるといったかたちでとらえても、適切な定義づけはできない。目的的行動が、この言葉の私の用法が示すように、すべて「学習された手続き」（結果を確実にするために応用される知識）を必然的にともなうことは間違いないとはいえ、たとえば条件反射のように、学習されているが、目的的でない応答も存在する。

目的と行為能力とのずれを、次の二点に示すことができる。ひとつは、行為体は、自分の意図を、つまり、おこなおうと意図したことがらを達成できるが、みずからの行為能力を通じてではない場合。もう一つは、意図的行いが、一連の帰結をことごとく特有にもたらし、その帰結は、当然、行為者のしわざとみなされるが、実際には行為者がそうした帰結を意図していなかった場合、である。前者の事例はあまり重要ではない。それは、意図した結果が行為体みずからの介入を通じてでなく、何か運のよい、予期しない出来事を通じて生じたことを意味するにすぎないからである。とはいえ、後者の事例は、社会理論にとって極めて重要である。「意図した行いの意図しなかった帰結」は、おそらくさまざまなかたちをとる。ひとつは、行為者の意図した出来事を実現できず、代わりに行為者の行動が別の結果なり複数の結果を生む場合である。こうした結果は、行為者が「手段」として用いる「知識」が得ようとした結果にとって間違っていたり、不適切であるか、あるいは行為者がその「手段」の使用を必要とすると考えた状況判断が誤っていたかの理由で、おそらく生ずる。

もう一つは、意図したことがらの達成が、同時にまた別の一続きの結果をもたらす場合である。「部屋を照明する」ために明かりをつける人は、おそらくまた「空き巣狙いを警戒させる」ことになる。(5) 空き巣狙いに出す警報は、その人の意図したことがらでないにしても、その人が確かに《おこなった》ことがらである。行為の「アコーディオン効果」とも称されてきたことに関する哲学の文献に多く見いだすのは、この種の単純な事例である。注意したい点が二つある。まず、この連鎖の最後にくる「結論」が恣意的な結論に思えること（かりに「空き巣狙いを警戒させること」がその行為者の「しわざ」であったとすれば、「空き巣狙いが逃げだす原因となること」もまた、その行為者の「しわざ」であったのか？）である。二つ目に、こうした事例が、社会理論に最も有意関連する意図しなかった帰結の諸側面を、つまり、私が後で《構造の再生産》と称することがらに包含される諸側面を解明するためには役に立たないことである。

行為の「アコーディオン効果」は、《目的のヒエラルキー》とおそらく名づけられるものと同じではない。私はこの《目的のヒエラルキー》という用語で、さまざまな目的なり企ての重なり合いや混ざり合いを意味している。ある行いは、行為者がその行いをはじめる際にいだく複数の意図と関連するかもしれない。ある企ては、意図的な活動形態のすべての範囲を明確に示している。紙の上に一文を書きつけることは、一冊の本を執筆しようとする企てとも直接関連する行いである。

行いの同定

人間行動のほとんどの研究者は、人びとの行動が、自然的世界の出来事と異なり、「意味」をもつことを、つまり、「有意味」であることを一般に認めている。しかし、この種の粗雑な定式化には納得できない。なぜなら、《自然的世界》が私たちにとって有意味であることは——たんに物質的に変容され、「人間化」された自然界の諸側面だけが有意味でないことは——はっきりしている。私たちは、社会的世界を「了解可能」にするように、自然的世界を「了解可能」にしようと努め、また、通常、どうにかしてそうしている——事実、西欧文化では、こうした了解可能性の基盤は、非人間的な力の作用が決定するものとしての、自然界の「非生物的」特性にまさしくもとづいている。ある出来事の了解可能性の明示を求める問いで必要とされることがらと、その出来事の説明的、とりわけ因果的解明を求める問いで必要とされることがらの間には、ある種の根本的な断絶があるとしばしば想定されている。明らかに差異は存在する。しかし、これらの差異は、人びとが信じ込んでいるほど明確ではない。たとえば、「あの突然の閃光は何だったの」という問いかけに、その現象の「意味」——「遠くの稲妻」——によって返答することは、同時にその意味を考えられる原因論的解明図式のなかに位置づけることでもある。その出来事を「遠くの稲妻」と同定することは、有意関連する因果論的背景にたいする少なくとも初歩的理解――たとえば、「部族神のお告げ」といった返答が前提とする初歩的理解とは別個のもの――の習得を当然視している。事象の意味を理解する際に用いる意味の枠組みは、決して純粋に「記述的」枠組みではなく、もっと徹底した説明図式と密接に関連している。したがって、一方をもう一方から無理やりうまく切り離すことはできない。つまり、こうした記述のもつ了解可能性は、このような想定された結びつきに依拠している。自然界なり自然界の出来事の了解可能性は、日常の経験を消化吸収し、それに「対処」していく際の解釈図式が由来する、そうした意味の枠組みの構築とその維持によって達成される。一般の人びとの場合でも、科学者の場合でも、こうした意味の枠組みの内的一体性を過度に強調するのは重大な誤りであるとはいえ、この点は、一般の人びとだけでなく科学者にたいしても当てはまる（後の二四二頁以下を参照されたい）。自然的世界についての食い違う意味の枠組みのなかで生みだされた記述の理解は――こうした意味の枠組みの《媒介》は――すでに解釈学的問題である。

社会的世界と自然的世界の差異は、自然的世界がみずからを「有意味」な世界として組成していない点にある。つまり、自然的世界が有する意味は、人びとが実際の生活の経過のなかで、自然的世界を自分たちのために理解し、説明する努力の帰結として、人間が生産している。それにたいして――こうした理解や説明の努力もまた重要な構成要素となる――社会生活は、その構成員である行為者たちがみずからの経験を体系化するための意味の枠組みの能動的組成と再組成を通じて、まさに《生産》される。[6]それゆえ、社会科学の概念図式は、一般の行為者による社会生活の生産で必要とされる意味の枠組みのなかに入り込み、その枠組みを把握するだけでなく、こうした枠組みを専門的概念図式で必要とされる新たな意味の枠組みのなかで組成し直すこととも関係する、《二重の解釈学》を表出している。この《二重の解釈学》が提起する複雑な争点のいくつかを、以下のさまざまな箇所で論じていきたい。しかし、社会科学の二重の解釈学が、ある基本的な点で、社会科学を自然科学とまったく違う立場に置いていることとは、この時点で指摘するだけの価値がある。自然科学で生みだされる概念や理論は、一般の人びとの言説のなかにごく普通につねに浸透し、日常の準拠枠の構成要素として充当利用されるようになる。しかし、もちろん、このことは、自然的世界そのものと直接何の関連性ももたない。それにたいして、社会科学者が案出した専門的概念や理論の充当利用は、「ある研究対象」を特性描写するためにこうした専門的概念や理論が創りだされたとはいえ、こうした概念や理論を「研究対象」そのものの構成要素に変えていき、さらにそうした専門的概念や理論が適用される状況そのものを《つくり変える》可能性がある。常識と専門的理論の間に見いだすこうした互酬的関係は、社会研究に固有な、しかし著しく興味深い特徴でもある。

行為類型の特性描写の問題は、二重の解釈学が提起する難題に即座に直面する。そこで、まずはじめに日常の概念的枠組みのなかでの行いの同定について集中的に論じ、後で（第四章で）日常の概念的枠組みと社会科学の専門的概念との関係に目を向けたい。

一般の観察者の間であれ、科学者の間であれ、自然界における出来事の意味の同定を促す質問は、単一の種類ではない。「何が起きているのか」の疑問で必要とされる意味の同定は、まずはじめにその探究を鼓舞する利害関心と、次に探究者がすでに所有する知識水準なり知識類型と関連している（ウィットゲンシュタインがおこなった直示的定義の議論を参照されたい）。客体なり出来事が存在したり生ずるが、探究で必要とされるこうした客体や出来事の特性描写は（この探究が相手に向けられた質問か、自分に向けられた質問かは、この場合、重要でない）、さきの二つの考慮すべき事項に左右される。「君はあそこで何を買ったのか」の問いで要求される答えは、ある場合には「本」であったり、別の脈絡では「誰それが書いた新刊本」なり「これこれしかじかの大きさの物」であるかもしれない。これらの答えはすべて事実どおりの特性描写であるが、これだけが正しく、それ以外がすべて誤りとなるような特性描写は、何ひとつ存在しない。正しいか間違っているかは、すべて問いが生ずる状況に依存する。

同じことは、自然界の出来事や客体の同定よりも、むしろ人間の行いの同定を志向する問いについて当てはまる。「誰それは何をしているのか」の問いには単一の答えしかないと想定したり、その問いにたいする答えはすべて類似した論理形式をもつにちがいないと想定する傾向が哲学者にあるとはいえ、そうした想定によって厄介な問題に決着がつくわけではない。（この点に関して、「誰それは何をしているのか」の問いは、「誰それは何をしようと意図しているのか」の問いと明らかに同じではない。）なぜなら、こうした「誰それは何をしているのか」の問いには可能性として数多くの応答があることが、すぐに明白となるからである。たとえば、その人は、「材木に金属製の道具を振りおろしている」「丸太を割っている」「仕事をしている」「遊んでいる」等々さまざまな言い方ができる。これらの応答はいずれも行いの同定であるため、哲学者は、これらの応答がすべて共有していることがらを探しだそうとするか、あるいはこれらの応答の一部のみが「正しい」あるいは「妥当な」行いの同定であり、残りはそうでないことを証明しようと努力する。(7) しかしながら、これらの特性描写はすべて——質問が表明される脈絡次第で、そのうち一部の特性描写だけが「適切」になるとはいえ——現在進行していることがらの極めて正確な記述になる可能性がある。これらの特性描写の《どれを》拾いあげるかは、一般の行為者が、日常の相互行為への参加や相互行為の能動的生産の型にはまった特徴として習得する（また、一般の行為者が、ユーモアや皮肉等々を口にするために巧みに操ることができる）まさしく精妙な技能のひとつである。

非人間的な力の因果的特性にたいする信念が私たちのおこなう自然界の出来事の特性描写と密接にからみ合うように、合目的性についての想定が行いの特性描写と密接にからみ合うことは、明らかである。それにもかかわらず、意図による行動の類型化でなければならないことを論理的に前提としているのは——たとえば「自殺」のように——かなり限定された種類の行いの同定だけである。ほとんどの行いは、こうした特徴を示していない。つまり、ほとんどの行いは、その行いが意図せずにおこなわれることはありえない。もちろん、行為体の行いをただ了解可能なかたちで特性描写するだけでなく、その人がおこなうことがらの「理由」なり「動機」をも見抜こうとする探究は、その人がおこなうと意図したことがらの断定を確かに必要とせざるをえない。

行為の合理化

英語の日常語法は、「何かの疑問」と「なぜかの疑問」との区別を省略する傾向が強い。特定の状況では、「空の向こうがなぜ突然ぱっと輝いたのですか」にしても「空の向こうで何の光が突然ぱっと輝いたのですか」にしても、同義の問いとしておそらくたずねることが可能である。いずれの場合も、「あれは、遠くの稲妻の反射光です」という返事が、おそらく容認できる答えとなる。同じように、行いの同定は、人びとの行動についておこなわれた、なぜかの問いにたいする適切な応答として、多くの場合、利用できる。英国軍隊の手続きに馴染みのない人が、片手を堅苦しく挙げて前頭部にもってくる兵士を目にして、「あの兵士は何をしているのですか」、もしくは「あの兵士はなぜあんなことをしているのですか」とたずねるかもしれない。この問いにたいして、これが英国陸軍の敬礼の仕方であると教えることで――つまり、その人が「陸軍」や「兵士」等々が何であるかをすでに熟知していると仮定すれば――その人の当惑は、おそらく十分に解明される。

「目的」や「理由」、「動機」の区別もまた日常の言説では不明瞭であり、これらの言葉は、ほとんどの場合に互いに入れ替えて使用できる。「その女性がそのことをした目的は何ですか」との問いは、「その女性がそのことをした理由は何ですか」ないし「その女性がそのことをした動機は何ですか」という問いと同義になる場合がある。行為哲学について論じてきた研究者のほとんどは、日常の用法で認められている以上にこの三つの概念のもっと明確な区別を達成することに関心をよせている。しかし、この人たちがおこなってきた区別は、決して一致していない。それにもかかわらず、こうした区別は何らかに必要である。ここで提示しようとする区別は、意図ないし目的について私がすでにおこなった定義づけをさらに進展させている。目的的行動は、特定の結果なり一連の結果を生みだすために、「知識」の適用を必然的にともなう。確かに、それは《適用》される知識である。しかし、行為体のどの活動が意図的であるかを特定するには、その行為体の適用する知識のパラメーターが何であるかを確証することが、明らかに必要である。アンスコムは、「ある記述のもとで」意図的であるとされることがらが、別の記述のもとでは意図的でないとされるという言い方で、この問題を表現している。たとえば、ある男性は、自分がいま厚板を鋸で切っていることを心得ていても、自分の切っているのがスミスさん所有の厚板であることを知らない可能性がある。(8) このような状況のもとでは、行為体自身が何を自分でしているかを「知っている」ことが、意図された行いの概念にとって分析上欠かせないため、たとえその男性が確かに故意にその厚板を鋸で切り、しかもその厚板が実際にスミスさんの所有であったとしても、その男性が意図的にスミスさん所有の厚板を切っているという言い方はできない。この点は、たとえその男性が、厚板を切っているときにその厚板がスミスさんの所有であることを一時的に忘れており、後から思い出したとしても、同じである。人は、直接的にか、あるいは不注意からか、その人が口にすることをとおして、その人の活動のどれが正しく目的的活動とよべるか否かの多少とも明確な境界を、私たちに示すことができる。しかし、動物の行動の場合には、どこにそのような境界を設定できるかを知ることは、その動物がいかなる「知識」を適用しているかを推論しなければならないために、極めて難しい。

「意図」と「目的」の用語そのものは、行為者の生活活動の絶え間ない変化を、幾筋かの意図された結果に明確に切り分けることを暗に意味しているため、かなり紛らわしいというよりも、むしろ簡単に誤解をまねきやすい。しかし、人は、ごく稀な状況でしか――たとえば、試合をおこなっている間じゅう、完全に自分の注意を引きつける競技種目に勝利することに心血を注ぐときのように――無条件でひとつの方向に精魂を傾けるような、明確な「狙い」を心にいだくことはない。その意味では、「意図的」や「目的的」という形容詞形のほうが、「意図」や「目的」という名詞形よりも的確である。日常的行為の目的内容は、《行為者による、みずからの活動の継続した首尾よい「モニタリング」のなかに》ある。このことは、行為者が、通常、当然視する日々の出来事の経過を何気なく統制していることを暗に示している。行為者にたいしてその人がおこなうことがらの目的を問うことは、問題となる出来事の経過にたいするその行為者のかかわりを、その行為者自身が、どのような仕方で、またどの側面からモニターしているかを問うことである。人の生活活動は、並存された個々別々の目的や企てから成り立つのではなく、他者との、また自然界との相互作用における目的的活動の連続した流れから成り立っている。もっと一般的にいえば、行いの同定と同じように、「目的的行い」を、その行為者は再帰的にしか把握できないし、他の行為体は概念的にしか取りだすことができない。まさにこうした見地から、私がさきに「目的のヒエラルキー」と称したことがらを理解しなければならない。人間という行為体は、みずからの活動を多くの異なる同時発生的な流れとしてモニターできる。こうした活動の流れのほとんどは（シュッツがいうように）どの時点でも「平衡状態に保たれる」が、行為者は、これらの活動の流れを、突然生ずる個別の出来事や状況に有意関連するものとして思い出すことができるという意味で、この活動の流れを「みずから認識している」。

「意図」と「目的」に関して主張できることは、同時にまた「理由」にも当てはまる。つまり、行為体による自分の行動の再帰的モニタリングを背景に《行為の合理化》について論ずることが、確かに適切である。ある行いの理由を問うことは、行為の流れのなかに概念的に切り込むことであるが、行為の流れは、それがこうした一続きの「意図」をともなわないのと同じく、並置された個々別々の「理由」をともなうわけではない。すでに論じたように、目的的行動を、特定の成果や出来事、特質を確保するための「知識」の適用としてとらえることがおそらく有効である。こうした行動の合理化について問うことは、いうなれば、《(1)さまざまな形態の目的的行いどうしの、つまり、企てどうしの論理的結びつきと、(2)目的的行いのなかで特定の成果を確保するために「手段」として適用される知識の「技術的基礎づけ」について問うことである》。

日常の語法で「目的」と「理由」の観念に部分的重複が見られるにもかかわらず、社会学分析では、一般の行為者が互いの活動にたいしておこなう問いかけの多様な層を識別することが有用である。ある行為者の行動が、つまり、「その行為者のいましていることがら」が謎に満ちている場合、相手は、何よりもまずその行為者の行動を意味がある行動として特性描写することで、その行動を了解可能にしようと努める。とはいえ、相手は、その行為者がいま何をおこなっているかを知ることで納得し、さらにその行為者がいまとっている行動の過程でどのような目的をいだいていたのか、あるいはその行動をまったく意図的におこなったのかどうかをたずねようとするかもしれない(また、こうした相手のおこなう問いは、とりわけ相手が道徳的責任の帰着に関心をよせる場合には、相手がその行いについておこなった当初の特性描写を変更させる可能性もある。したがって、たとえば「致死」が「謀殺」になる可能性がある)。しかし、相手は、さらにそれ以上に進んで、行為者がおこなったことを「根底から基礎づけるもの」を見抜きたいと思うかもしれない。このことは、行為者による自己の活動のモニタリングの《論理的一貫性と経験的内容》について問うことを意味している。

したがって、「理由」を行為の根底にある原理として定義づけることが可能であるが、行為体は、こうした原理にたいして、自分たちの行動を再帰的にモニターする際の決まりきった要素として「接触をつづける」。シュッツが挙げた例を示しておきたい(前述の六二頁から六四頁を参照)。「傘をさす」は、行いの特性描写である。ある人が傘をさす際の意図は、おそらく「濡れないため」であると表現できるし、また傘をさすことにたいして示される理由は、頭上にかかげる適切な形状の物体が降雨を防いでくれることを知っているからであると表現できる。したがって、「行為の原理」は、個々の行いの同定によって明示されるような一定の結果を達成するために、なぜある「手段」が「正しい」、もしくは「相応な」、「適切な」手段になるかについての説明を組成していく。行動の再帰的モニタリングでの「技術的有効性」による合理化の公算は、さきに私が「目的のヒエラルキー」と称したもののなかでの論理的一貫性の可能性によって補われることになる。この点は、行為の合理性の不可欠な特徴である。なぜなら、ある行いの同定との関係で「狙い」(目的)となることがらは、同時にまたもっと幅広い企てのなかでは「手段」にもなりうるからである。日常生活では、行為体にとっての理由は、当人が直接申し出たものであれ、他の人びとが推測したものであれ、常識——個別に規定された行為状況のなかで習慣的に広く認められたことがら——という容認されたパラメーターとの関係で、明確に「妥当」と判定されることになる。

理由は原因であるのか。この疑問は、行為哲学で最も激しい論争の的となってきた問題のひとつである。理由は原因でないと考える人びとは、理由と行為能力との関係が「概念的」な関係であると論じている。理由によって合理化される行動に言及せずに、理由とは何かを記述する方法などまったく存在しない、とこの人たちは主張する。互いに無関係な二組の出来事なり状態が——つまり、「理由」と「行為」が——存在しない以上、両者を結びつけるいかなる類の因果関係の存在についても問うことはできない、と主張している。他方、理由のもつ因果的可能性を立証しようとする研究者たちは、理由と結びついた行動からの理由の識別を事象として確立する何らかの方法を模索してきた。問題は、かなりの部分、因果性の観念に明らかに左右される。私見では、この論争にたいする寄与のほとんどは、明確なかたちであるか否かにかかわらず、ヒューム流の因果性の枠組みのなかでおこなわれてきたといっても、おそらく間違いではない。因果分析の論理に関する詳細な検討をこの論考の枠内で試みるのは不可能であるため、ここでは、《行為体因果性》を解明する必要性を、私は独断的に主張しておきたい。《行為体因果性》という考え方によれば、因果性は、不変的な結びつきである「法則」を前提条件としていない（どちらかといえば、「法則」のほうが因果性を前提条件にしている）。むしろ、因果性は、⑴原因と結果の《必然的結びつき》と、⑵因果的効力という考え方を前提条件にしている。行為体が自分の欲求に関してだけでなく、「外的世界」の要求にたいする評価との関連でおこなう自分の意図の再帰的モニタリングによって行為が引き起こされていることは、この論考にとって必要な行動の自由の十分な解明をもたらす。それゆえ、私は、自由を因果性と対置するのではなく、むしろ「行為体因果性」を「事象因果性」と対置させている。したがって、社会科学における「決定論」とは、人間の行為を「事象因果性」にのみ還元するすべての理論図式を暗に指している。[9]

私がさきに論じたように、「理由」について語ることは誤解をまねく恐れがあり、また行動の合理化は、目的的存在としての人間行為者の再帰的行動に固有な、モニタリングの基本的特徴である。ところで、私が展開してきたこれらの問題の概念化では、合目的性は、必然的に現象学的意味合いで、志向的である——つまり、「目的的行い」の記述と「論理的に」結びついている——が、行為の合理化は、合理化がこうした目的をもった行いを原理的に基礎づけることを指すので、志向的ではない。行動の合理化は、日常生活の現在進行中の《プラクシス》のなかで、目的をその実現の諸条件と結びつける際の、行為能力の因果的固定化を表示している。理由は原因である、あるいは原因となりうるとだけ述べるよりも、むしろ合理化とは、行為体の合目的性の基礎が《自己認識》と、行為する自己をとりまく《社会的、物質的世界の認識》にあることの因果的表現であると述べるほうが、より正確である。

私は、「動機づけ」という用語を、行為を誘発する《欲求》を指し示すために使いたい。動機づけと、パーソナリティの情緒的要素との結びつきは、直接的な結びつきであり、両者の結びつきは日常の語法でも認められている。動機は、多くの場合に——恐怖、嫉妬、虚栄心、等々の——「名称」をもち、同時にこれらの名称は、一般に情動の「名称」とみなされている。これまで取り上げてきた問題はすべて、行為者の《認識作用》にとって「接近可能」である。それは、行為者が自分のおこなうことがらをどのようにしておこなうかを理論的に定式化できるという意味で、接近可能なのではない。かりに行為者が真意を偽り隠していなければ、自分の行動の目的や理由についておこなう証言が、必ずしも争う余地のないとはいえないまでも、その行動に関する最も重要な証拠の出所になるという意味で、「接近可能」である。この点は、動機づけの場合には当てはまらない。私がおこなう動機づけという言葉の用法のように、この用語は、行為者が自分の欲求に気づいている場合だけでなく、意識には接近できない源泉によって行動が影響を受ける場合をも網羅している。フロイト以降、私たちは、こうした接近不可能な源泉の暴露に行為体が積極的に抵抗する可能性についても、あらかじめ考慮しなければならない。《利害関心》の観念は、動機の観念と密接な関係にある。《利害関心》は、行為体のいだく欲求の充足を容易にする何らかの成果ないし出来事と、簡単に定義づけができる。欲求を欠いた利害関心はまったく存在しない。しかし、人びとは、必ずしも特定の仕方で行為するための動機を認識していない以上、所与のいかなる状況においても、自分の利害関心が何かを必ずしもみずから認識していない。また、もちろん、人びとは、不可避的に自分の利害関心にしたがって行為するわけでもない。さらに、意図がつねに欲求に収束していくと想定することもおそらく誤りである。人は、自分がしたいと望まないことがらをするつもりになったり、実際にそうするかもしれない。また、強いて何らかの行動を起こしてまで達成する意図のないことがらを、強く求めるかもしれない。(10)

意味とコミュニケーション意図

ここまで、私は、活動の「意味」の問題にだけ関心をよせてきた。英語の日常語法では、私たちが合目的性について言及する際に、ある人が何を「means to do（おこなうつもり）」なのかについて、しばしば話題にする。それは、ちょうど発言に関して、その人が何を「means to say（言うつもり）」なのかを話題にするのと同じである。このことから、活動において「何かを意味する」ことは発話において「何かを意味する」ことと同じであるという命題ないし想定に至るまで、ほんの一歩にすぎないように思える。この点で、オースティンの用いる発語内行為と発語内的力の概念は、おそらく功罪相半ばする。オースティンは、何かを述べることがつねにたんに何かを言明することであるとはかぎらないという事実に、心を奪われていた。「この指輪もて、我、汝を伴侶とす」の発言は、ひとつの行為の記述ではなく、それ自体がまさしく（結婚するという）行為である。かりに、このような事例では、述べることにおいて何かを意味することが《事実上》活動において何かを意味することであれば、何かをおこなうことと何かを述べることを区別する必要性のない、唯一至上の意味形式があたかも存在するように思えるかもしれない。しかし、そうではない。なぜなら、苦痛や歓喜の叫びといった、はからずも口にした間投詞を除外すれば、ほとんどすべての発言は、コミュニケーション的特性を有するからである。ある種の言語コミュニケーションは、たとえば「この指輪もて、我、汝を伴侶とす」のような儀礼的発言を含め、宣言のかたちをとるが、このことは、ここでの論点に何の影響を及ぼしていない。このような事例では、発言は、それ自体が「有意味な行い」であるだけでなく、他者にたいするメッセージを、つまり、意味を伝達する様式でもある。この事例での意味は、結婚する一組の男女とその場に列席する他の人びとが理解できるような、「夫婦の結びつきをここで確認し、拘束力をもたせる」という、おそらく一種の命令である。

したがって、「コミュニケーション的行い」としての発言のもつ意味は（かりに発言が意味をもつとすれば）、行為のもつ意味から、つまり、特定の行いとしての行為の同定から、原理的につねに区別できる。コミュニケーション的行いとは、行為者の目的なり行為者のいだく複数の目的のひとつが、他者にたいする情報伝達の達成と一体化している行いである。もちろん、こうした「情報」は、命題のかたちだけをとる必要はなく、他者を説得したり感化して特定の仕方で応答させる試みのなかに含まれる可能性がある。ところが、発言が行い――「おこなわれる」何か――であるだけでなく、「コミュニケーション的行い」でもあるように、「おこなわれる」何かもまた、「コミュニケーション意図」をおそらくもつ可能性がある。行為者が、みずからの行為を巧みに操作して「放出する」合図により、他者にたいし特定の印象をつくり出す努力について、アーヴィング・ゴッフマンの著述は詳細に分析している。ゴッフマンは、こうしたコミュニケーション形式を発言のなかで伝達されるコミュニケーション形式と比較対照することに関心をよせている。しかし、もう一度いえば、このことは、ここでの論点を、つまり、木を切り倒す等々の多くの行為形態がこの意味でのコミュニケーション的行いではないという論旨を、損なうわけではない。要するに、（結婚式で儀礼的発言をおこなうことも含め）誰かが何かをおこなう際にその人が何をおこなっているかを理解することと、コミュニケーションをおこなうなかで他の人たちがその人の言動をいかに理解するかをさらに理解することの間には、相違点が存在する。私がさきに指摘したように、行為者なり社会科学者が行為に関して、なぜかの問いを発する場合には、その人たちは、その行為が「何」であるかをたずねているかもしれないし、あるいはその行為者がなぜ特定の仕方で行動したい気持ちになるのかについて説明を求めているかもしれない。私たちは、発言についても、こうしたなぜかの問いを発することができる。しかし、私たちは、ある人があることをなぜとくにおこなったのかよりも、むしろその人がなぜあることをとくに述べたのかを知りたいと望む場合、その人の《コミュニケーション意図》をたずねている。私たちは、その人が何を意味したのかを、つまり、最初の種類のなぜかの問いを発しているのかもしれない。あるいは、たとえば、「そのことを口にすれば私が困ることがわかっていたはずなのに、一体、何があの男にそんなことを言わせたのか」といった問いを発するかもしれない。

発言におけるコミュニケーション意図の、ごく一部ではあるがいくつかの側面を、ストローソン、グライス、サールほかが探究してきた。ウィットゲンシュタインの後期の研究に代表される、また語の道具的使用についてのオースティンの集中的研究に代表される旧来の意味理論から訣別する試みは、間違いなく歓迎すべき成果をいくつか生みだしてきた。言語哲学における近年の研究と、チョムスキーやその追随者たちが変形生成文法について展開した考え方との間に、明らかな収斂を見いだすことができる。両者とも、言語使用を、熟達した、創造的な遂行とみなしている。しかし、哲学の一部の著述では、すべての発言が何らかのかたちの命題内容を有するという想定にたいして加えられた反論は、「意味」をコミュニケーション意図によって完全に論じ尽くすことができるとみなしてしまう、同じように過度な強調を結果的にもたらしてきた。

この節をしめくくる際に、前段のはじめで言及したストローソン、グライス、サールほかの研究は、シュッツとガーフィンケルが浮き彫りにした検討課題に、つまり、人びとの社会的相互行為における「常識的理解」が、あるいは後で私が当然視された《相互知識》と名づけるものが演ずる役割の問題に、私たちを引き戻すことをここで明らかにしておきたい。コミュニケーション意図としての意味(「非自然的意味」)について最も影響力のある分析を、グライスがおこなっている。グライスは、その当初の定式化で、行為者Sが「Xによってしかじかのことを意味した」という言明は、「Sは、発言Xが自分の意図であるのを相手なり他者によって認知されることでその人たちに効果を生みだすために、発言Xを意図した」というかたちで、通常、表現できるとの見解を打ちだしていた。しかし、グライスが後で指摘したように、こうした見解は、この見解には(非自然的)意味の例証といえない事例を含む可能性があるため、そのままでは不十分である。人は、ある種の叫び声をあげるたびに相手が苦しむことに気づいてしまうと、それからは意図的にこの効果を繰り返して用いるかもしれない。とはいえ、かりにその人が叫び声をあげ、相手は、その叫び声と、さらにその意図までをも認知したうえで苦しむとしても、その叫び声が何かを「意味していた」と私たちは主張するべきではない。したがって、Sが生みだそうとする効果は「ある意味で受け手の意のままになるものでなければならない、つまり、『理由』という言葉の一部の語義から見れば、発言Xの背後にある意図の認知は、受け手にとってはひとつの理由であり、決してたんなる原因ではない」という結論に、グライスは到達している(11)。

このような解明には、さまざまな曖昧さや難点があることを、批判者たちは指摘してきた。そうした批判のひとつに、グライスの解明が無限後退につながるように思えるとの指摘がある。つまり、S_1がS_2にたいして効果として及ぼそうと意図することがらは、S_1の意図をS_2がわかっていることを確認させようとするS_1の意図に依存し、そのためにはS_2はS_1の意図を確認しようとするみずからの意図をS_1に確認させなければならず、そのためにはS_1はさらにそのS_2の意図を確認しようとするみずからの意図をS_2に確認させなければならず……という無限後退につながる。グライスは、後の論考では、現実のいずれの状況においても、意図の後退的認識を続けるのを行為者が拒否することで、あるいは続けられないことで、実際上の限界が加えられているから、こうした無限後退の可能性はとくに何の問題も引き起こさない、と主張している(12)。しかし、無限後退の問題は論理上の問題であるため、このような主張にはあまり納得できない。グライス自身の議論にまったく登場しないある要素を導入することではじめて、無限後退を回避できると、私は考える。この要素とは、それはまさしく共有された文化的生活環境のなかで行為者たちが所有する「常識的理解」、あるいは別の用語体系を採用すれば、ある哲学者が「相互知識」と名づけてきたものである。(事実、この哲学者は、こうした現象が広く認められている名称を欠くため、したがって自分が名称を創りださなければならなかったと述べている。）[13] いずれの行為者も、相手が相応な能力の行為者であれば、自分がその相手に発言をおこなう際に、想定したり当然視し、さらにまた自分でもそう想定していることを相手が承知していると当然視する、そうしたことがらは数多く存在する。このことは、「他者が知っていることを自分が知っていることを他者が知っていることを自分が知っている……」といった別の無限後退を導入するものではないと、私は確信する。「自分の知っていることを他者が知っていることを自分が知っている……」というかたちの無限後退は、当事者が互いに何とかして相手の裏をかいたり、出し抜くことに専心するポーカーゲームのような戦略的状況において、起こるだけである。この場合の無限後退は、哲学者や社会科学者を悩ます論理上の問題ではなく、むしろ行為者にとっての実践的課題である。コミュニケーション意図理論と関連する「常識的理解」ないし相互知識は、次の二つを含んでいる。ひとつは、「相応な能力の行為者であれば誰もが」、自分自身だけでなく他者をも含んだ相応な能力の行為者の備える特性について「承知している（確信している）と期待できることがら」と、二つ目は、所与の時点で行為者が置かれている個々の状況と、発言が向けられる他者ないし複数の他者が、ともに特定の種類の、一定の相応な能力を備えることが適切とみなされるような、具体的状況を構成している点である。

コミュニケーション意図について納得のいく解明をおこなえば、発言類型のもつ（慣習的な）意味の理解を私たちに可能にするという意味で、コミュニケーション意図は「意味」の根本的形式であるとする見解を、グライスほかが力説してきた。いいかえれば、「意味S」(行為者が発言をおこなう際に意味することがら)は、「意味X」(特定の記号やシンボルが意味することがら)を詳細に説明する鍵になる。(14) 私は、こうした見解を否定したい。「意味X」は、社会学的にだけでなく、論理的にも「意味S」に先行している。なぜ社会学的に先行しているかといえば、誰もが目的にもとづいて行動するため、人びとのいだく目的のほとんどがまさしく存立するために必要な象徴能力の枠組みは、文化形態を媒介する言語構造の存在を前提にしているからである。また、なぜ論理的に先行しているかといえば、「意味S」から出発する解明はいずれも「常識的理解」ないし相互知識の源泉を説明できず、それらを所与のものとして想定せざるをえないからである。この点は、グライスの意味理論と密接にからみ合い、またグライスの意味理論と類似した欠点をもつ一部の哲学関係の文献を考察することで明示できる。(15)

こうした文献で示された説明のひとつは、要点を整理すれば次のようになる。ある言語共同体における語の意味は、「その語が慣習にもとづいてpを意味することが受容されている」という点で、その共同体のなかで優勢な規範や慣習に依拠している。ゲーム理論で定義づけされているような協調問題の解決策として、慣習を理解することが可能である。協調問題では、二人ないしそれ以上の人びとは、実現させようと望む同じ目的を共有しており、そのために一人ひとりは一連の代替可能な、互いに排他的な手段から選択をおこなう必要がある。選択された手段は、一人ないし複数の他者が選択した手段と結び合わさって、互いに望むことがらを生みだすのに役立つ以外は、それ自体では何の意義ももたない。つまり、《いかなる》手段を用いようとも結果が同等であれば、行為者の相互の応答は、均衡状態に置かれる。たとえば、一方は道路の左側運転を、他方は右側運転を習慣にする二つの集団が、かりに新たな領土に集合して社会を形成するとしたらどうなるであろうか。この場合の協調問題は、誰もが道路の同じ側を運転するという結果を得ることである。首尾よい結果となる均衡状態が二組存在する。誰もが道路に右側を運転する場合と、誰もが左側を運転する場合であり、いずれの場合も、行為の協調という当初の課題については、等しく「成功」している。このことのもつ意義は、コミュニケーション意図が慣習とどのように結びつくかを、この例が指摘しているように一見思える点である。なぜなら、協調問題にかかわる行為者たちは――少なくとも、みずから「合理的に」行為するかぎりにおいて――自分たちが行為することを他者が期待しているであろうと期待するかたちで、互いに行為するからである。

しかし、この見解は、決して魅力的でないとはいえないある種の形式的対称性を有しているとはいえ、一般的に慣習の解明として、また個別的には意味の慣習的側面についての理論として、誤解をまねきやすい。この見解には、社会学的に欠けているものがあり、また、私見では――少なくとも、意味慣習に焦点を当てているかぎりにおいて――論理的にも擁護できない。まず、ある種の規範なり慣習が、協調問題を何もともなわない場合があることは、明らかなように思える。たとえば、私たちの文化では、女性がスカートをはき、男性がはかないのは、慣習による。しかし、今日、女性がスカートよりもズボンをますますはくようになった事実が男女の識別を難しくているために、男女関係での相互に望む結果の達成が危うくなるかもしれない（！）というかぎりにおいて、協調問題は、こうしたことがらとの関連で衣装の慣習的様式と結びついているにすぎない。さらに重要な点であるが、協調問題を必然的にともなうと考えられる慣習においてさえ、その慣習の一端を担う人びとのいだく目標や期待は、そうした慣習の受容《によって》特徴的に制約を受けている。慣習は、その人たちの目標や期待の結果として達成されるわけではない。協調問題を、（社会成員による行為の協調がいかに具体的に実現されるのかを理解しようとする社会科学の観察者よりも、むしろ）《行為者》にとっての問題として見た場合に、私がすでに言及した状況においてのみ、つまり、人びとが、自分自身のおそらくするであろう行為に関して他者も同じことをおこなおうとしているとの情報を意のままに駆使して、他者のおこなおうとすることがらを推測したり、先読みする状況においてのみ、協調問題は生ずる。しかし、社会生活のほとんどの状況では、主として「適切な」応答様式を当然視するための習慣が存在する《ゆえ》に、行為者は（意識的に）そうする必要がない。この点は、規範全般に当てはまるが、とりわけ強く意味慣習に当てはまる。ある人が相手にたいして何かを述べる際に、その人の目標は、自分の行為を相手の行為と協調させることではなく、慣習的象徴《の》使用によって、相手と何らかの仕方で意思の疎通をおこなうことにある。

この章で、私は、主に三つの主張をおこなってきた。ひとつは、行為概念にしても、行いの同定にしても、意図とは論理的に何の結びつきももたないこと。二つ目に、人間の行動における「理由」のもつ意義は、一般の行為者が互いに相手に維持することを期待している、行動の再帰的モニタリングの「理論的側面」として理解するのが最も望ましいし、したがって、行為者は、かりになぜそのように行動したのかと問われれば、自分の行いについて原理にもとづく説明を提示できること。そして、三つ目に、相互行為における意味のコミュニケーションは、非コミュニケーション的行いにおける意味の同定に関係する問題と多少区別できる問題を提起すること、である。

次の二つの章で、私はこの章で得た結論を活用し、またそれをもとに議論を展開したい。これらの結論は、社会科学的方法の論理の再構築に予備的基礎を提供している。それは、ほんの予備的な結論にすぎない。なぜなら、現状では、私のこれまでの主張は、前章の批判的検討のなかで「理解社会学」の根本的難点としていくつか取りだしてきたことがら——社会生活の不可欠な特徴である制度運営や権力、闘争の問題に対処することに失敗している点——にまだ着手できていないからである。したがって、次章では、さきに論じたさまざまな思想潮流がおこなってきたいくつかの貢献を、こうした問題を納得のいくかたちで包括できる理論図式の大枠のなかに統合していきたい。とはいえ、そのために必要な準備は、こうした両立が、制度分析の問題を最前面に押し立てる社会理論の既成の伝統のなかに、つまり、デュルケムとパーソンズの「アカデミックな正統派社会学」や、マルクスの著述に端を発する対抗的伝統のなかに、これまでなぜ見いだせなかったのかを簡単に検討しておく必要がある。そこで、次にこの問題に取り組みたい。

3 社会生活の生産と再生産

秩序、権力、葛藤——デュルケムとパーソンズ

社会的事実の「外在性」と、社会的事実が行為者の行動に及ぼす「拘束性」に関するデュルケムの立論は、行為と社会的集合体の諸属性との関係理論を提示する試みであった。デュルケムは、『社会学的方法の規準』で外在性と拘束性の観念を最初に導入した際に、物理的世界が認識主体から独立した存在であり、認識主体の行動に因果的に影響を及ぼす可能性があるという一般的な存在論的意味を、社会組織体のもつ拘束性から区別しそこなっていた。とはいえ、その後、デュルケムは、ごく初期の著作でも実際にすでに強力に展開していた想定を、つまり、社会現象がその本質において《道徳的》現象であるとする想定を、明確化するに至った。人びとの行動に「機械的」な仕方で影響を及ぼす「功利主義的」制裁は、道徳的制裁から区分されている。道徳的制裁の内容は、道徳的制裁が関係する道徳的世界（《集合意識》）に固有であった。デュルケムは、道徳的理想への傾倒がたんに拘束的であるだけでなく、目的的行動の《源泉》そのものでもある、

と主張するようになった。この目的的行動の《源泉》という観点から、《社会的－道徳的－目的的》という三重の結びつきが引きだされている。この三重の結びつきは、一部の目的を有機体的衝動にもとづく「自己中心的」目的とみなしたり、道徳的命令という社会的世界内への組み入れにたいする抵抗とみなす傾向が強かったために、引きつづき混乱していたが、デュルケム学派社会学を解き明かす鍵である(1)。

しかしながら、目的を「取り入れられた価値」とみなすことができるという見解は、決してデュルケムの著述だけに限られるわけではない。それどころか、こうした見解は、非常に多くのいろいろな人の著述にも現われ、またデュルケムと明らかに見解を異にし、実際に真っ向から対立する人びとの著述にも頻繁に示されている。こうした見解の核となる公理を、おそらく次のように表現できる。社会的世界は、その道徳的(「規範的」)特質ゆえに、自然的世界から本来的に区別できる。このことは、非常に極端な選言命題である。なぜなら、道徳的命令は、自然界の命令と決して対称関係にないし、その由来を自然界の命令にたどることはまったくできないからである。それゆえ、「行為」を、規範なり慣習に方向づけられる行動とみなすことが可能である、と断言できる。この定理は、分析が行為者のいだく目的ないし動機に集中するか、デュルケムがおこなったように強調を集合体の属性としての規範そのものに置くか次第で、違う方向に通ずる可能性がある。ポスト・ウィットゲンシュタイン派の哲学者たちは、これらの道筋のうち不可避的に前者をたどり、その人たちが言及する規則の根源を(規則の《制裁的》特性を無視するだけでなく）何も説明せずに放置したまま、「有意味的」行動と「規則に支配された」行動の同一視によって、目的的行動の研究に取り組んできた。ウィットゲンシュタインの信奉者と自認する人びとの見解に感化された近年の多くの研究者も、その人たち自身は哲学者でないものの、同じ道筋を追求している。こうした文献のひとつは、「動機［これによってこの文献の筆者は、私の用語でいえば「目的」を意味する」は、行動を《規範的に秩序づけられた行為》のもう一つの例と認定できるために、観察者が行動に有意関連性を付与するための方法である」、あるいはまた「動機は行いそのものの社会性を叙述する規則である」(2)と述べている。

この種の立論に内在する欠陥のいくつかを、私はすでに指摘してきた。そこで、ここでは、これらの欠陥を、名目上その反対に位置する立論に内包される弱点と、つまり、デュルケムが提唱した——その後、パーソンズが重要な点で追随した——立論に内包される弱点と試みに結びつけることが適切であろう。パーソンズがその「行為の準拠枠」の定式化でデュルケムに負うことは明白であり、またその点をパーソンズも自認していた。『社会的行為の構造』は、アルフレッド・マーシャル、パレート、デュルケム、それにウェーバーの間に内在する思想の収斂を主要なテーマにしている。パーソンズは、ウェーバーの行為論と、（内面化された）道徳的義務にたいするデュルケムの関心の間に類似点を認め、その類似点を「ホッブスの秩序問題」の全面的解決のために応用しようとした。「ホッブス問題」の解決のためにパーソンズが提起し、追求する方法は、その含意をこれから検討したいと思う主要な帰結を、二組もたらしている。それは、(1)

「価値」が、行為の動機づけ要素だけでなく、社会の安定性の条件になる《普遍的合意》の中核的要素をも形成するとの公理をとおして、「主意主義」を社会理論のなかに組み入れることができるとする命題、(2)社会生活における利害の葛藤は、「個人」(抽象的行為者)と「社会」(包括的な道徳共同体)との関係に集中するという想定——デュルケムの場合がそうであるように、異議の申し立て(犯罪、反乱、革命)を、合意にもとづく規範への動機的コミットメントの欠如とみなし、「逸脱」として概念化する必要があるという見解に直接到達することになる出発点——である。

「主意主義」

パーソンズの初期の研究は、ウェーバーの(また、別の角度から見れば、パレートのなかで予示された)方法論的取り組み方におそらく内在する「主意主義」と、道徳的合意の機能的要件という考え方を合致させることに関心を向けていった。(3)「価値」の観念は、パーソンズの論述に典型的に示されるように、「行為の準拠枠」のなかで重要な役割を演じている。なぜなら、「価値」は、パーソナリティの欲求性向(取り入れられた価値)と(社会システムのレヴェルでは規範的役割期待を介しての)文化的合意とを結びつける基本的概念とされているからである。「具体的な行為システムとは、行為の諸要素が状況との関連でひとつに統合された構造である。《このことは》、ある種の秩序づけられたシステムのなかに結集された、《動機づけ要素と、文化的要素な

りシンボル的要素の統合を、本質的に意味する》」とパーソンズは述べている。(4)

この考え方がもつ意義をひとたび正しく評価すれば、一部の人びとが指摘したように、パーソンズの初期の著作『社会的行為の構造』で一見重きをなしていた「主意主義」が、『社会体系論』や後続の著述で示されたパーソンズの完成期の見解から、なぜ消え失せたように思えるのかは、容易に理解できる。パーソンズが最初の著作で主張したように、主意主義は「実証主義」と対置しており、実証主義とは、道徳的行為者としての行為する主体にたいする言及をすべて避けようとした一九世紀の社会理論形態を、主意主義とは、行為する主体を関心の中心にすえた社会理論形態を、指称している。「主意主義」という術語の使用は、パーソンズがみずからの取り組み方のなかに創造的、革新的行為体としての行為者の概念構成を組み込もうと望んでいたことを示している。パーソンズにとって、行為者が「取り入れる」ものとしての《普遍的合意》を構成するまさにその価値が、パーソナリティの動機づけの要素となる。とはいえ、かりにこれらの価値が「同一の」価値であるとすれば、「主意主義」という用語が名義上前提とした人間の行為の創造的特性にとって一体どのような影響力をもつ可能性があるのであろうか。パーソンズは、主意主義を、たんに「規範的特性の要素」(5)を指称すると解釈している。《したがって「行為する主体の自由」は、パーソナリティの欲求性向に還元されてしまう——パーソンズの完成期の理論では明らかにそうされていた》。「行為の準拠枠」では、「行為」そのものは、「パーソナリティのメカニズム」に関する心理学の説明によって社会学による行動の説明を補う必要があることを強調した脈

郵 便 は が き

101-0064

東京都千代田区
猿楽町二―四―二
（小黒ビル）

而 立 書 房 行

通信欄

而立書房愛読者カード

書　　名　社会学の新しい方法規準［改訂第二版］　　270—6

御住所　　　　郵便番号

御芳名《ふりがな》　　（　　歳）

御職業
（学校名）

お買上げ　　（区）
書店名　　市　　書店

御購読
新聞雑誌

最近よかったと思われた書名

今後の出版御希望の本、著者、企画等

書籍購入に際して、あなたはどうされていますか

1. 書店にて　　2. 直接出版社から

3. 書店に注文して　　4. その他

書店に1ヶ月何回ぐらい行かれますか

（　　月　　回）

絡のなかでのみ、問題になる。システムとは、決定論的なものである。[6] この点に、行為者のレヴェルで主体の創造的能力の余地がまったく残されていないように、制度化された価値基準そのものの変容の源泉を説明する際の困難の主たる要因を見いだすことができる――それは、パーソンズの理論体系が（それに、デュルケムの理論体系が）ウィンチの、他の点では非常に異なる行為哲学の見解と共有する問題点でもある。両者は、ともに価値基準（規則）を所与のものとして論じなければならないからである。

社会における個人

パーソンズが示した秩序問題の解決策は、もちろん、社会生活における緊張や葛藤の存在を認めている。これらの緊張や葛藤は、考えられる三組の状況から派生し、そのいずれの状況も、ある意味で――デュルケムにとってそうであったように、パーソンズの思想にとっても不可欠な――《アノミー》の観念を軸に展開する。ひとつは、社会生活の一部の領域における「拘束力のある価値基準」の不在。二つ目は、行為者の欲求性向と所与の「価値志向様式」との、パーソンズが表現するような「接合」の欠如。三つ目は、行為者が知覚する行為の「条件的」要素が誤って特定されてしまう場合、である。パーソンズの理論図式が利害の葛藤をまったく考慮していないことは、これまでもよく指摘されてきた。しかし、パーソンズの出発点は、実際には利害葛藤の存在にあった。なぜなら、目的と価値の統合という定理は、さまざまな多岐に及ぶ利害関心の合致の面からまさしく規定された、パーソンズによる「ホッブスの秩序問題」の解決策の主要な基盤となっているからである。私が他で論じたように、「ホッブス問題」はパーソンズが主張するような意義を社会思想史で担っていないが、[7] パーソンズの主張の分析的弱点をここで検討することは重要である。問題の要点は、パーソンズの理論体系が（それにデュルケムの理論体系が）利害葛藤に何の役割も認めていないことではなく、利害葛藤に関する特殊な、また欠陥のある理論を提示していることにある。パーソンズの理論によれば、集合体のさまざまな成員がいだく目的を、諸々の価値基準との内的に釣り合いのとれた合意への統合と調和させるのに社会秩序がほぼ失敗するかぎりにおいて、またそのかぎりにおいてのみ、利害の衝突は存在することになる。このような概念構成では、「利害の葛藤」は、個々の行為者のいだく目的と集合体の「利害」との衝突にすぎなくなる。こうした視座では、権力を、社会的行為のなかに具体的に表現された多岐にわたる集団的利害の問題含みな要素とみなすことはできない。なぜなら、利害の整合は、何よりもまず「個人」と「社会」の関係の問題として論じられているからである。

この点に関するデュルケムの見解は、少なくとも重要な一点で『社会体系論』のなかで示された見解以上に複雑である。デュルケムは、行為者のいだく利害関心と《集合意識》の道徳的命令との関係についてみずからの考えのなかで十分明確化できなかったとはいえ、行為者のいだく利害が行為者を《集合意識》の道徳的命令から結果的に逸脱させる様式が、主として二つあると考えていた。ひとつは、有機体として与えられた自己中心的衝動の演ずる役割にもとづいており、この場合、こうした自己中心的衝動は、社会の道徳的要求と、つまり、行為者の二元的パーソナリティの示す社会化された部分と、つねに緊張状態にあると考えられている。もう一つは、行為者のいだく目的とすでに確立された道徳規範の結合のアノミー的欠如状態という、よく知られた図式である。デュルケムのアノミー論は、アノミー的「無規制」が、道徳的真空状態よりも、つまり、行為を拘束する道徳規範の欠如状態よりも、むしろ行為者が「実現」不可能な特定の願望をいだく状況（後にマートンが展開した筋道）から派生するかぎりにおいて、利害の葛藤を、ある程度まで認知しようとしている。(8) しかし、こうした理論展開の可能性は、デュルケムが「拘束的分業」と称したことがらの分析と、それゆえ階級闘争の分析と結びつくことがおそらくできたが、デュルケムの著述ではほとんど未解明のままであり、またパーソンズの理論図式では、パーソンズがアノミーを「十全な制度化のまったくの反対命題」ないし「規範的秩序の完全な崩壊」と定義づけたために、まったく姿を消している。私の考えでは、『社会的行為の構造』(9) でパーソンズが示したデュルケム思想の趣旨に関する解釈は明らかに誤った解釈であるとはいえ、上述のような強調点は、デュルケムとパーソンズの研究を間違いなく結びつけ、それによって社会学のある有力な伝統をひとつにまとめ上げている。この視角から見れば、「秩序問題」は、「利己主義」と「愛他主義」との間に存在するといわれている緊張関係の中心的要素に左右される。つまり、個々の行為者がいだく党派的利害と、社会道徳や《集合意識》、「共通の価値システム」との合致の問題となる。社会理論にたいするこのような方向づけを考えあわせば、一人ひとりの行為と地球規模の包括的社会との間に介在する利害関心や、こうした利害関心にもとづく葛藤と対立、さらに利害関心と絡みあう権力の連携について、納得のいく分析をおこなうことは不可能である。「秩序」を道徳的合意とみなす独自の解釈は、パーソンズの著述では非常に早くから現われており、デュルケムだけでなく、ウェーバーにも由来している。したがって、たとえばパーソンズは、正統的秩序（*Ordnung*）に関するウェーバーの論考を翻訳した際に、訳註で「『秩序』という用語で、ウェーバーがここで《規範的》システムを意味していることは明らかである。『秩序』概念にとっての雛形は、重力の法則におけるような『自然界の秩序』ではない」と述べている。[10]ウェーバーがこのようなことを意味していたか否かはともかくとして、パーソンズにとっての「秩序問題」は、確かに規範的規制の問題、つまり、《統制》の問題である。パーソンズの定式化が解決を試みようとした難問は、「社会はいかにして可能か？」というジンメルの有名な問いかけと原理的に同義ではない。かりにパーソンズによる「秩序問題」の呈示が断念されるとしても、私は断念する必要があると考えるが、この「社会はいかにして可能か？」という問いかけは、その意義を引きつづき保っている。かりに「秩序」という用語を使うのであれば、さきに言及したウェーバーにたいするパーソンズの評言にあるように、「秩序」が社会科学にとって不適切な用語であるという含意のもとで――「パターン」のおおまかな同義語として、あるいは「カオス」の対照語として――用いるべきであると、私は考えている。

秩序、権力、葛藤――マルクス

この種の理論にたいする代替案を求めていく際に、人によっては、過程や葛藤、変動を至るところで強調するマルクス主義に目をむける傾向がある。マルクスの著述では、歴史の運動における二つのかたちの弁証法的関係を区別している。ひとつは人間と自然界の弁証法であり、もう一つは階級の弁証法である。両者をともに歴史と文化の変換に結びつけて考えている。人間は、下等動物と違い、物質的世界にたんに適応するだけの状態では生存できない。人間が本能的反応という生まれながらの装置をもっていない事実は、人間にたいして、みずからを取り囲む環境との創造的な相互作用を強いている。したがって、人間は、みずからの環境に、たんに所与の環境として適応するよりも、むしろ環境を支配することに努力しなければならない。だから、人間は、持続的かつ互酬的な過程のなかで、みずからを取り囲む世界を変えることをとおして、みずからを変えていく。しかし、こうした概括的な「哲学的人間学」(それは、マルクスに由来するわけではないし、また、とくにマルクスが初期の著述で明言している形式で見るかぎり、ヘーゲルの図式に「フォイエルバッハ流の転倒」を差しはさむ以上のものではなかった)は、マルクスのそれ以後の研究では表面に現われなかった(部分的な例外に『経済学批判要綱』があり、この著述ではこうした考え方の練り直しを断片的におこなっている)。その結果、《プラクシス》という基本的観念の系統だった分析なりの精緻化について、マルクスには見いだすべき点がほとんど何も存在しない。「意識は……最初から社会的産物であり、少なくとも人間が生存するかぎりそうありつづける」といった所説や、もっと明確には「言語は、意識と同じように古く、他の人びとにも存在する実践的意識『であり』……言語は、意識と同じく、他の人びととの交通の要求や必要からのみ生まれる」(11)という所説を見いだすことができる。しかし、マルクスの主たる関心は、そのような命題の含意を探究するよりも、むしろ生産様式や分業、私有財産、階級という概念を介して特定の社会類型の発展を歴史的に解釈する仕事にまっすぐ移行し、周知のように政治経済学批判と社会主義による資本主義の願わしい変革の問題に、マルクスは専念していった。

物質的利害や葛藤、権力をめぐるマルクスの議論は、こうした脈絡のなかで生みだされ、これらの議論が拠りどころとしてきた知的資源に見いだす曖昧さを多少とも反映している。明確なのは、次の三点である。つまり、資本主義秩序のなかでは、資本家階級と賃金労働者階級という二つの主要階級が互いに異なる利害関心を(経済的利益の専有という狭い意味だけでなく、労働階級の利害関心が、支配階級の側の私有財産の堅固な防御と衝突しながら、労働の初期段階の社会化を促進するというもっと深い意味においても)もつこと、こうした互いに異なる利害が、潜在的なかたちにせよ顕在的なかたちにせよ、階級闘争を否応なく資本主義社会に特有にしていくこと、さらに、こうした敵対状態を、国家の有する政治的権力の作用をとおして、多少とも直接的に統制したり安定化できること、である。とはいえ、資本主義の超克は、階級の超克、階級上の利害葛藤の超克、さらに「政治的権力」そのものの超克を明示している。この「政治的権力」の超克に関して、サン＝シモンの教義の残余的影響力を、つまり、他の人びとによる人間の管理はモノにたいする人間の管理に移行するという考え方の及ぼした残余的影響力を、容易に跡づけることができる。国家の超克に関するマルクスの見解は、初期のヘーゲル批判における所見や、後のパリ・コミューンやゴータ綱領にたいする論評に明白に示されるように、サン＝シモンの教義よりも確かに著しく洗練されている。しかし、マルクスにとって、階級や階級利害、階級闘争、政治的権力は、基本的な意味で所与の社会類型（階級社会）の存在を条件にしており、また、マルクスは、階級という脈絡以外のところで「利害」や「葛藤」、「権力」についてめったに論じていないため、これらの概念がどの程度まで社会主義社会と関係するのかは、不明確なままである。《階級》利害や《階級》闘争は、社会主義社会では消滅するかもしれない。しかし、階級ととくに結びつかない利害の分裂や葛藤には何が生ずるのであろうか。マルクスの初期の著述には、共産主義の到来が人びとの間でのあらゆるかたちの利害の分裂の終焉を印すと指摘しているように読みとれる主張を見いだすことができる。マルクスがこのような見解をいだいていなかったと、私たちは確かに推定しなければならない。しかし、これらの問題については、時折ほのめかされること以外にマルクスは何も言及していないので、具体的に多くを語ることはできない。現状では、現存の社会の原理と著しく異なる原理にもとづく社会を特徴づける社会運営形態を予見することは不可能であるため、未来の社会に関する推測がユートピア社会主義に堕落することを口実に、マルクスは未来の社会について詳細に論ずるのをまったく拒否していったと、私たちはおそらく指摘できる。また、同じように、ある社会類型——資本主義——のなかで展開された概念は、別の社会類型——社会主義——の分析にたいして不適切であると論ずることも、おそらく可能かもしれない。しかし、これらの議論は、ここでの主要な論点を、つまり、マルクスにおける葛藤と権力に関する唯一説得力に満ちた分析が葛藤と権力を階級利害に明確に結びつけているという論点を、損ねてはいない。こうした観点から見れば、マルクスの著述は、価値や規範、慣習を軸に「哲学的人間学」を展開してきた社会思想の主要な伝統にたいする入念に練られた代替案とはなっていない。

以下に述べることがらは、《社会生活の生産と再生産》についての私の基本的認識に依拠しており、その認識は、明らかに《プラクシス》をめぐるマルクス学派の存在論と矛盾しないように思える。マルクスの言葉で表現すれば、「一人ひとりが自分たちの生活を表出する仕方は、その人たちが存在する仕方である。したがって、その人たちが何であるかは、その人たちの生産と、つまり、その人たちが《何を》生産するかだけでなく、《いかに》生産するかとも符合する」[12]。しかし、「生産」を、非常に広い意味合いで理解する必要があるし、また、生産のもつ言外の意味を詳細に検討するために、私たちは、マルクスの研究のなかで直接得られる以外のことがらについて論及していく必要がある。

社会の生産なり組成は、社会成員による熟達した成果であるが、成員たちが完全に意図した条件のもとで生ずる成果でもないし、完全に了解した条件のもとで生ずる成果でもない。社会秩序――私がさきに区別したこの用語の最も一般的な意味合いにおいてであるが――を理解する鍵は、「価値の内面化」ではなく、社会生活を組成する行為者による社会生活の生産と《再生産》との間の変移的関係にある。とはいえ、《再生産はすべて、必然的に生産である》。したがって、変化の種子は、社会生活の「秩序づけられた」いずれの形態の再生産にも寄与する一つひとつの行いのなかに存在する。再生産の過程は、人間存在の物質的環境の再生産に、つまり、人類という種の再生殖と自然界の変容からはじまり、またそれらによって左右される。マルクスがいうように、人間は、物質的世界のなかで生きつづけるために、その物質的世界を積極的に変えることを《余儀なくされている》という逆説的な意味合いで、自然界との交流のなかで「自由に」生産する。なぜなら、人間は、自分たちの物質的環境にたいしてもっと機械的に適応できるための、本能という装置を欠いているからである。しかし、何にもまして人間を動物と区別するのは、人間が、自分たちの環境を再帰的に「プログラム」して、それによって環境内でのみずからの立場をモニターできることである。このことは言語によってのみ可能であり、言語は、何よりもまず《人間の実践的活動の媒体》である。

分析的に見て、相互行為構造の再生産に有意関連する主要な条件とは何であろうか。これらの条件として、次の三点を挙げることができる。社会的行為者のもつ、何かを組成させる技能。行為能力の諸形態としてのこうした技能の合理化。それに、こうした能力の行使を助長し、可能にさせる相互行為の舞台装置が有する未解明の特徴、である。そして、これらの未解明の特徴は、《動機づけの要素》や、私が名づける《構造の二重性》という観点から分析が可能である。

この章の以下の諸節で、私は、言語に準拠して論議を展開したい。それは、社会生活をある種の言語や情報システムか何かとみなすことが参考になるからではなく、言語が、社会そのものの一形態として、社会生活全体のいくつかの側面を——また、ほんの一部の側面を——例証しているからである。言語の研究は、言語の生産と再生産に見いだす少なくとも三つの側面から可能であり、その三つの側面はいずれも、もっと一般的にいえば、社会の生産と再生産の特徴である。言語は、行為者によって「習得され」、「話される」。行為者は、言語を、行為者間のコミニュケーション媒体として用いる。そして、言語は、ある意味で「言語共同体」なり集合体の発話によって組成される「構造」特性を有している。一人ひとりの話者による一連の発話行為としての言語の生産という側面から見れば、言語とは、(1)その言語に「精通する」おのおのの人が身につけている技能ないし非常に複雑な一組の技能であり、(2)能動的主体の創造的な技巧として、文字どおり「意味を通じさせる」ために利用され、(3)話者が「遂行」し、達成するが、どのように遂行し、達成するのかを完全に認識できていないものである。つまり、一人ひとりは、自分がどのような技能を行使しているのか、あるいはどのようにして行使しているかについて、断片的な説明しかおそらく示すことができない。

《相互行為におけるコミニュケーション媒体》としての側面から見れば、言語は、他の人びとの述べることがらだけでなく、他の人びとの《意味する》ことがらを理解するための「解釈図式」の使用と、進行中のやりとりにおける相互理解の《相互主観的》達成としての「語義」の組成、それに、舞台装置の属性として、つまり、意味の組成と理解の不可欠な要素としてのコンテキスト的手がかりの使用を、必然的にともなう。言語は、それを《構造》として考察した場合、特定の話者が誰でも「身につけている」ものではなく、もっぱら話者の共同体に特有なものとして概念化できる。言語を、言語共同体の成員である話者が、機械的に適用するのではなく、生成的な仕方で行使する一連の抽象的規則としてとらえることができる。したがって、社会生活を、一連の《再生産された実践》とみなすことが可能であると、私は主張したい。さきに区別した三重の取り組み方にしたがえば、社会的実践の研究は、まずはじめに、社会的実践の組成を行為者が「成し遂げる」一連の《行い》とみなす観点から、二つ目に、意味の疎通を必然的にともなう《相互行為》形態を組成するものとみなす観点から、そして三つ目に、「集合体」なり「社会共同体」にともなう《構造》を組成するものとみなす観点から、おそらく研究できる。

「有意味な」ものとしてのコミュニケーションの生産

相互行為の生産には、基本的な要素が三つある。「有意味な」ものとしての相互行為の組成、道徳的秩序としての相互行為の組成、それに権力関係の作用としての相互行為の組成、の三つである。二つ目と三つ目の要素については、差し当たり考察を後回しにしたい。それは、この二つの要素が詳細な検討を必要とするほど重要になるからである。また、これら三つの要素は、分析的に区別できるとはいえ、社会生活そのもののなかで、精妙に、しかもなお緊密にからみ合っているため、最終的には再び結び合わせてとらえる必要がある。

有意味なものとしての相互行為の生産は、まずはじめに、コミュニケーション意図における（オースティンのいう）「受け容れ（uptake）」の相互性に依拠しており、こうした受け容れの相互性では、言語は、最も重要であるが、明らかに唯一の媒体ではない。どの相互行為においても、コミュニケーション意図の受け容れだけでなく——たとえば、動機の理解の場合のように——他者の行動を理解するさまざまな様式にたいする不断の関心と、そうした理解の様式を開示する不断の能力を見いだすことができる。かりに「完全な相互理解」という対話の理念化されたモデルを、決して哲学のみに可能な世界ではないとして考えるのであれば、相互行為の日常的生産のもつ精妙さは、たんなる瑣末な厄介ものとみなされるであろう。メルロ＝ポンティは、「話そうとする意思は、理解してもらおうとする意思とまったく同じものである」[13]と述べている。しかし、この言明は、哲学者の所説としておそらく妥当性をもつにしても、日常の相互行為の場においては、話そうとする意思は、時として迷わせよう、当惑させよう、騙そう、誤解させようとする意思にもなる。

相互行為を行為者のもつ組成的技能の所産として適切に分析するためには、相互行為の「有意味性」が、たんにすでに確立された意味によるプログラムされたコミュニケーションではなく、能動的かつ継続的に取り決められていくことの認識が、どのような分析においても不可欠である。この点は、ハーバーマスがおこなう「言語能力」と「コミュニケーション能力」の区別の骨子であると、私は理解している。私がすでに強調したように、相互行為は、時間的、空間的に状況規定されている。しかし、このことは、かりに相互行為の生産において、行為者が相互行為を類型的に利用したり、《参考にして》いることを理解しなければ、何の興味も引かない自明の理にすぎない。他者の応答の先取りは、いつの瞬間においてもおのおのの行為者の活動を媒介しており、それ以前に起こったことがらは次に生ずる経験に照らして修正を受けやすい。ガダマーが強調するように、実際の社会生活は、このように存在論的に「解釈学的循環」の特徴を明確に示している。「コンテキスト依存性」という用語はさまざまに解釈されているが、この「コンテキスト依存性」を、たんに形式的分析の妨げとしてではなく、相互行為における意味の生産に不可欠なものとみなすことが適切である。

哲学者は、限定的記述理論に関して、たとえば「Aは、彼女の両親が賛成しない相手と結婚したがっている」といったセンテンスのもつ曖昧さをしばしば取り上げて論じてきた。しかし、かりにこうした論議を、相互行為における意味のコミュニケーションから抽象的な論理構造を切り離す企てとしてはじめるのであれば、こうした論議がまったく誤解をまねきやすいことを理解する必要がある。この場合の「曖昧さ」はコンテキスト内の曖昧さであり、特定の時点に特定の話者が発言する状況以外の場で、その語なりセンテンスがもつかもしれない意味とこの「曖昧さ」を絶対に混同するべきでない。さきに挙げたセンテンスは、たとえばかりにAの結婚計画に登場するその人物についてすでに言及がなされている会話の経過のなかで発言されたのであれば、おそらく曖昧ではない。あるいは、かりにこうした会話の経過が、Aはまだとくに誰も結婚相手に考えていないにもかかわらず両親に結果的に反対されることになる配偶者を選択しようとしていることが会話の参加者たちに明示されていたのであれば、同じようにおそらく曖昧ではない。その反面、たとえば「Aは明日結婚するのを楽しみにしている」といった、コンテキストを離れてもまったく曖昧でないように思える陳述も、かりに会話が、たとえば話者が「本気でそう言っている」かどうかが信用できないために聞き手にたいする露骨なあてこすりとして発言されたのであれば、実際に曖昧かもしれない。ユーモア、皮肉、あてこすりはすべて、相互行為を有意味なものとして組成するための技能の認知された要素として、こうした言説の開かれた可能性にある程度まで依拠している(14)。

このような技能は、命題のかたちで原則的に表現が可能な「知識」を間違いなく必要とするとはいえ、コミュニケーションが生ずるコンテキストの時間的、空間的側面をこうした技能が吸収することは、命題的知識の面からだけで十分に論じきることが明らかにできない。ジィフが検討した例をとり上げてみたい。たとえば「机の上のペンは金製である」というセンテンスを日常のコミュニケーションのコンテキストで用いる場合には、このセンテンスの意味を、「有意関連する」コンテキスト的特徴を記述した、参加者が暗黙のうちに了解する一連の陳述として、形式的言語のなかで表現できると、時として言語学者は主張している。[15] だから、たとえば「机の上のペン」の代わりに「一九九二年六月二九日の朝、午前九時に、英国首相官邸の表の間に置かれた机の上にあるたった一本のペン」と表現することで、寸分違わない指示対象を示すことができるかもしれない。しかし、ジィフが指摘するように、このセンテンスは、このセンテンスによる相互理解を生みだすために、参加者たちが発言をおこない、発言を理解し、あるいは発言を利用する出会いのなかで参加者たちがすでに知っていたことがらを、明確にしていない。聞き手は、さきの長めのセンテンスのなかに持ち込まれた付加的要素をまったく知らなくても、言われたことがらと、その語句の指示対象を理解することがかなり可能である。さらに、かりに日常のコミュニケーションを、たとえばさきのような長めのセンテンスによって言い表わすことになれば、正確度が増して、曖昧さがなくなると想定するのは、おそらく誤りである。最初の短いセンテンスは、特定のコンテキストで発言されれば、不正確でも曖昧でもない。ところが、長めのセンテンスの使用は、意味の疎通を達成するために共通に「知らされている」べきことがらの範囲を拡大してしまうので、より多くの不明確さや不確実性を生じさせる可能性がある。

コンテキストの物理的側面にたいする指示表現の使用は、ほとんどの形態の日々の相互行為が生ずる相互主観的に「折り合いがついた」世界を維持していくために、間違いなく根本的に重要である。しかし、相互行為の生産の際に活用される要素としての「無媒介の知覚的環境の認知」を、出会いの創出や維持のために人びとがたよる相互知識という背景幕から、根本的に切り離すことはできない。なぜなら、「無媒介の知覚的環境の認知」は、相互知識に照らして範疇分けされ、「解釈される」からである。私は、行為者が、他の人たちもかりに社会の「相応な能力の」成員であれば身につけていると想定し、また相互行為におけるコミュニケーションを維持するためにたよる、そうした当然視された「知識」を総称するために、「相互知識」という用語を使いたい。この「相互知識」のなかには、ポランニーが用いる意味での「暗黙知」も含まれている。相互知識は、その性質上、「輪郭的」[16]である。最もぞんざいな言葉のやりとりでさえ、コミュニケーション意図を理解する際に、広く分散した知識の蓄えを前提としており、またそうした知識の蓄えをたよりにしている。たとえば、ある人がもう一人に「テニスを一試合しないか」と誘ったのにたいして、相手が「やらなければならない仕事があるので」と答えるとする。この場合、問いかけと返答の間にどのような結びつきがあるのであろうか。[17]述べられたことがらを「暗にそれとなく」把握するためには、たんに「試合」や「仕事」が語彙目録の一項目として何を意味するかがわかるだけでなく、二つ目の発言を最初の発言にたいして（潜在的に）《適切な》返答とする社会的習わしについての知識の、さほど簡単には定式化できないもっと別な構成要素をも同時に知ることが必要である。かりにこの返答がとくに奇妙な応答でないとすれば、それは、仕事と遊びがその人の時間配分や何かその種のことがらとかちあった場合に、一般的に仕事が遊びに優先することを人びとは相互に「承知している」からである。問いを発する人が「その応答」をどの程度まで「適切な返事」として「認める」のかは、もちろん、その人がその問いをおこなった状況に特有なさまざま事情に依存する。

相互知識は、相互行為のなかでコミュニケーションのコンテキストを創りだし、維持するための《解釈図式》というかたちで適用されていく。こうした解釈図式（「類型化」）を、分析的にいえば、発言のもつ発語内的力を受け容れるための一連の生成的規則とみなすことができる。相互知識は、それが当然視されており、またほとんど分節化されていない状態にあるという意味で、「背後知識」である。他方、相互知識は、社会成員が相互行為の経過のなかで絶えず現実化し、表示し、また修正するという意味では、「背景」の一部ではない。いいかえれば、当然視された知識は決して完全に当然視されていないし、また行為者は、相互知識のある特定の要素が出会いにたいしてもつ有意関連性を「論証し」たり、また時として有意関連性を得るために争う必要があるかもしれない。行為者は、相互知識を既成のものとして充当利用するのではなく、自分たちの生活の連続性の重要な構成要素として生産し、新たに再生産している。

相互行為の道徳的秩序

相互行為の道徳的要素は、有意味なものとしての相互行為の組成だけでなく、一連の権力関係としての相互行為の組成にも、不可分なかたちで結びついている。これらの結びつきを、それぞれ同等な、基本的結びつきとみなす必要がある。規範は、社会理論のなかで自然主義的立場を強固にとってきた人びと（とりわけデュルケム）の著述だけでなく、その人たちを最も手厳しく批判した人びとの著述においても重要な役割を演じている。デュルケムは、当初の見解をその後の著述で精緻化していったが、それにもかかわらず、規範の意義を、《拘束するもの》あるいは義務づけるものとして強調する傾向が、つまり、《制裁》の観念をとおして取り組む傾向がつねにあった。他方、シュッツやウィンチほかは、規範のもつ「資格を授与する」ないし「権限を付与する」特質に、むしろもっぱら関心をよせてきた。すべての規範は、《拘束するもの》であると同時に、《権限を付与するもの》でもあると、私は主張したい。さらにまた、ポスト・ウィットゲンシュタイン派のほとんどの哲学者が「規範」と「規則」をおざなりに同義語として用いているため、私は「規範」と「規則」の区別を提案したい。私は、規範的ないし道徳的規則を、もっと包括的な観念である「規則」の下位区分とみなし、さらに「規則」を「構造」の観念と結びつけて考えていきたい。

道徳的秩序としての相互行為の組成を、《権利》の実現と《義務》の遂行としておそらく理解できる。とはいえ、これら《権利》の実現と《義務》の遂行との間には、実際には破られる可能性がある論理的対称性を見いだすことができる。いいかえれば、出会いにおいてある参加者の権利となることがらは、「適切な」仕方で応答する相手の義務として現われ、また、その逆も同じである。しかし、かりに義務が認められなかったり、尊重されない場合に、このつながりは切断される可能性があるし、またいかなる制裁も効果的に加えることができなくなる。したがって、相互行為の生産では、すべての規範的要素を、その《要求》の実現が他の参加者の応答を媒介にした義務の首尾よい実行に左右される、そうした一連の《要求》とみなしていく必要がある。それゆえ、規範的制裁は、技術的ないし功利主義的規定にたいする違反と結びついた制裁と（デュルケムが認識していたように）本質的に異なる。こうした技術的ないし功利主義的規定は、フォン・ウリクトのいう「アナンカスティク命題」[18]を必然的にともなう。たとえば「汚れた水は飲まないように」という規定では、必然的にともなう制裁（毒にあたるリスク）は、行いの実行の結果として「機械的」に生ずる。このような制裁は、自然界の事象が具体的に有する因果関係に依拠している。

とはいえ、デュルケムはこの二つの制裁を区別する際に、相互行為の生産に加わる人びとが規範にたいして「功利主義的な」仕方で接近する可能性があり、また相互行為の生産を規範的要求の実現の偶然性と概念的に関連づけなければならないという極めて重要な意味を、軽視してしまった。このことは、次の理由から規範的要求を拘束力のあるものとして承認できることを意味する。それは、規範的要求を義務として課せられる行為者は、その義務を道徳的コミットメントとして受け容れるからでなく、したがわなかった場合に自分に適用される制裁を予知したり、制裁を回避したいと望むからである。それゆえ、行為者は、自分の利害追求との関連で、技術的指示に接近するのとまったく同じ仕方で、道徳的要求に接近する可能性がある。いずれの場合にも、個々の行為者は、制裁を免れる確率という観点から、特定の行いが必然的にもたらす「リスクを計算する」かもしれない。道徳的義務の実行がこの道徳的義務にたいする道徳的コミットメントを必然的に含意していると想定することは、初歩的な誤りである。

道徳的要求にたいする違反から生ずる制裁は、自然界における事象の機械的不可避性によって作動するのではなく、他者の反応を必然的にともなうために、かりに違反であると認定された場合には、結果的に科せられる制裁の性質を違反者が《取り引き》するための何らかの「自由空間」が一般的に存在する。このことは、規範的秩序の生産が意味の生産と密接に関連して存在するあり方の《ひとつ》である。何が違反《である》かは潜在的に取り引きが可能であり、また、違反を特性描写したり確認する仕方は、その違反がおそらく受けることになる制裁に影響を及ぼす。この点は、法廷ではよく目にするし、また正式に認められているが、同時にまた、日々の生活でも作動するように、道徳を組成するすべての舞台に浸透している。

制裁を生産するために結集されるのが「内的」資源か、つまり、行為者のパーソナリティの諸要素を含むのか、あるいは「外的」資源か、つまり、行為のコンテキストの諸特徴に依拠するのかという観点から、制裁を抽象的なレヴェルで容易に分類できる。制裁をおこなう主体によって結集された資源が制裁の標的となる行為者の要求に関して「肯定的」であるのか「否定的」であるのかという観点から、これらの資源をそれぞれさらに分類できる。だから、たとえば「内的」

制裁の実行は、行為者の積極的な道徳的コミットメントにたよるか、あるいは不安や恐れ、罪悪感に消極的にたよることになる。「外的」制裁の実行は、一方で報賞の提供にたよるか、あるいは他方で力によって脅威を加えることかもしれない。明らかに、相互行為の現実の状況では、これらの影響作用がいくつか同時に働く可能性がある。また、いかなる「外的」制裁も、かりに内的制裁を利用しなければ、効果的な制裁にはおそらくならない。報賞は、それがその人の欲求に影響を及ぼす場合にのみ、報賞となる。

規範の「解釈」は、つまり、相互行為の参加者による「解釈」を規範が《当てにできる》ことは、道徳的要求にたいする人びとの追従と精妙なかたちで結びついている。この点を理解しそこなっていたことは、あるいは少なくともその含意を注意深く読み取っていなかったことは、デュルケム派―パーソンズ派の機能主義だけでなく、ポスト・ウィットゲンシュタイン派哲学にも特徴的に見いだすいくつかの欠陥と、密接に関連している。相互行為の道徳的整合性は、有意味なものとしての相互行為の生産と、また相互行為が表出する権力関係と、非対称的に相互依存する。このことは、互いに密接に結びつく次の二つの側面を呈している。つまり、(1)互いに異なる「世界観」どうしが衝突する可能性、あるいは微視的にいえば、何《である》かをめぐる互いに異なる定義づけどうしが衝突する可能性、(2)「共通の」規範をめぐる食い違う理解どうしが衝突する可能性、である。

相互行為における権力の関係

「行為」の観念が《権力の観念と論理的に結びつく》ことを、私は主張したい。哲学者たちは、この点をある意味で認識しており、行為理論との関連で「できる能力」や「なしうる能力」、「行使する力」について論じている。しかし、そうした研究者がこの論議を、社会学における権力概念の分析と関連づけることは、かりにあるとしてもごく稀である。「行為」と「権力」との結びつきは、簡単に表示できる。行為は、行為者による出来事の経過への直接介入によって成し遂げようとする結果を得るために、「手段」の適用を本来的にともなうのにたいして、「意図した行為」は、行為者の活動の、あるいは活動を自制することの、下位分類である。したがって、権力は、こうした「手段」を組成するために資源を結集できる行為体の能力を意味している。「権力」とは、最も一般的な意味合いで、人間の行為のもつ《変換能力》を指称する。そこで、以下でさらに詳しく解明することになる「権力」という術語のもっと限定された、関係論的用法のためにこの「権力」の用語を留保しておき、論議を明確にするのに、私は今後はこの後者の《変換能力》の術語を用いたいと思う。

人間の行為が有する変換能力は、マルクスの場合、関心の最前面に置かれ、また《プラクシス》の観念の不可欠な要素となっている。社会理論のすべての体系は、この問題を、つまり、人間による自然界の変容と、人間社会のもつ絶え間ない自己修正特性を、何らかのかたちで論じなければならなかった。しかし、社会思想の多くの潮流では、行為のもつ変換能力を、二元論的なかたちで、つまり、一方で自然という中立的世界と、他方で人間社会という「価値を負った」世界との観念的対比のかたちでとらえてきた。このような思想の潮流では、とりわけ「環境」にたいする社会的「順応」を強調する機能主義と結びついた学派では、歴史性の把握を安易に断念している。わずかにヘーゲル派哲学とマルクス主義（のある種の解釈）が一体化した伝統のなかでのみ、行為のもつ変換能力を、労働の自己媒介過程とみなすことによって社会分析の中心的問題にしてきた。レーヴィットが述べるように、労働は「媒介の一運動として……本来的に存在する世界の加工的ないし『形成的』破壊であり、したがって、肯定的破壊である」(19)。この点の幅広い強調が、さほど深く推敲されていたわけではないにせよ、引きつづきマルクスの完成期の思想の基盤を形成していったことは、ほとんど疑いがないように思える。『経済学批判要綱』のなかに、「火の小川《フォイエルバッハ》」にたいするマルクスの初期の没頭を色濃く反映する言い回しで、「労働とは、生きている、形づくる火である。つまり、労働は、事物の非永続性を、事物の一時性を、いいかえれば、生きている時間の経過における事物の形成を表わしている」という断言を見いだすことができる(20)。とはいえ、マルクスは、行為能力の有する変換的能力としての労働ではなく、労働が資本主義的、工業的分業体制のなかで「職業」として変形することにますます関心を集中し、私がさきに予備的に指摘しておいたように、人びとの社会的交通のなかに内包される権力を、相互行為全般の特性としてよりも、階級関係の独自な属性として分析していった。

人間の行為能力が有する変換能力という意味での「権力」は、一連の出来事にたいしてその出来事の経過を変更する目的で介入していく行為者の能力である。それゆえ、権力は、意図なり要求と、追い求める成果の事実上の実現との間を媒介「できる能力」である。もっと狭い関係論的意味合いでの「権力」は、相互行為の属性であり、成果の実現が《他者》の行為能力に依存する場合にその成果を確実にする能力として、おそらく定義づけできる。まさにこの意味で、一部の人びとは、他者に「対して」権力を保有している。これが、《支配》としての権力である。ここで、基本的問題点をいくつか指摘しておく必要がある。

1　広い意味にせよ限定された意味にせよ、権力は、《潜在能力》を指称している。権力は、意味のコミュニケーションと異なり、たとえ行為者がどのような権力を保有するのかを証明できる基準がその権力の行使以外に何もないとしても、「行使された」ときにのみ発生するわけではない。このことは重要である。なぜなら、私たちは、将来行使する機会のために権力を「貯える」という言い方ができるからである。

2　権力と葛藤の関係は、偶然性の強い関係である。私がさきに定式化したように、権力の概念は、変換能力という意味においても、関係論的な意味においても、葛藤の存在を論理的に含意していない。この点は、社会学の文献でおそらく最も有名な権力の定式化の、つまり、《一部の人びとがおこなう》マックス・ウェーバーの定式化の、利用というよりも誤用と、対峙している。ウェーバーによれば、権力とは「他者の抵抗に逆らってさえ、自己の意思を実現させる個人の能力」である。[21] この定義づけの英語訳の一部で「さえ（even）」を省略していることは、意味深長である。そこから、権力は他者の抵抗にうち克ち、他者の意思を抑える必要があるときにのみ存在することになるため、権力は葛藤の存在を前提にするといった主張が生まれる。[22]

3　権力そのものの概念よりも、むしろ「利害」の概念こそが葛藤や連帯に直接関係している。かりに権力と葛藤がしばしば相伴うとしても、それは、一方が他方を論理的に含意するからではなく、権力が利害の追求に結びついており、人びとの利害が合致しない可能性があるからである。この指摘で私が主張したいのは、一方で権力が人びとの相互行為のすべての形態に見いだす特性であるのにたいして、利害の分化はそうではないということである。

4　この点は、どのような経験的社会においても利害の分化を超克できることを含意していない。そして、利害を仮説上の「自然状態」と関連づけることに抵抗することが、確かに必要である。

相互行為における権力の使用を、参加者が相互行為の生産要素として持ち込み、結集し、それによって相互行為の経過を方向づける資源ないし便益というかたちで理解することができる。それゆえ、これらの資源や便益のなかには、相互行為を「有意味な」ものとして組成する技能が含まれるが、同時にまた——ここではただ抽象的に述べておく必要があるが——その相互行為の相手となる他者の行動に影響を及ぼしたり行動を統制するために参加者が適用できる、そうした「権能」の占有と、「暴力」による脅威なり「暴力」の使用を含めた他のすべての資源も含まれている。この論考で、権力資源の入念な類型論を示すのは筋違いであろう。ここでの私の唯一の関心は、権力の概念をこの章で展開した理論的説明のなかに統合する一般化された概念図式を提示することにある。とはいえ、必要なのは、このような権力の分析を、相互行為における意味の生産に再び関連づけることである。

それは、パーソンズの「行為の準拠枠」に、もっと正確にいえば、エスノメソドロジーの影響を受けた人びとの何人かがこのパーソンズの「行為の準拠枠」についておこなった批判に手短にたち戻ることで、最も首尾よく達成できる。こうした批判は、おおよそ次のかたちをとってきた。行為者は、(行為の非規範的「条件」と結びついて)パーソナリティの欲求性向として「内面化された」価値の結果どおりに行為するようプログラムされている、とパーソンズの理論では述べている。行為者を、その人たちの文化を何の考えもなく追従する存在として、また、他者との相互行為を、実際にはそうであるが、一連の熟達した遂行としてよりも、むしろこうした欲求性向の上演として、描写している。この批判は正しい、と私は思う。しかし、この種の見解を表明した人たちは、この見解がもたらす帰結を十二分に追究するのを怠ってきた。つまり、この人たちは、ガーフィンケルに追随し、「説明可能性」にのみ、コミュニケーションとコミュニケーションの舞台装置の認知的管理にのみ、関心をよせてきた。このコミュニケーションとコミュニケーションの舞台装置の認知的管理を、行為者の側の相互「労働」の成果とこの人たちはみなすが、行為者は、あたかもこうした認知的管理がつねに《同等の人びと》の協働的努力であるかのように、相互行為の生産に同等に貢献しており、行為者の唯一の関心は、有意味性を組成するための見かけ上の「存在論的安心」の維持にある、とされている。パーソンズの考え方にある意思作用という概念内容が剥奪されて、実体を欠いた対話に還元されているとはいえ、このような見解のなかに、パーソンズが論じた秩序問題の強い影響力の残留を見いだすことができる。

この見解にたいする反論として、私たちは、意味の枠組みの創出が、《実践的活動の媒介作用として》、また行為者が発揮できる権力の格差によって生ずることを強調しなければならない。この点の強調がもつ意味は社会理論では決定的に重要であり、社会理論は、主要な課題のひとつとして、社会的相互行為における権力と規範の相互応化を明らかにする必要がある。《意味の枠組みの再帰的精緻化は》、それが相手との会話におけるその人の優れた言語的ないし対話的技能の成果であれ、有意関連する「技術的知識」の保有の成果であれ、権威なり「暴力」等々の行使の成果であれ、《権力保有との関係において、その特質上、釣り合いを欠いている》。「何を社会的現実として認めるか」は——たんに日常の相互行為の最も世俗的なレヴェルだけでなく、地球規模の文化やイデオロギーのレヴェルにおいても——権力の配分と直接的な関係にある。地球規模の文化やイデオロギーが及ぼす影響力は、事実、日常の社会生活そのものの至るところに感知できる。(23)

合理化と再帰性

私がすでに指摘したように、社会思想の最も伝統的な学派では、再帰性を、その帰結を無視できるか、あるいは可能なかぎり過小評価できる、たんなる厄介ものとみなしてきた。この点は、「内観」を科学に反するものとして手厳しく非難してきた方法論だけでなく、人間行動そのものの概念構成についても当てはまる。しかし、行動の再帰的モニタリングほど人間生活にとって中心的かつ示差的なものは他に存在せず、社会の「相応な能力の」成員は、誰もがこの再帰的モニタリングを他者に期待している。再帰性を社会生活の中心的要素として認めない社会思想家たちの著述には、批判する人びとがしばしば指摘する奇妙なパラドクスを見いだすことができる。なぜなら、そうした思想家たちの著者としての「相応な能力」そのものの承認は、その人たちが他者の行動についておこなう解明のなかで抹殺されていることがらをともなうからである。

いかなる行為者も、自分の行為の淀みない流れをあますところなくモニターできないし、また、特定の時刻に特定の場所で自分がおこなったことがらについて、なぜそうしたかの説明を求められた場合に、「別に理由もなく」と答える選択をしても、「相応な能力の」人間としての他者による自分の容認をまったく危うくすることはおそらくない。しかし、このことは、とるに足らないと認められている日々の相互行為の諸側面にのみ当てはまり、行為体の行動において重要と判定されるすべてのことがらに当てはまるわけではない。こうした重要と判定されることがらにたいして、行為者は、かりに問われれば、理由を証明できることをつねに期待されている（私は、このような所見が西洋文化の領域外でどの程度まで当てはまるのかを、ここでは検討しない）。理由を提示するために、行為者はただ暗黙のうちに自分を行動に導くことがらについて、言葉による説明を要求されるので、私がこれまで使ってきた用語の「合理化」と、出来事の後で虚偽の理由を示すことを意味する「合理化」との間には、紙一重の差しかない。理由の提示は、行いにたいする道徳的責任の査定にかかわり、したがって、ごまかしや偽りに容易に陥りやすい。とはいえ、この点を認識することは、すべての理由が「道義にもとづいた説明」にすぎないと主張することと同じではない。「道義にもとづいた説明」とは、行為者が何らかの意味で一般に容認されてきた責任基準を自分のおこなったことがらのなかに取り入れているか否かにかかわらず、そうした責任基準に照らして提示していく説明である。

行為者は、二つの意味合いで理由を「妥当」とみなすが、この二つの意味のからみ合いは、社会生活で少なくない重要な帰結をもたらしている。ひとつは、行為体の申し立てた理由が、その人によるみずからおこなったことがらのモニタリングを、現実にどの程度まで表現しているかである。もう一つは、行為体の説明が、その人の生活環境のなかで「理にかなった」行動として広く《認められる》ことがらに、どの程度まで合致しているかである。後者は、また逆に、行為者が互いの行動について道義にもとづいた説明を引きだすために準拠する、多少ともゆるやかに統合された信念の様式に依拠する。行為者が保有し、相互行為の生産の際に適用する、シュッツが名づけた「知識在庫」は、実際には分析的に二つに分離できる要素を網羅している。まず、私がこれまで「相互知識」と総称してきたものがあり、この相互知識は、行為者が社会生活を有意味なものごととして組成し、理解するために用いる解釈図式を指している。この相互知識を、「常識」と名づけたいものから区別することは可能である。常識は、ものごとが自然的世界や社会的世界のなかでなぜそのようなかたちで存在するのか、あるいはなぜそのようなかたちで生ずるのかを説明するためにたよる、多少なりとも理路整然としたひとまとまりの理論的知識を構成するものとみなすことができる。常識的確信は、どんな出会いにたいしても参加者が持ち込む相互知識を、典型的に下から支えている。相互知識は、常識が供給する「存在論的安心」の枠組みに、基本的に依拠している。

常識は、特性面で実践的な——「お料理本的知識」——だけでは決してない。常識は、通常、かなりの程度まで「専門家」の活動から導きだされており、また「専門家」の活動に敏感に反応し、「専門家」は、文化の明白な合理化にたいして最も直接的なかたちで寄与していく。そうした「専門家」のなかには、専門分化した知識の領域に特別に許可されて自由に出入りできる権限をもつすべての人びと——聖職者、呪術師、科学者、哲学者——が含まれる。常識は、確かにある程度まで一般の人びとが累積してきた知恵である。しかし、常識的確信は、専門家が展開してきた視座を明らかに反映し、具現している。エヴァンズ＝プリチャードが論評するように、ヨーロッパ文化のなかにいる人びとは、降雨を、気象学者が詳説する「自然界の原因」の結果とみなすが、この種の初歩的説明以上のものをおそらく何も提示できない。しかし、アザンデ族の人びとは、雨の由来を、異なるコスモロジーのなかで特性描写している。[24]

常識を媒介にした行為の合理化は、社会科学者自身が権威ある「知識」の調達人であると権利主張しているために、社会学にとって幅広い重要性をもつ現象である。それゆえ、このことは、次のような非常に重要な疑問を提起する。分析対象である社会そのものを組成したり、生起させるために行為者が用いる「知識の在庫」は、いかなる意味合いで、社会学の調査や理論に照らして修正できるのであろうか。この疑問について後でおこなう論議に抽象的レヴェルで先入観を与えることなしに、まずはじめに、行為者の行動が行為者みずからにとってもおそらく不透明である二つの側面を、ひとつは動機づけの側面を、もう一つは社会的全体性の構造特性の側面を、考察する必要がある。

行為の動機づけ

行為者が、他者の行動に関して期待し、また容認する説明の種類は、行動の合理化だけに、つまり、行為者が何をおこなっているか、なぜおこなっているかを自分で適切に理解できることを想定する場合だけに限定されると考えるのは、おそらく誤りである。英語の日常語法では、私がすでに言及したように、「理由」と動機を明確に区別していない。人は、「その人がYをした理由は何であったのか」という問いを、「その人がYをした動機は何であったのか」と同義の問いとして発するかもしれない。それにもかかわらず、誰かが何かをおこなう際にそうする動機をその人に問うことは、その人の行動のなかに、その人みずからが十分意識していない可能性のある要素を追求することである、と一般に認められている。私見では、このことは、英語の日常語法で、「無意識の理由（unconscious reasons）」という言葉はどちらかといえば一見容易に受け容れられていないのに反し、「無意識の動機（unconscious motives）」という言葉がことさら語法に真っ向から抵触しない理由である。それゆえ、私の「動機づけ」という言葉の用法は、行為者が意識していたり意識していないかもしれない欲求を、あるいは特定の動機が当てはまる行為をおこなったあとではじめて気づくようになる欲求を指称するため、現実に一般の人びとの語法に厳密にしたがっている。

人の動機づけは、たんに発達論的意味合いだけでなく、その人の実生活における所定の時点での欲求配分の観点からも《ヒエラルキー的》に秩序づけられていると、おそらく理解できる。幼児は、再帰性の能力をもつ存在ではない。その人自身の活動をモニターできる能力は、言語の習熟に、堅固に、また根本的にもとづいている。このことは、再帰性が、その最も原初的レヴェルで、幼児と他の家族成員の相互行為における社会関係の互酬性にもとづいているとしたミードの主張の妥当性を排除していない。ごく年少の幼児でも多少の単語をおそらく知っており、そうした単語は他者との相互行為の際に記号として役立つが、子どもは、二、三歳ぐらいまでは、言語的技能を幅広く自由に駆使できる能力を、つまり、「私は」「私に」「君は」「君に」といった直証的用語体系の複雑さに精通する能力を獲得していない。こうした能力を獲得したときにはじめて、子どもは、大人と類似した仕方で自分自身の行動をモニターする能力の初歩的基礎を獲得できるし、あるいは獲得することを期待される。しかし、子どもは、再帰的存在として生まれてこないが、欲求をいだいた存在として、つまり、その供給を他者に依存し、現実の社会的世界にたいする子どものかかわり合いの拡大を媒介する一組の有機体的要求をもった存在として、生まれてくる。それゆえ、最初期の「社会化」が、幼児の側での「緊張管理」能力の発達を必要としていると推定できる。こうした「緊張管理」能力によって、幼児は、自分の欲求を、他者の要求なり期待にたいして積極的に応化できるようになる。

かりに有機体的欲求の管理様式は、子どもが社会にたいしておこなう、最初の、また重要な意味で最も包括的な応化を表示しているとすれば、「基礎的安心システム」は——つまり、有機体的要求に根ざした緊張管理の原初的レヴェルは——その後のパーソナリティの発達にとって引きつづき最重要であると仮定することは、道理にかなっているように思える。また、かりにこうした過程が、子どもが自分の学習を意識的にモニターするために必要な言語的技能を獲得する前に最初に生ずるとすれば、この過程は、その後の学習や、そうした学習の再帰的モニタリングと結びつくことで、年長の子どもや大人が容易に言語化できる——したがって「意識できる」——行動の諸側面の閾「下に」見いだされると主張することも、妥当であるように思える。とはいえ、幼児の最初期の学習でさえも、かりにそれを既与の外在的世界にたいするたんなる「順応」ととらえるだけであれば、誤った意味で理解されることになる。幼児は、その人生の最初の日から、他者との相互行為の舞台装置を積極的に形成する存在であり、他者の欲求と多少とも衝突する欲求をいだいているために、他者との利害の葛藤におそらく巻き込まれることになる。

人びとの欲求はヒエラルキー的に秩序づけられており、行為者の意識によって総じて接近が不可能な、中核的な「基礎的安心システム」を必然的にともなうことは、もちろん議論の対象にならない主張ではないし、精神分析理論の全般的な強調点とかなりの程度まで共通する主張である。しかし、このことは、フロイトの理論図式なり治療図式のさらにもっと詳細な原理に肩入れすることを、暗に意味するわけではない。

「存在論的安心」の枠組みの維持は、社会生活の他のすべての側面と同じように、一般の行為者が現在進行のかたちで遂行していることがらである。ある相互行為を維持するために必要とされる相互知識が「問題を含まず」、それゆえほとんど「当然視」できる相互行為様式の生産のなかで、存在論的安心は、日常的に型にはまったかたちで基礎づけられている。「危機的状況」は、そのような日常的基礎づけが根底から混乱をきたし、それゆえ、行為者のいつも用いる組成的技能がその人たちの行為の動機づけの要素ともはやぴったり噛み合わない場合に、出現する。したがって、社会生活のほとんどの日常的形態で、総じて疑問がないとみなされている「存在の安心感」には次の二種類があり、それらは互いに関連している。それは、自己と他者という《認知的に》秩序づけられた世界の維持と、欲求管理の「効果的な」秩序の維持、である。動機づけに見いだす緊張関係と両面価値は、これらの源泉のいずれからも派生する可能性があり、また、緊張関係と両面価値そのものを、欲求の階層分化における「各層」内での、また「各層」間での葛藤として分析できる。

構造の生産と再生産

ウェーバーによる「行為」と「社会的行為」の区分が真に占める場は、行為を、ある種のコミュニケーション意図をともなって成し遂げられる行いから区別したことにあり、社会的行為は、相互行為の必要条件である。この点に関して、志向性の相互依存を、相互行為の規定特性とみなすことができるが、それ以外のものは――たとえば、ある男性がその男性の存在など意識していない映画スターにたいして示す熱愛は――行為の限界的事例である。後でもっと十分に詳述する必要がある二つの論点を、ここで示しておきたい。

1　コミュニケーション意図は、つまり、この点からみた「意味」の生産は、相互行為の要素のひとつにすぎない。私がすでに指摘したように、どの相互行為も《道徳的関係》であり、《権力関係》であることは、同じように重要である。

2　集合体は、成員間の相互行為から「成り立つ」が、構造はそうではない。とはいえ、偶然の出会いから複雑な社会組織体に至るまで、相互行為のいかなるシステムも、構造的に分析することができる。

社会学における構造分析への取り組みは、私がここでは簡単に「発話」と名づけるもの（行為と相互行為）と、話者の共同体のもつ抽象的「属性」である「言語」（構造）との比較によっておこなうことができる。このことは、《類推による説明》ではない。私は、「社会が言語に似ている」と主張しているのでは決してない。⑴発話は「状況規定され」ている、つまり、空間的、時間的に位置づけられているが、言語は、リクールが表現するように「仮想であり、時間を超越」㉕している。⑵発話は主体の存在を前提とするが、言語は、明らかに主体不在である——たとえ言語が、その言語の話し手たちが「精通」し、また生産するかぎりにおいて「存在」し、それ以外には「存在」しないとしても、そうである。⑶発話は、相手の存在をつねに潜在的に認めている。コミュニケーション意図を促進するものとしての発話のもつ有意関連性は非常に重要であるが、発話はまた、オースティンが明確にしているように、他の多くの「発語内効果」の意図した媒体でもある。他方、構造としての（自然）言語は、誰かある主体が意図した生産物でもないし、相手を志向した生産物でもない。要するに、このことを一般化すれば、実践とは、主体による状況規定された活動であり、意図した成果との関連でその実践を検討できるし、相手なり他者の応答や一連の応答を確保するという態度決定をおそらく必然的にともなう。他方、構造は、特定の社会的―時間的位置づけをまったく欠き、「主体の不在」によって特徴づけられており、したがって主体―客体の弁証法の観点から組み立てることはできない。

「構造主義」と呼称されるようになった思想のほとんどの解釈では、またとくにレヴィ＝ストロースの著述では、「構造」を記述的概念とみなしていない。構造は、表層レヴェルを貫く変形規則の適用をとおして、神話のなかにその存在を認めることができる。この見地の生みの親がソシュール派言語学であることはよく知られているが、神話学の形式的分析でいかに輝かしい成果を得ていても、構造主義は、意味の発生と意味の時間性の問題に立ち向かうことができない点に、その出所がかかえてきた限界を受け継いでいる。レヴィ＝ストロースは、自分の見解を「先験的主体不在のカント主義」と評したリクールの指摘を、批判としては拒否しながら、この指摘を少なくとも一度は明らかに受け容れる用意をしていた。レヴィ＝ストロースは、後にこうした態度から退却したが、依然として「行為する主体を括弧に入れること」には無頓着なように思える。(26)

他方、スペンサーとデュルケムにはじまり、ラドクリフ＝ブラウンとマリノフスキーを経て、パーソンズとその追随者に至る「機能主義」では、「構造」概念を、記述的なかたちで、しかもほとんど検討を加えないままに用いている。機能主義では、「機能」こそに、説明的役割を演ずることを求めている。デュルケム社会学における説明要素としての機能概念の導入は、歴史（と因果関係）を機能から分断するかぎりにおいて、社会分析の主要な領域から時間性を排除していった。私は、デュルケムが、今日一般的に認知されている以上にはるかに歴史思想家であったと、別のところで論じてきた。[27] この点がほとんど認識されていない理由のひとつは、デュルケムが、歴史と――時間における出来事と――機能をいったん方法論的に区別してしまったために、両者を再び結びつけて考えることができなかったからである。デュルケムによる道徳的統合の機能分析と理論的に結びつく社会変動の何らかの体系的説明を、デュルケムに求めても無駄である。デュルケムの場合、変動は、進化のヒエラルキーにおける社会類型の抽象的図式としてのみ姿を現わしている。

これらの強調がパーソンズの著述にも再び現われていることは、確かに事実である。また、ある意味で一九世紀のほとんどの社会思想に特徴的であるが、「有機体的類推」を拠りどころにしたデュルケムに遠因のある機能主義の不適切さを検討することは、同じように必要であろう。私は、マートンほかが用いてきた機能概念の履歴をここで跡づけることはしない。なぜなら、私は、機能という観念の完全な放棄を提案したいからである。デュルケムがしようとした機能（「全体」における「部分」間の関係）と連続性（時間における出来事）の分離を、私は支持することができない。機能的関係を、時間性にたいする暗黙の言及なしに明示することなどとてもできないからである。デュルケムの説明が基盤とする生理学との類推では、心臓は、生き物の生命の総体的永続化に寄与することで、身体の他の部分と機能的関係にあると、私たちはおそらく主張できる。

しかし、このような陳述が隠蔽しているのは、心臓が動脈を通じて血液を送り出すことで身体の他の部分に酸素が運ばれていく等々の、時間における一連の出来事にたいする言及である。《構造を、「時間を超越」して記述することは可能であるが、構造の「機能的働き」をそのようなかたちで記述することはできない》。生理学では、機能的関係の用語にもとづく言明は、たとえば血液の流れの因果的属性等々のように、因果的結びつきについての陳述に残らず書き直すことが原則的につねに可能である。「機能分析」の主たる関心は、実際には「全体」と「部分」にあるのではなく、《ホメオスタシス》の仮定にある。とはいえ、この点は、たとえば人間の顔の皮膚細胞の絶え間ない交替が——まさに交替の過程をとおして——顔の構造的同一性を維持する場合のように、構造の《再生産》の問題として容易に概念化し直すことができる。

社会理論における「構造」概念の使用は、言葉の上で構造主義なり機能主義を連想させているとはいえ、必ずしも構造主義なり機能主義のもつ欠陥の影響を受けるわけでないことを明確にしておく必要がある。どちらの学派も、能動的主体による生産としての社会生活の組成を、的確に把握することはできない。私は、構造分析の真の説明の場として《構造化》の観念を導入することで、この問題に取り組んでいきたい。構造化を研究することは、構造なり構造類型の連続性と解体を左右する条件を確認することである。いいかえれば、《再生産過程の探究は、「構造化」と「構造」との結びつきを明確化することである》。行為哲学に特有な誤謬は、「生産」の問題だけを論じ、したがって構造分析に関する概念をまったく展開していないことにある。他方、構造主義と機能主義に共通する限界は、「再生産」を、能動的主体の活動が達成し、またそうした活動のなかに働く能動的な組成過程とみなすのでなく、むしろ機械的な結末とみなしていることにある。

構造は、「集団」や「集合体」、「組織体」ではない。こうした「集団」や「集合体」、「組織体」が、構造特性を《もつ》。集団や集合体等々を、相互行為システムとして研究することは可能であるし、またそうしなければならない。それに、システム理論の概念を社会科学のなかで効果的に適用できることは、ほとんど疑う余地がない。システム理論は、社会科学の語彙のなかに表面的に浸透しているにすぎない。したがって、システム理論と、たとえば機能主義で特徴的に用いるような、ホメオスタシス的システムという伝統的観念との差異を明らかにすることが、不可欠である。機械的システムないし有機体的システムに内包されているような、均衡状態の確立に向かう互酬的影響作用は、厳密な意味でのオートポイエシスの例にはならない。その相違は、現実には三重である。

1　互酬的影響作用をとおして働く均衡状態に向かう趨勢は、「無計画」に作動しており、投入と産出を相互に査定し、調整するための管理中枢を介して作動するのではない。

2　ホメオスタシスという観念は、さまざまな部分の静態的相互依存性を前提としており、システムに生ずる変化を、システムの内的自己変容というかたちではなく、均衡圧力に対向する解体圧力（マートンの用語でいえば、「機能的帰結の正味の差し引き勘定」における機能と逆機能との対向）というかたちでしかとらえていない。

3　「機能的相互依存性」というホメオスタシス的システムでは、それぞれの機能的関係を、通常、他のすべての機能関係と等価とみなしている。けれども、社会システムでは、相互依存の関係は、つねに、また至るところで権力の関係でもあるため、相互依存性の度合を見分けることが非常に重要となる。

構造が「主体不在」であることを、私はすでに指摘した。相互行為は、主体の行動によって、また主体の行動のなかで組成されている。《構造化》とは、実践の再生産として、構造が存在するようになる動的過程を、抽象的に指称している。私は、《構造の二重性》という用語で、社会構造が人びとの行為能力によって組成されるだけでなく、同時にまたこうした社会構造の組成のまさしく《媒体》でもあることを意味している。この構造の二重性がどのように生ずるかの筋道を整理する際に、手はじめに言語の事例を考察することが、再度、役に立つ。言語は、人びとが述べることがらのなかに、つまり、人びとがおこなう発話行為のなかに、何らかのかたちで跡づけできる一貫性を見いだすかぎりにおいてのみ、統語論的、意味論的に「構造」として存在する。この観点から見れば、たとえば統語論の規則に言及することは、「類似する諸要素」の再生産に言及することである。他方、統語論の規則はまた、語られた言葉である発話行為の全体性を《生

相互行為	↑	コミュニケーション	権力	道徳性
（様相性）	│	解釈図式	便益	規範
構造	↓	意味作用	支配	正統化

成》してもいる。人びとの活動の観察から推測できると同時に、人びとの活動を可能にさせる媒体としても作動する、こうした構造のもつ二重の側面こそを、構造化と再生産の観念によってとらえていく必要がある。

社会的相互行為における構造の二重性を、上記のように表示できる。

私の名づける「様相性」とは、社会的再生産の過程における、相互行為と構造の媒介を指称している。一列目の概念は、相互行為の属性を示しており、三列目の概念は、構造の特性描写である。相互行為における意味の疎通は、参加者がそれぞれの参加者の言動の意味を《理解する》ための手段となる解釈図式の使用を必要としている。相互知識の枠組みのなかでのこうした認知図式の適用は、共同体が共有する「認知的秩序」に依拠し、またこの「認知的秩序」から引きだされる。しかし、解釈図式の適用は、一方でこのような認知的秩序に依拠するが、同時にまた認知的秩序を《組成し直して》いく。相互行為における権力の使用は、参加者が他者の行動に及ぼす影響作用を通じて成果を生むことが可能となる便益の適用を、必然的にともなう。便益は、支配秩序から引きだされるだけでなく、同時にまた便益を適用する際に支配秩序をも再生産していく。終わりに、相互行為の道徳的組成は、正統的秩序から引きだされる規範の適用を必然的にともなうが、それにもかかわらずまさにこうした規範の適用によって、正統的秩序を組成し直していく。コミュニケーションと権力、道徳性が相互行為の不可欠な要素であるのと同じように、意味作用と支配、正統化は、構造の、分析的にのみ区別できる属性である。

意味作用の構造は《意味論的規則》（つまり、慣習）のシステムとして、また、支配の構造は《資源》のシステムとして、正統化の構造は《道徳規範》のシステムとして、分析が可能である。相互行為のどの具体的状況においても、社会の成員は、これらのシステムにたいして、三つの個別の構成要素でなく、むしろ統合された一組の構成要素であるとはいえ、生産と再生産の様相性としてたよることになる。私たちは、意味論的規則と道徳規則の統合された《システム》としての、集合体の全体性に関係づけることではじめて、ある共通文化の存在について論ずることが可能になる。行為者が相互行為の組成で意味論的規則と道徳規則にたよる際の様式については、ウィットゲンシュタインがおこなった規則追従の分析方法のなかで、その概略を論ずることが可能である。つまり、規則を知ることは、規則が適用される《コンテキスト》を知ることも含め、規則の抽象的定式化を供給できることではなく、新たな状況にたいして規則を適用する方法を知ることである。とはいえ、私たちは、ウィットゲンシュタインが『哲学探求』で言語ゲームと生活形式の融合を表現するために利用し、それ以後に行為哲学者が頻繁におこなってきたゲームとの類推の限界を、細心の注意を払って認める必要がある。ゲーム規則は、通例、独自のものである。ゲーム規則の適用範囲は――「プレイ領域」は――総じて明確に境界を定められており、異論の余地がまったくない。さらに、ゲーム規則は、互いに多少とも合理的に調整された、統一された全体を組成している。同じように「閉鎖された」性質を示す傾向があり、また、日々の生活での普段の利害関心から切り離されているために、その営み自体のなかからほとんど何の変化も生みださない社会的実践は、他にもいくつか存在する。礼儀や儀式がそうである（ホイジンガやカイヨワほかは、聖なるものが遊びと酷似すると指摘している）。しかし、ほとんどの規則システムが、このような存在であると想定してはならない。ほとんどの規則システムは、あまり統一されていない。ほとんどの規則システムは、曖昧な「解釈」に絶えずさらされており、それゆえ規則システムの適用なり活用は、《異議を唱えられ》、《争い》の種となり、社会生活の生産と再生産の推移のなかでつねに変容にさらされた、現在進行の過程である。したがって、相互行為のレヴェルでは行為者が制裁措置としてたよれるし、また構造的統合のレヴェルでは相異なるイデオロギーを支えていく、そうした資源の運営について検討することが重要になる。

構造化の過程は、システムとしての集合体なり組織体の《構造的統合ないし構造的変容》と、生活世界レヴェルでの相互行為の《社会統合ないし社会変容》とを接合している。しかし、相互行為の統合形態が、その統合形態を再生産の一因となるシステムと必ずしも直接的な対応関係にないことを認識するのは、重要である。したがって、《葛藤》と《矛盾》を区別する必要がある。葛藤という観念は、利害の観念と緊密に結びついており（行為者はみずからの利害の所在を誤認する可能性もあるため、必ずしもつねにそうであるわけではないが）、利害の観念は、行為者が相互行為にもちこむ「欲求」の観念を論理的に前提している。利害の衝突の場で遂行される能動的な争いごとという意味での葛藤は、相互行為の一属性である。他方、矛盾は、集合体の構造特性として、また葛藤とは偶然的関係にあるものとして、おそらく理解できる。矛盾は——たとえば封建制に特有な固定化された労働力配分と、ヨーロッパ史の一時期に創発的資本主義市場が鼓舞した労働力の自由な移動との対立のように——構造「原理」間の対立として、概念化できる。そこで、矛盾を「機能的非両立性」と同義とみなすのを避けるためには、こうした構造「原理」が、社会統合レヴェルで、潜在的にせよ顕在的にせよ、認知された利害の配分を《つねに》もたらすこと——たとえば、ある範疇の行為者たち（企業家）は労働力の移動の推進に利害をもつのにたいして、他の行為者たち（封建領主）は真っ向から対立する利害をもつこと——の認識が不可欠である。しかし、社会統合レヴェルでの葛藤の発生は、必ずしもシステム矛盾を引き起こすわけではない。また、矛盾の存在が、不可避的に明白な争いごととして表出されるわけではない。

社会学の分析で、「構造」と「構造化」について語ることは、《物象化された様態》において語ることと同じではない。《物象化された様態》は、一般の行為者が形づくる生活世界の一現象として論ずる必要がある。物象化された様態では、集合体は、人びとが自分で生みだすのではなく、事実上人びとから遊離した客体として生産された実体というかたちで、集合体成員の用いる言語のなかにたち現われ、したがって人間の生産物《として》の特性を取り除かれている。構造や構造化という用語法では、対象化（*Vergegenständlichung*）と物象化の区別を認めている。こうした区別の遵守を怠っていることは、理念主義が社会理論で示す典型的な特徴である。物象化の解体は、構造が行為者自身の生産物であることを行為者が（知覚的に）理解できる可能性と、また、構造にたいする行為者の統制力の（実質的な）回復と、明らかに結びついている。けれども、物象化された思考様式の超越がもつこの二つの含意は、安易に混同して理解されている。まさにこうした混同こそが、合理主義的社会批判にたいして、つまり、人間の社会生活の諸条件についての覚知が《その事実によって》人間の社会生活の諸条件にたいする統制力の獲得を結果的に導くという理論的主張に、信憑性を与えている。

要　約

この章のテーマについて、二、三の見解を要約として示しておくのは有用であろう。この章のはじめでは、デュルケムの社会学とパーソンズの「行為の準拠枠」が、この論考でとり上げた争点の多くに注意を向けているとはいえ納得のいく主張になっていない箇所を、いくつか指摘した。パーソンズは「行為の準拠枠」という用語を使うが、パーソンズの図式は、私が行為の観念を定義づけるようなかたちで行為理論を展開するのに実際には失敗している。パーソンズの図式は、社会生活における利害の分裂を、「個人」と、道徳的共同体とみなした「社会」との対立という観点からしか考慮していない。だから、それに対応して、社会的葛藤の起源を、個々の行為者の動機づけと社会的安定性が依拠する「中心的価値」とを結びつける道徳的コミットメントの不完全性に求めることができるとされている。マルクスの著述は、非常に異質な分析の枠組みを提示しているように一見思え、その分析の枠組みでは、権力と、利害の分裂、闘争が顕著な役割を演じている。しかし、マルクスは、ライフワークにした資本主義の政治経済学批判に関心を集中させていったため、マルクスが研究経歴の初期段階で没頭した、もっと一般的な存在論の諸問題にうまくたち戻ることは決してできなかった。それゆえ、私がとり上げたい特定の関心にとって、マルクスの著述は、《プラクシス》の観念や人間の労働の有する変換能力に関してたんに幅広い予備的方向づけを提示するだけである。

私は、社会の生産が、つねに、またいずれの場合においても、社会の成員による熟練した達成であると論じてきた。私がこの論考の第一章で論じた理解社会学のそれぞれの学派は、この点を認識しているとはいえ、こうしたかたちの社会の生産の強調を、かりに人間が社会をつくるとしても人間はたんにみずからが選択できる条件のもとで社会をつくるのではないという、社会思想のほとんどの決定論的学派で支配的な、同じく本質的命題と、首尾よく整合させることに成功していない。いいかえれば、社会生活の生産という考え方を、社会的再生産という考え方で補うことが、根本的に重要である。発話と言語は、社会的生産と再生産の過程をどのように概念化するのかについて、私たちに一連の有益な手がかりをもたらしている——それは、社会が言語に似ているからではなく、逆に、実践的活動としての言語が社会生活にとって明らかに欠かせない存在であるために、《いくつか》基本的な点で社会過程全般を例証するものとして、言語を論ずることができるからである。発話（行為）は主体（行為者）を前提とし、また発話行為は――発話者間の対話（相互行為）がそうであるように――コンテキストに状況規定されている。発話と対話は、それぞれが発話と対話を生産する人びとによる複雑な達成である。他方、発話と対話をどのように生産するのかを知ることと、こうした発話と対話の生産を可能にする条件なり、こうした発話や対話が道具となって生みだす可能性がある意図しない帰結を特定化できることは、明らかに同じではない。（自然）言語は、その構造特性という観点から見た場合――また、この点は非常に重要であるが――発話行為の生成と対話の達成のための必要条件であるが、同時にまた、発話の生産と対話の達成の意図しない帰結でもある。この《構造の二重性》は、社会的再生産過程の最も不可欠な特徴であり、また逆に社会的再生産過程を、原理的に《構造化》の動的過程としてつねに分析できる。分析的にいえば、相互行為形態の生産では、三つの要素を識別できる。すべての相互行為は、（企てられた）コミュニケーションと、権力の作用、それに道徳的関係を内包している。相互行為に参加する行為者がこれらの要素を相互行為のなかで「成し遂げる」様相性を、構造の再組成のための手段とみなすことも可能である。

「構造」という用語で、私は、機能主義で慣例となっているような、組織体なり集合体を「組み立てる」相互行為の関係の記述的分析ではなく、生成的な規則や資源のシステムを指称している。構造は、「時間と空間を超えて」存在しており、分析目的のためには構造を明らかに「非人称的」なものとして論ずる必要がある。しかし、オープン・システムの行動分析のために展開されてきた理論装置を集合体の構造に適用していけない理由は何も存在しないとはいえ、構造が、明確な意図や利害関心をもつ状況規定された行為者による再生産された行動としてのみ存在することの認識は、不可欠である。だから、たとえばシステム統合のレヴェルでの「矛盾」の確認は、その確認が状況規定された相互行為形態のレヴェルにおける利害対立の認識を暗に前提としているからこそ、可能となる。まさしくこのことが、ここで用いる矛盾の観念を、機能主義理論で定式化された「機能的非両立性」の観念と明確に区別している。誤解を避けるために、おそらく次の二点を強調しておく必要がある。

1　構造が「時間と空間を超えて」存在すると述べるのは、構造を、具体的主体の状況規定された活動とみなすことができないと主張したいからである。構造は、具体的主体の状況規定された活動を組成するのに役立つだけでなく、そうした活動によって組成されている。また、もちろん、構造が内的歴史をまったくもたないと主張したいのでもない。

2　再生産の概念は社会「変動」の研究と特別な結びつきをもつが、社会の「安定性」の研究は、それ以上の結びつきをもつものではない。逆に、再生産の概念は、コントから今日までの機能主義に非常に特徴的な「静態学」と「動態学」の区分を乗りこえることに寄与する。構造の再生産の一因となるいずれの行いもまた、生産の行い、つまり、新たな企てでもある。それゆえ、いずれの行いも、構造を再生産すると同時に——ちょうど、語の意味が、その語の使用過程で、またその語の使用を通じて変化するように——構造を変えることによって変動の口火を切っていく。

動機づけという概念は、社会理論にとって三通りのかたちで重要である。まずはじめに、動機づけの諸要素は、行為の認知されていない因果的条件として——つまり、行動の合理化の再帰的モニタリングが通用しない無意識な衝動として——作用する可能性がある。原理的に見れば、このような要素と、行為者が自分の行動について現在進行のかたちでおこなう合理化との関係を、可塑的な関係として、つまり、自己理解の啓示的発達の可能性をもたらす関係とみなす必要がある。二つ目に、動機は、明確な《利害》を生みだす。一方で「利害」という観念を、欲求の達成を促進するすべての行為の経過を指称するものとして非常に広義に理解しなければならないが、社会の分析でもっと重要な意義をもつのは、《他者》の応答が特定の利害追求のための手段として役立つ「社会的利害」の観念である。三つ目に、動機づけ理論は、構造の再生産理論とじかに有意関連している。とはいえ、この章の最初で私が示そうとしたように、動機と合意的価値の「内面化」との対応というパーソンズがおこなった主張は、このような構造の再生産理論の不適切な解釈である。この主張は、次の二つの理由で不適切である。

1　この主張は、「ホッブスの秩序問題」に由来しており、どの人の手も他のすべての人に反抗するような自然状態を予示することで、社会における利害の分裂が個々の行為者の利害と社会共同体全体の利害との分裂として表象されるかぎりにおいてのみ、「ホッブス問題」は、社会における利害の分裂に対処できる。

2　所与の「秩序」にたいする動機的コミットメントを、その「秩序」にたいする道徳的コミットメントと同義とみなしており、それゆえ、社会的相互行為における権力の不均衡を表出し、同時にまたその権力の不均衡によって再生産される支配システムとしての秩序にたいする応化を関心の範囲外に追いやっている。

4 説明的解明の形式

かりに実証主義が次の二つのことがらを意味するのであれば、一九世紀の社会哲学と社会理論で、実証主義は隆盛を極めていた。ひとつは、すべての「知識」ないし「知識」とみなされるすべてのものが、感覚を介して把握可能な何らかの現実や現実の何らかの側面を、直接的なかたちで指称する用語によって表現できるという確信である。もう一つは、古典物理学で体現されたような、科学の方法と論理形式を社会現象の研究に応用できるという信仰である。コントとマルクスの著述では、社会生活の科学が、宗教的ドグマや、慣習にもとづいた無精査の信念からの人間の精神の解放をおそらく達成するとみなしていた。科学的知識がすべての知識の範型であるとする信仰が二〇世紀を浸食し、人間の文化が科学的合理主義の獲得に向けてどの程度まで進歩したかで、人間の文化を格づけするようになったことについて、私はすでに述べてきた。科学的知識が最高の知識形態であり、達成に値する唯一の知識形態であるとの確信が薄らぎ、あるいは失われたことで、かつては思慮を欠いた慣習とまったくの偏見の混合物としてほとんど無視されてきた、そうした伝統的かつ習慣的な信念や行為様式を再評価するようになった。

哲学では、その結果のひとつが、一九二〇年代から三〇年代にかけての二つの思想潮流の間での著しい意見の対立であった。一方で、論理実証主義が、科学的知識の特権的地位をそれまで以上に徹底して擁護する潮流として登場した。他方、現象学と言語哲学では、常識という権威が復活し、常識を、研究の主題だけでなく、研究の源泉として最前面に押しだしていった。現象学の哲学者は、自然科学の知識要求が自然的態度という存在論的前提にとって二義的であり、さらに自然的態度という存在論的前提に依存すると主張することで、自然科学批判を達成しようとした。他方、言語哲学は、このような自然科学批判こそおこなわなかったが、むしろ社会的世界と自然的世界の間に論理的隔たりが存在すると主張し、みずからの注意を社会的世界に限定することで、科学哲学との関係を断つ傾向を示してきた。とはいえ、現象学にしても言語哲学にしても、結局のところ「自然的態度」という観点からの社会科学批判に終わっている。

現象学的哲学者と「日常言語」哲学者による常識の学術上の擁護は、それが社会科学の問題の解明を志向するかぎりにおいて、社会科学にたいするごくありふれた常識的態度とみなされるものに収斂していく。この見解にしたがえば、社会科学の知見は、とりわけ社会学の知見は、社会生活への参加者として私たちがすでに知っているはずのことがらを記述し直すことしかできないために、間違いなく人びとの注意を引いていない——したがって、さきに引用した哲学者のローチが述べるように、社会学者による社会行動の解明は、明らかに「必要とは思えないし、もったいぶったものに見える」。通常、社会科学者自身は、このような見解をかなり無頓着にしりぞけており、排除する理由を二つ挙げている。ひとつは、かりに行為者がみずからの行為についてすでに承知していることがらを、確かに社会学が「記述」したり「記述し直す」だけであるとしても、個々の人間は、誰もみずからが加わる社会の特定の領域以外のことがらについて詳細な知識をもつことはできない。したがって、一般の行為者がみずからは部分的なかたちでしか得ていないだけの知識を、明示的かつ包括的な、ひとまとまりの知識につくりかえる課題がまだ残されている。とはいえ、社会科学者の努力がその性質上たんに記述にすぎないという評言は、いずれにせよ正しくないし、また、社会科学者の目的は、行為者が自分自身の行為や他者の行為を解釈する際に行為者みずからの用いる観念を、修正し、改善することである、とほとんどの社会科学者は付け加えている。この点はまさにそのとおりである、と私は思う。しかし、第一章で検討した理解社会学で展開された批判を念頭に置けば、この主張は、もっと詳細な解明を必要としている。こうした解明は、かなり複雑な一連の認識論上の問題と対決することになる。

実証主義のディレンマ

コントは「実証哲学」だけでなく「社会学」という術語をも創りだし、それによって実証哲学と社会学を結びつけたが、両者の結びつきは、かりにコントが心に描いた実際の社会変革の達成にこそ役立たなかったとしても、それでもなお社会学に大きな影響力をもつ知的伝統を不動のものにしていった。人間の行動と自然界における出来事との間にどのような差異があるにせよ、自然科学で確立されたのと同じ論理形式の説明図式をともなう「社会の自然科学」が成立できるとする主張は、さまざまな装いのもとで念入りに練り上げられてきた。デュルケムの『社会学的方法の規準』は、引きつづきこうした見解のおそらく最も大胆な表現であるため、『社会学的方法の規準』が主唱する帰納的方法の枠組みの特徴について簡単に明らかにするのは無駄ではない。デュルケムによれば、社会学の目的は、人間行動の理論を、人びとの行動についてあらかじめおこなってきた観察にもとづき、帰納的に構築することである。こうした人間行動の観察は、行動の外からの「可視的」特性に関しておこなわれ、まさにこのような観察から理論が生まれるため、必然的に「前・理論的」である。

このような観察は、行為者がみずからの行為や他者の行為についていだく観念と特定の結びつきを何ももたない、と主張されている。こうした観察を、行為者自身がいだく常識的観念から切り離すために可能なかぎりあらゆる努力をおこなうことが、観察者の責務になる。なぜなら、行為者自身がいだく常識的観念は、何の事実にももとづいていない場合が多いからである。デュルケムは、こうした見地を提示した際に、社会科学者にたいして、調査研究では最初から自前の概念を組み立て、日常生活のなかで通用する概念から決別するよう指示している。デュルケムによれば、日常的活動に関する概念は「たんに群衆の混乱した印象を表現しているにすぎない」。「私たちは、かりに一般の人びとの用法にならうならば、結びつけるべきものを弁別したり、弁別するべきものを結びつけてしまう危険を犯すことになり、したがってものごとの真の類似性を取り違え、それゆえものごとの特性を誤認する危険を犯すことになる」と、デュルケムはつづけている。社会科学者のおこなう探究は、「比較可能な事実」をとり上げねばならず、こうした「比較可能な事実」の有する「自然的類縁性」を、「日常的用語体系のもとになる皮相的吟味」によって区別することはできない。研究対象（物理的ないし社会的）の識別可能な「自然的類縁性」が存在し、またこれらの「類縁性」があらかじめ存在しており、観察者がその研究対象を記述、分類する際におこなうことがらを規定するという想定は、デュルケムの著述の至るところに出現する。こうした想定が実際に導くのは、専断による分類である——このような専断は、意外でもないが、デュルケムを解読する人びとの多くを混乱に陥れてきた。だから、デュルケムは、たとえば自殺に関する常識的観念を自分の研究に何も有意関連しないとして無視し、デュルケムの表現でいえば「自殺という名称のもとで研究するべき事実の種類を決定するために」、自殺現象の新たな定義づけを確立しようとした。

したがって、『自殺論』で展開された見解は、自殺の本質に関して手はじめにおこなった定式化に、つまり、「死が、当人みずからのおこなった積極的ないし消極的行為から直接間接に生ずる結果であり、しかも当人がその結果の生ずる可能性を予知しているすべての場合」[1]と定義づけられたものに、おそらくもとづいている。しかし、この定義は、批判する人たちが論じたように、適用不可能な定義である。指摘された理由のひとつは、デュルケムのほぼすべての分析が自殺統計の利用を必要とするために、みずからの論述のなかに含意される区別をデュルケム自身が遵守できなかったことである。また、自殺統計を作成した官吏たちが、自殺を、デュルケムがこの「自殺」という言葉の意味内容として提示したかたちで理解していたとは、とても考えられない。社会分析で使用する「自殺」の概念は行為者みずからが使う有意関連した常識的概念の詳細な記述のなかから構築されねばならないというもっと根本的な主張を、第一章で言及した一部の批判者たちもおこなっている。この点について、私は、日常言語と社会科学的メタ言語の関係と密接に結びつく「適合性」の問題が基本的に重要な論点になる、と後で断言したい。とはいえ、デュルケムの追求した社会現象間の「外面的類縁性」に代えて、たんに観念作用で代用すればよいと想定することでは、有用な結果は得られない。このような見解は、実質的にデュルケム学派の目論見と明らかに異なるとはいえ、論理形式の面では極めて類似している。なぜなら、双方とも、社会科学が「前・理論的」特質を示す「現実」の記述に基盤を置かなければならないと仮定しているからである。現象学の影響を受けた人びとの場合、それは、行動の「外面的」特性ではなく、観念から構成された「現実」である。その現実が何で《ある》かをひとたび確認すれば——たとえば、社会の成員たちが一現象として定義づけた「自殺」のように——どのような種類の一般化であるかについて意見の相違がかなりあるにしても、こうした基盤のうえに私たちは一般化をおそらく構築できる立場にいる。

認識論の一般的問題に関するかぎり、ここに内包される論点を、自然科学哲学で長い間おこなわれてきた「観察言明」の占める位置をめぐる論争との関連で、解明できる。論理実証主義の影響を受けた人びとが論述するように、ファイグルが名づけた自然科学の「正統的」見解は、おおよそ次のようになる。科学理論は、仮説演繹的システムである。理論の創出はいくつかのレヴェルの概念分化をともなう――最上位のレヴェルには、経験的内容によってではなく、他の公準との論理的関係によってのみ正確な定義づけができる抽象的公準が位置している。理論的一般化のなかに含まれる概念を、観察言語の用語と区別できる。観察言語の用語は、経験のなかで与えられる観察の感覚的「土壌」を指称しているからである。それゆえ、観察言語と理論言語との関係を特定する対応規則が必要となる。(2) このような見解にしたがえば、それ以前に確立されたさまざまな形態の経験主義と同じように、経験という「データ」は、「外的現実」世界の特定の記述様式と分類様式を私たちに強要していく。このことは、二つの主張を含意する。ひとつは、「確実」な科学的知識の何らかの類の究極的基盤を探究することは可能であり、また必要であること。もう一つは、このような究極的基盤を、理論的に中立な言語のなかで記述したり、範疇分けできる何らかの経験領域のなかに求めねばならないこと、である。

　経験的知識の「基盤」の探究は、デカルト以来の西欧哲学者たちの関心を奪ってきたし、また近年においても経験主義者と現象学者は、一様にこの探究に従事してきた。経験主義者と現象学者はともに、主体と客体との間の本質的に受け身の関係を前提とした解決策を提示している。経験主義では、その基盤を、感覚経験のなかに求めているのにたいして、現象学では、その基盤を、経験と区別し、むしろ経験を特徴づける観念作用のなかに求めている。けれども、経験主義者は、その「出発点」を感覚経験に置いたことで、理論的カテゴリーの特性を説明するのに困難を見いだしている。理論的カテゴリーは、感覚データとの間で識別可能な同型関係に何ら置かれていないため、それゆえ一方の内容を他方の内容と結びつける対応規則の導入が必要になる。しかし、これだけでは決して十分ではない。なぜなら、対応規則の特性はとらえどころのないことが判明しているからである。現象学の見解は、知識の基盤を、自我にとって直接利用可能な理念的カテゴリーのなかに求めたことで、経験論とは正反対の困難に――感覚経験そのものの世界を組成し直すことの困難に――陥っている。

前段で言及した主張には、それぞれ反論が可能である。哲学のほとんどの伝統的学派では、「基盤」がその「基盤」のうえに構築されるすべてのことがらの特性を規定するために、私たちの「出発点」の選択は、科学的知識にとって決定的に重要であるという想定に立って論議を進めてきた。しかし、堅固に確信できる、あるいは理論受胎的でない知識の「基盤」はおそらく何も存在しない。「プロトコール言語」という考え方は――かつてクワインが述べたような、「空想的なまでに空想を欠いたありのままの情報の媒体」は――ポパーが嘲笑的に「知識のバケツ理論」と名づけるものに、つまり、人間の精神を、あたかもそれが出生時には空っぽな一種の容器であり、その容器のなかに感覚をとおしてマテリアルが流れ込み、集積していくとみなす考え方に、依拠している。(3) したがって、あらゆる直接的経験を感覚データとして受けとめることができると、考えている。ポパーが辛辣な批判のなかで指摘したように、こうした考え方には数多くの反論ができる。「感覚的観察」にたよる言明を、理論的に中立な観察言語のなかで表現することはできない。観察言語と理論言語の分化は、既存の概念体系の枠組みのなかでの相対的な分化である。

その後の展開――ポパーとクーン

ポパーの著述は、（バシュラールやカンギレームほかの研究を介してフランスで部分的に収斂する展開を十分に知らなかった）英語圏では、[4] 一方で論理実証主義――ウィーン学団内での当初の定式化だけでなく、カルナップやヘンペルほかの手による米国でのその後の修正や彫琢の面でも――との関係において、また他方で「新たな科学哲学」（クーンやラカトシュ、ファイヤアーベント）との関係において、[5] ことのほか緊張関係に置かれている。ウィーン学団の周囲にいた人びとが当時その点を十分認識していたとは思えないが、『科学的発見の論理』が、その第一版で、論理実証主義の教義から徹底的に決別していったことは明白であるように思える。意味を検証可能性に還元する試みの代わりに、ポパーは、境界設定の――科学を他の信念形態や探究形態から切り離す――基準の確立と、演繹論理の枠組みのなかでの反証可能性のもつ意義という一対のテーマを提起した。ポパーの科学哲学の推進力は、科学革新における大胆さと精巧さの強調と、また科学者の専門家集団における批判的合理主義のもつ意義の強調をともなって、すべてこの二つのテーマを結びつけることから生じた。

ポパー自身の研究の批判的受容は、クーンほかの貢献やそれに鼓舞された論争の結果として、また同時にポパーの著述をめぐるドイツでの論争の帰結として、今日では十分になされてきた。(6)ポパーの科学哲学は、たんに論理実証主義だけでなく、研究対象に立ち向かう個々の科学者の観点から科学的方法を論ずる傾向があった伝統的な科学概念からも、事実上決別し、その代わりに、科学を、批判的理性の制度化という集合的努力として認識しようとした。しかし、まさに批判的理性の制度化を強調したゆえに、ポパーの研究はまた、クーンに、またポパー自身の見解からかなり離反していく科学哲学のその後の展開に、道筋を用意していった。

社会科学におけるクーンの著述の受容は、好奇心をそそる受容であった。「パラダイム」という術語を、多くの研究者が学びとったとはいえ、漠然と「理論」の同義語として、あるいはかつてマートンがこの術語に与えたもっと限定された意味合いにおいて利用してきた。(7)したがって、そうした研究者の何人かは、社会学を概観して、社会学には普遍的に受容できる単一のパラダイムがまったく存在しないと結論づけてきた。しかし、こうした結論は、まったく啓発的でない。最初にパラダイムの観念を定式化して、自然科学の発展に適用するようにクーンを仕向けたもののひとつは、自然科学——変容のいくつか主要な段階を除けば——ではなく社会科学を特徴づけているようにクーンには思えた基本的前提をめぐる根深い見解の不一致の認識にあったからである。(8)〈科学的知識を社会科学における《ある種の》伝統から——つまり、マルクス主義と精神分析から――区別しようとする努力が、同時にまたポパーの科学哲学の推進力にもなった点を認めることは興味深いし、また前述のこととおそらくまったく無関係ではない。[9]）クーンの用いる意味での「パラダイム」概念の意義は、この概念が、「通常科学」の活動の枠組みを形成する一連のごく基礎的な、当然視された理解を指称していることにある。とはいえ、そうであるからこそ、『科学革命の構造』の文脈のなかで、「パラダイム」の概念は、自然科学と社会科学が総じて共有し、しかも両者を分ける特徴に論理的に先行した認識論上の一連の重要な問題を表面化させている。

それゆえ、社会科学に特有な問題にたち戻る前に、とりわけ「共約不可能性」と相対主義を軸に展開される問題を含め、こうした認識論の一般的な問題に私は専念したい。

クーンの研究は、クーンの影響を受けた人びとのその後の著述とともに、ポパーの見地にたいして、少なくとも二つの側面で基本的な問題を提起している。

1　クーンによる「通常科学」の定式化は、科学の発展が、変動の特定の「革命的位相」の外側では、ポパーの科学哲学の中心にある批判的理性の内在的「永久革命」よりも、むしろ批判的理性の保留に――一連の認識論上の命題群の当然視に――依拠することを示唆している。この問題でクーンとポパーを分かつ争点は、「通常科学」が存在するか否かではなく、「通常科学」の存在が科学の「進歩」を積極的に促進するのか抑制するのかに、むしろ関係している。クーンにとって、パラダイムという根本的前提のもとでの批判的理性の保留は、自然科学が成功するための必要条件である。一方、ポパーにとって、「通常科学」とは、科学がドグマや神話との対比でみずからを唯一特徴づける批判的交換という規範の破壊である。

2　クーンほかの著述は、科学者が、容認されてきた理論と矛盾する——あるいは、そうした理論を反証する——ものとして後に一般に認められることになる実験結果なり観察結果を無視するか、あるいは「都合よく言い逃れる」場合がしばしばあることを、具体的に示している。このような結果は、当初生まれた際には理論と両立できるとみなされるかもしれないが、後々の研究者には理論とまったく折り合いがつかないものとして現われる。あるいは、理論発達の現段階では理論に矛盾するとみなされるが、後の時点でその理論が修正されることで説明能力をもつようになるとして「脇に置かれる」かもしれない。

ポパー流の科学哲学のなかで反証の観念にたいしてこのようなかたちで提示された難題は、ウィンチが（それに、一世代前ではレヴィ＝ブリュールが）西洋科学と非工業化社会における宗教的ないし呪術的習わしの類似性や差異について提起した論点と、直接結びついている。なぜなら、エヴァンズ＝プリチャードが非常に鮮やかに証明したように、アザンデ族の用いる呪術は、一見——よそ者にとって——「確認しようもない」事例と思えることがらに難なく対処できるコスモロジーを備えているからである。かりにある人が呪術を使って誰かを傷つけたり、殺そうとしたが、その相手はいたって健康であるとすれば、どのようにしてそうなるのかの説明は、容易に入手できる。神託が求められたときに、そのときにかぎって未知のことがらが「うまく作動しなかった」のである。たとえば、祭式で呪文を完璧に正しく唱えなかったからか、あるいは呪術を使った人よりも呪術をかけられた人のほうがもっと強い呪術を自由に利用できる立場にいて、相手の企てを無力化できたからである。したがって、かりにあるとすればであるが、いかなる意味合いにおいて、西洋科学は、アザンデ族の世界理解よりももっと深く「真理」に根ざした世界の理解をおこなうことができるなどと主張できるのであろうか？　アザンデ族は、科学とは異なる網羅的なコスモロジー（「パラダイム」と読みかえていただきたい）を、おそらくたんに巧みに操っているにすぎない。

科学と非科学

この疑問に答える際に、かりに関連するとしても論理的には別個の問題をいくつか切り離して考えることが極めて重要である。それは、⑴科学と非科学を――とくに社会組織化のレヴェルでは、宗教と呪術を――どのようなかたちで区別するべきか、⑵科学を認識論的に「基盤づけること」、⑶科学的手続き原理としての反証のもつ意義、⑷科学発達という脈絡でのパラダイムの媒介、の問題である。

非科学との区別

アフリカ人のコスモロジーをめぐる議論から、西洋科学による社会組織化の示差的特性を簡単に記述できないことは、明らかである。こうしたアフリカ人のコスモロジーは、世界内の出来事について内的に首尾一貫した、広範囲に及ぶ「説明的解明」をもたらすことができる。また、アフリカ人のコスモロジーは、ある種の自己批判の余地や、みずからが生みだす知識要求の修正のための余地をおそらくもたらす。かりに、ほとんどの西洋科学が、総じて当然視された想定をともなって「パズル解き」が当然の風潮になる、そうしたクーンのいう「通常科学」と近似することを是認するのであれば、また、科学が、宗教や呪術と同じく明確なかたちのテクノロジーの生成を助成するという実利的目的を事実上志向していることを是認するのであれば、その場合、科学者の活動と呪術師の活動は互いにかなり相似するように思える。こうした科学と呪術の相似性の強調は、重要である。相似性を認識することは、論理実証主義が初期の頃に異質な知識要求にたいして公然と示した知的傲慢さを徐々に切り崩すのに役立つ。しかし、このことと、(伝統的コスモロジーの多様性を無視して、非常におおまかに一般化することが正当化されるかぎりであるが)宗教や呪術と科学を分け隔てる差異について注釈することは、まったく別の問題である。これらの差異について、ここではごく簡単にふれておきたい。

西洋科学を《ほとんどの》形態の宗教的、呪術的習わしから分け隔てる差異に、次のものがある。まず、科学は、「自然界」の出来事を非人格的な力の結果とみなす世界観のなかで作動している。確かに、「力」という言葉そのものには、もともと宗教的起源があるように思えるし、宗教体系なり呪術体系のなかに非人格的な力（《マナ》）という概念を見いだす場合がないわけではない。しかし、ほとんどの宗教体系や呪術体系は、同時にまた人格化された創造主や精霊、悪霊をともなっている。二つ目に、科学は専門家共同体の内部で、理論を定式化し、観察をおこなうための様式の公開を制度化している。自由な論争や批判的検証を含め、科学的企てを正当化するための理念は、現実の活動と合致しないかもしれない。しかし、科学の理念と実践はともに、最も開放的な宗教形態や呪術形態からさえもかなりかけ離れている。宗教や呪術では、数多くの教義上の論争が確かに頻繁に生ずる。しかし、宗教と呪術は、立証された観察結果の批判的受容にもとづいた合理的自己変容をめったに追求しない。科学の中心にあるこの正統化特性は、多くの場合にドグマとなる。しかし、これは、ほとんどの宗教教義に欠けている特性である。終わりに、宗教と呪術は、必ずしも普遍的ではないが、たとえば規律正しい儀式での礼拝や贖い、供犠を含む、西洋科学と相容れない活動形態をしばしばともなう。

科学の認識論的基礎づけ

とはいえ、このような社会学的比較は、科学の認識論的基礎づけにとって――いわゆる「基礎問題」にとって――直接には何の有意関連性ももたない。「基礎問題」をめぐるポパーの見地のもつ難点は、よく知られている。私たちは、批判的合理主義のための合理的基礎をどのようにして見いだすべきであろうか。こうした疑問にたいして通常なされる解答は——かりに批判的理性にたいするコミットメントを、それ自体が合理性の論争にさらされ、それゆえに反論の可能性の余地があるとみなすのであれば、自己言及的に基礎づけることが可能であるという解答は——まったく不適切である。これらの試みを念頭に置いて、私たちは、科学の合理主義を科学そのものの論理のなかに基礎づける努力がいずれも気がつけば循環論法に陥っていることを認識しなければならない。しかし、かりにこの循環論法の終結を探究のはじまりではなく、終着点とみなすのであれば、この循環論法は、たんなる悪循環にすぎない。西洋文化のなかでの科学の進化過程で、科学そのものが前もって想定し、また実際において歴史的に獲得した前提条件や価値は別として、たとえば呪術にたいするアザンデ族のコミットメントよりも、科学的合理性にたいするコミットメントを正当化できる《術》は、まったく存在し《ない》。こうした科学的合理性にたいするコミットメントが、キルケゴールのいう「信仰への跳躍」を含意するのか、あるいは批判理論の枠組みのなかで二者択一的に論じられるのかは、この論考での議論の範囲を超えた極めて複雑な問題を提起することになる。

反証の意義

科学哲学でポパーが帰納論理に下した批判は、当初は概略次のように述べられていた。帰納論理は、経験主義と、またベーコンが述べたような科学的方法のモデルと、緊密に結びついている。世界内の出来事の根気強い観察は、経験的テストの繰り返しによって検証されることではじめて普遍法則として言明できる、そうした規則性をあばいていく。しかしながら、このような法則の検証という観念はよく知られた困難に陥りやすい。いかにテストを数多く重ねたとしても、最終のテストの次にくるn＋1番目の観察結果が法則に合致しない可能性はつねに残るため、その法則を確実に検証できるという言い方は成立しない。したがって、科学的知識が私たちの獲得できる最も信頼できる知識類型であるという確信は、科学法則を最終的に検証することの論理的不可能性と互いに反目する。ポパーは、帰納の理念を放棄することで、科学を入念な事実の収集という面白くもない規律のうえに基礎づけるべきであると規定する視座からも同時に離脱し、その視座の代わりに、科学が、反証の可能性に即座に応ずることができる「一見信じがたい」仮説のかたちをとる大胆な、思い切った推測を通じて、何よりも進歩する、と主張しようとした。

ポパーにたいする批判的応答は、「反証主義」がそのままのかたちでは支持できないことを決定的に証明している。ポパーの挙げた有名な例にしたがえば、「白鳥はすべて白い」という普遍法則は、過去、現在、未来にわたる白鳥の全個体群に接することが必要とされるため、決して検証できない。しかし、この普遍法則には、一羽の黒い白鳥の発見によって反証が可能になる。けれども、問題はそれほど単純ではない。一羽の黒い白鳥の発見は、その普遍法則を反証しない可能性がある。黒く塗られたり、煤まみれになった白鳥は、反証例にはならない[10]。あるいはまた、かりにそのようなことが起こるとすればであるが、白鳥とイヌワシの交合から生まれた一羽の黒い色の動物の発見も、たとえ最重要項目において白鳥と類似していても、その動物を「白鳥」とみなすことがおそらくできない以上、反証例にはならない。こうした事例が指摘するのは、「白鳥はすべて白い」という言明が、鳥類における色彩判別と生物形態の起源に関する理論を前提にしていることである。したがって、反証のための観察と「みなされる」ものは、観察対象を記述する場となる理論体系なりパラダイムに何らかのかたちで依拠している。さらにこうした理論体系は、さきに言及した明らかな反証例にたいしてさまざまに対応できるようになる。

　そうであるとすれば、論証の魅力と論理的力強さの多くを付与する平易さを剥奪されてしまうため、科学哲学における反証主義を放棄して、検証と帰納論理のもっと伝統的な枠組みに逆戻りするべきではないのかと問うことができる。問題は複雑である。なぜなら、ポパーの著述に示された反証という理念は、（科学哲学だけでなく、社会哲学においても）ポパーの批判的合理主義と緊密に結びついているからである。私は、次のような見解を示すだけにとどめたい。

1　たとえ経験主義との断絶が反証という定式にたいして難問を生じさせようとも、経験主義との断絶を支持することは、理論に束縛されない観察言語の否定という点で、根本的に重要である。

2　科学は、大胆で、革新的であるが、つねに最も手堅く確証されているように思える科学的知見にたいして、核心に迫る徹底した懐疑心をつねに保持している——あるいは、そのように努めるべきである——という主張も、同じく基本的に重要である。この点にたいするクーンの立論の趣旨については、後でたち戻りたい。

したがって、「素朴な反証主義」を、もっと「洗練された反証主義」——事実、ラカトシュが、ポパー自身の著述のなかに発見できると、必ずしも納得のいくかたちではないが主張している——に置き換えていく必要がある。[11] ラカトシュによる「退行的問題移動」対「前進的問題移動」の定式化は、科学哲学の今日の文献において解明されてきた争点の、おそらく最も妥当な対処になっている。科学における新たな研究プログラムの展開は、かりにそのプログラムがもっと包括的であり、「新たな事実」を予測し、説明し、とって代わろうとする研究プログラムに見いだす矛盾や「空白点」を解消するのであれば、「前進的」となる。けれども、ラカトシュが修正した反証主義の図式は、その図式が関係するポパー流の科学哲学の明らかな限界を共有している。なぜなら、ラカトシュは、「前進的問題移動」とみなすべきことがらの基準をそれ自体どのように認識論的に基礎づける必要があるのかについて、何の指摘もしていないからである。

3 パラダイム

クーンによる「パラダイム」概念の使用と、そのことが結果的にもたらす難題のいくつかは、名目上は科学史と科学哲学に限定されているとはいえ、哲学上の他の点でかなり異なる伝統のなかで展開された観念と、つまり、「言語ゲーム」(ウィットゲンシュタイン)や「多元的現実」(ジュームズ、シュッツ)、「変転する現実」(カスタネダ)、「言語構造」(ウォーフ)、「プロブレマティーク」(バシュラール、アルチュセール)と明らかに同じ要素をいくつか共有している。おのおのの観念は、用語の意味や表現、記述を、何らかの仕方で解釈学的に、つまり、私が総称的に《意味の枠組み》と名づけるものとの関連で把握しなければならないことがらを示すために、用いられている。しかし、このようなかたちで表現された意味の相対性原理は、たとえば異文化理解との関連でウィットゲンシュタインにたよろうとしたウィンチの企てのように、即座に相対主義ないし《徹底した慣習主義》に、いつの間にか陥る恐れがある。クーンは、科学の発展に関するクーン自身の解明に見いだす相対主義的含意から一貫して脱却しようとしたが、パラダイム転換の過程を科学的「進歩」のモデルとどのように両立させることが可能かについてうまく解明せずに、そうしてきた。なぜなら、かりにパラダイムが認識論的前提の閉じられた体系であり、その認識論的前提が革命的変化の過程によって交代していくのであれば、あるパラダイムを他のパラダイムとの対比でどのように合理的に裁可できるようになるのであろうか。この点は、ポスト・ウィットゲンシュタイン派哲学での別個の言語ゲームの共存から生ずる難題の、明らかに繰り返しである。

ここでは、クーンの『科学革命の構造』が提起した問題に、私は的をしぼりたい。しかし、この『科学革命の構造』について私がおこなう主張のほとんどは、もっと広く見れば、さきに言及した研究者たちの著述が提起する似かよった争点にたいしても当てはまる。まずはじめに、クーンは『科学革命の構造』のなかでパラダイムの内的統一性を強調しすぎている。[12]「パラダイム」という（よく知られているように相当に分かりにくい）観念は、科学者の共同体が共有する、当然視され、未検証の前提を指称しており、科学者は、そうした前提の範囲内で小規模なパズル解きに注意を限定していく。しかし、一方で多くの科学者を、とりわけ経験主義的傾向の強い科学者を「通常の科学者」として評価するのにたいして、科学発展のどの段階においても、科学者が研究をそのなかでおこなう枠組みは、しばしば、ことによると常時、競合する理論学派の間の根深い分裂の――たとえこうした分裂が明確な論争として絶えず表出しなくとも――主因となっている。競合する学派の間で争点となる問題は、通常、哲学の歴史と自然科学の歴史にともに再三出現する積年の存在論的差異と認識論的差異に根ざしている。このことは、他の「生活形式」類型からの、科学理論の枠組みであるパラダイムの分化と関連している。科学の主張にたいする潜在的懐疑心は、根本的な意味合いにおいて――つねに作用するわけではないまでも――科学による社会運営の合法的秩序に組み込まれているが、それは宗教的コスモロジーにない特性である。他方、生活形式の内的統一性の過大視という類似した強調の誤りが、ウィンチの立論を特徴づけている点に注意することも重要である。「キリスト教」を単一の宗教的コスモロジーとして語ることを可能にさせる教義上の主題もまた、深く分裂した解釈の相違や抗争にさらされてきた。

二つ目に、科学の発展は、科学そのものが名目上介入しない社会的影響力や社会的利害関心とつねにからみ合い、またそれらの影響を受けている。クーンは、あたかも「外的な」影響力が、「革命的」変動の諸段階でのみ作動するかのような議論を展開する傾向がある。しかし、批判的理性としての科学がもつ制度的自立性は、明らかに部分的なものにすぎない。科学理論における息を呑むような革新性だけでなく教条主義もまた、科学の自己正統化に内在するのと異なる規範や利害関心によって、一様に条件づけられている。もちろん、このように主張したからといって、科学理論の妥当性を科学理論の生成におそらく関与する利害に還元できること――旧来の「知識社会学」に見いだす典型的な誤謬――を示唆しているのではない。しかし、この点は――クーンによる自然科学発達の解明に関してよりも、たとえばウィンチがおこなったような研究を生みだし、また観念論の伝統と密接に関連する哲学に関して、とくに強く求められるが――確かに強調される必要がある。解釈学の重要性は、かりに解釈学そのものを生みだした哲学的観念論の伝統を取り除いたときにはじめて、適切に把握できる。

三つ目に、パラダイムの内的統一性の過度な強調は、パラダイムをクーンが「閉じられた」体系とみなす傾向が強いことを意味している。[13] このことは、私がさきに言及した他のさまざまな研究者の著述のなかにもっと一般的なレヴェルで現われる意味の可変性を再び二重写しにする、そうしたパラダイム間の意味の可変性を問題にするうえでの特有な難問に結果的にたち至ることになる。かりに意味の枠組みが別々の、自己完結した世界であるとすれば、ある意味の枠組みから別の意味の枠組みに到達することは、どのようにして可能であろうか。この問題は、そのままでは克服できない問題である。しかし、克服できないのは、問題をそもそも誤って提起しているからである。意味の枠組みは、たとえば（一）（二）（三）のように非連続なものとして出現する。私たちは、こうしたとらえ方の代わりに、《すべてのパラダイムが》（「言語ゲーム」等々と読みかえていただきたい）《別のパラダイムによって媒介される》ことを《出発点》にしなければならない。この点は、科学の内部におけるパラダイムの継続的発展だけでなく、行為者があるパラダイムの内部で「ひとりで自由に歩き回る」のを学習するというレヴェルにおいても、そうである。アインシュタイン物理学は、一方でニュートン物理学から大幅に離脱したとはいえ、ニュートン物理学との直接的連続性をそれでもやはり保有していた。また、かりにプロテスタントの教義がカトリックの教義と基本的に異なるとしても、カトリックの教義にたいする批判としてのプロテスタントの立場を考慮せずに、プロテスタントの教義内容を完全に理解することはできない。生活形式の表現としてのパラダイムなり言語ゲームを学習する過程は、同時にまた何がそうしたパラダイムではないのかを学習する過程でもある。いいかえれば、生活形式の表現としてのパラダイムを、他の不採用となった代替パラダイムと媒介させることを学ぶ過程であり、また他の代替パラダイムとの対比によって、当のパラダイムの主張が明確にされていく。この学習過程そのものは、意味の枠組みの内的分裂に由来したり、また意味の枠組みに「内在する」ものを「外在する」ものから、つまり、別個の意味の枠組みなり競合する意味の枠組みに所属するものから切り離す境界の脆さに帰因する、そうした解釈上の争いにしばしば引き込まれる。

相対主義と解釈学的分析

かりにこのような分析を容認するのであれば、《意味のレヴェルでの相対主義》が引き起こす、つまり、意味の枠組みの「閉じられた」特質の過度な強調に由来して、ある意味の枠組みから別の意味の枠組みへの翻訳が論理的に不可能に思えるような相対主義形態が引き起こす論理的難題は、何ら存在しなくなる。意味のレヴェルでの相対主義と《判断における相対主義》とを部分的に区別することが可能である。私は、《判断における相対主義》という表現で、さまざまな意味の枠組みが独自の「現実」を表現しており、個々の「現実」は、論理的に互いに等価であるために、他の現実との関係で、合理的に評価を下すことができず、「所与」のものとして認めなければならない、そうした特有な経験世界を形成するという考え方を、意味しようとする。この二つの形態の相対主義は、それぞれパラドックスを引き起こす。つまり、それぞれの相対主義は、すべての知識が——つねに前提条件をともなうが、その前提条件のうえに築かれた知識をとおして当の前提条件の明確化が可能になるため——実りある知識よりも、むしろ不完全な知識に向かう循環論法をもたらす。意味のレヴェルでの相対主義にしても、判断における相対主義にしても、いずれもみずからの前提事項から生ずる反対意見にうまく対処できないことを、私は自明の理として受けとめたい。つまり、こうした前提事項を「すべての知識は相対的である」という決まり文句を普遍的に主張するかたちで自己否定せずに表現する術は、まったく存在しない。これは、実際にありふれた、平凡な見解かもしれないが、私たちが実行できると承知していることがらを——ある言語を別の言語に翻訳したり、他の文化の基準を批判的に分析したり、「虚偽意識」について論ずる等々を——おこなう実現可能性を相対主義が否定していると指摘することで相対主義に加える反論よりも、はるかに決定的な、説得力のある反論であるように、私には思える。言語の翻訳等々の実現可能性は、普遍性要求にはじまり、すべての知識が循環論法に陥ることの発見で終わるにすぎない相対主義の見地のもつ自己否定的特質を拒否することから、まさしく獲得できる。

したがって、判断における相対主義を超越するためには、意味の枠組みに関して《語義と指示内容》の区別を認めることが必要である。意味の枠組みの媒介は、それが科学内部でのパラダイム間の関係にかかわるにせよ、歴史的に隔たった時代や異文化の理解にかかわるにせよ、解釈学の問題である。解釈学的分析は、媒介された意味の枠組みの《真正性》にたいする顧慮を要求している。このことは、異なる生活形式を理解するために、つまり、異なる生活形式にじかに加わってこなかった人びとにとって潜在的に入手可能な、異なる生活形式の記述を生成するために必要な手段である。しかし、意味のレヴェルでの真正性と、特定の意味の枠組みのなかで信念として表現されてきた世界に関する諸々の命題の妥当性とを区別しなければならない。それは、私がさきにおこなった相互知識と常識の区別でもある（二〇二頁以下を参照されたい）。西洋人によるアザンデ族の妖術の理解は、意味の枠組みの媒介を必然的にともなう解釈学の問題である。こうしたかたちの理解は、いわば病気の細菌説の妥当性を、妖術の儀式が病気を誘引するという説と比較していく可能性を、論理的に排除するよりも、むしろそうした比較が可能になるための条件である。

こうした所説が、どのように「真理」を理解するべきかの問題の解決に役立つことを、あるいは真理の対応説への加担を暗に意味することを、私は示唆するつもりはない。ポパーは、タルスキーによる真理の概念構成に見られるような、真理の対応説を擁護している。しかし、こうした見解には、意味の枠組みの相違のもつ重要さと密接に関連した、妥協を許さず、おそらく克服できがたい難問が存在する。タルスキーの理論は、対象言語と現実の事態との対応関係について、『s』はsであるときに、またsであるときにのみ真実である」という形式の、メタ言語による言明をおこなうことがどのようにして可能かを示しているように思える。しかし、こうした観念の適用は、たとえこの観念が真理の《基準》として提示されていないとしても、二つの異なる意味の枠組み（パラダイムなり理論）のなかで表現される主張を言明「s」というかたちで定式化できる、そうした中立的な観察言語の存在を前提としているように思える。[14]

論点を再度強調する必要があるのであれば、病気についての競合する理論を西洋科学の用語体系のなかで査定するのは自己正当化ではないし、決して自己正当化であるはずがないことを、繰り返し述べておくべきであろう。科学にたいするコミットメントそれ自体を、科学的方法そのものの合理性を規定する基準によって合理的に正当化していくことはできない。科学という並外れた「認識的権力」に直訴するような議論は、西洋の科学やテクノロジーが西洋以外の文化の物質的破壊に《歴史的》に成功したことを実証するものとして以外、おそらく何の役にも立たない。

このような科学哲学の分析は、社会科学の論理と認識論にたいする初歩的な取り組みにすぎない。自然科学と同じように、社会学においてもまた理論に束縛されない観察や「データ」が何も存在しないこと、また「洗練された反証主義」の図式が検証可能性の問題にたいする初歩的な（しかし、完全に適切ではない）取り組みとなること、さらに、人が「パラダイム」という用語を自然科学のために確保していようと否とにかかわらず、主要な理論的視座の把握や理論的視座による媒介がいずれも解釈学的課題であることを、私たちはおそらく認めることができる。これ以外にも、社会科学と自然科学を分け隔てる重大な差異から派生する一連の争点を、私たちは取り上げていく必要がある。社会学は、自然科学と異なり、「研究領域」にたいして、主体—客体の関係ではなく、主体—主体の関係にある。社会学は先行した解釈がなされている世界を問題にしており、この先行した解釈がなされる世界では、能動的主体が創りだす意味は、その世界の現実の組成ないし生産のなかに実際に入り込んでいく。したがって、社会理論の構築は、他に類例のない二重の解釈学を必然的にともなう。終わりにいえば、一般化の論理様式は、自然科学の法則の論理様式と、非常に重要な点ではっきり区別できる。

とはいえ、これらの問題に移るまえに、解釈学を、英米の哲学での合理性をめぐる議論と手短に結びつけて考えることは、おこなう価値がある。異文化の成員がいだく——たとえば、人は同時にまたカラスにもなることができるというような——信念は、伝統的に人類学者の困惑の元となってきた。レヴィ＝ブリュールは、少なくとも研究歴の初期段階では、「原初的思考」を、それが矛盾の原理を認識しないという理由で、つまり、ある人がヒトであり、しかも同時にカラスでもあると考えることはただの自己矛盾にすぎないのではないのかという理由で、「前・論理的」であると考えていた。しかしながら、このような信念は、私たちのもっと身近なところで生ずる信念と、たとえば聖餐式で分け与えられるパンがキリストの肉体であり、葡萄酒がその血である、あるいは数学における有限体系が無限の概念を包摂できる、速度を高めることが時間の経過をひき延ばすといった信念と、それほど著しく異ならない。問題の核心は、意味の枠組みの媒介を、すべての思考が合理的であるために遵守しなければならない一組の「必要な」関係として課せられる、そうした形式論理の諸前提の観点から論ずることができない点にある。形式論理は、隠喩や、反語、皮肉、故意の反駁といった言語が実際の活動として有する精妙な特質を相手にしていない。たとえば、「雨は降っているが、自分は雨だとは思わない」という言明を考えてみたい。この言明は、はたして不可避的に自己矛盾であろうか。答えは、自己矛盾の言明ではないことになる。少なくとも、特定の脈絡においては、ある人がこの言明に極めて近い内容を口にしたとしても、とくに奇異な点はまったく見られない。長期の旱魃の後に雨音で目を覚ました農場主は、

「雨が降っている。雨だなんて信じられない」と言うかもしれない。あるいは、土砂降りの大雨を見つめていた女性が、相手に向かって「確かに、こんなのは《雨》じゃない」といった感想を述べる可能性もある。ところが、農場主が雨降りを信じられないと口にする場合、その農場主は現実に雨が降っていると確かに信じているが、それを反語的に語っていたり、また二つ目の状況では、言外に別の理解が(「こんなのは、私が熱帯地方で経験したモンスーンに比べれば、たんなるにわか雨にすぎない」)込められていると、応酬する人がいるかもしれない。しかし、このことがまさに問題の核心になる。そして、こうした事例に縮図的に当てはまることがらは、たとえば異文化における人びとの信念を理解するようになる過程についても、もっと巨視的なかたちで当てはまる。(15)

理論上のメタ言語を確立するための基準――精確さ、抽象性、等々――は、日常的形態や他の形態の非科学的言語の基準とは、明らかに異なる。しかし、革新的パラダイムの創造では隠喩が重要な役割を演じてきたという主張には、一見もっともらしい点が多少ある。新しいパラダイムに熟知することは新しい意味の枠組みを把握することであり、また、その新しい意味の枠組みのなかで、それまで慣れ親しんできた前提は、一新されていく。新しい図式の諸要素は、古い図式への隠喩的暗示をとおして習得される。隠喩は、ショーンが名づけた「概念の置き換え」を、つまり、本質的に異なる枠組みどおしの結びつきを、当初は「通常とは違う」かたちでたんに生産するだけでなく、同時に表現していく。したがって、隠喩は、おそらく言語の革新の中心に位置するため、自然言語の形而上学的用法を反映し、またその用法にたよる科学理論の継承のなかに、本来の詩学を見いだすことができる。

これらの論点をもう少し明確にする必要があるかもしれない。さきに述べたことがらの含意は、解釈学が同一性と矛盾の観念を必要としないというのではなく、異なる意味の枠組みのなかで同一性や矛盾の観念を表現するための様式を、特定の生活形式の実践の構成要素として、コンテキストに則して把握しなければならないということである。精神分裂病患者の語りについて考えてみたい。患者の発話を《真正》でないとして簡単に片づけることは、行動主義的精神科医に特有な取り組み方である。しかし、一部の人びとが主張するように、かりに精神分裂病患者の語りが日常的発話の反転された形態であるとすれば、精神分裂病患者の思考と行為を、真正な意味の枠組みとして理解することは可能であり、したがって、患者と臨床医との対話の可能性を確立している。

けれども、意味の枠組み内での論理的一貫性について当てはまることは、同時にまた《論理的不整合》や《疑問視されたり、異論をさし挟まれた意味》についても当てはまる。つまり、これらの論理的不整合や、疑問視されたり、異論をさし挟まれた意味を、同じように解釈学的に把握する必要がある。

適合性の問題

社会科学だけが、その目的を人間行動の「理解」に置いている唯一の学問領域ではない。社会科学は、こうした目的を、文学や芸術とも共有している。もちろん、文学や芸術の形式は、自然界から、また人間の活動が何ら役割を演じていない自然界の出来事から、しばしば刺戟を受けてきた。しかし、総じて自然界が介在する場合、それは、人間化された自然との、つまり、人間の活動と自然環境との交流である。なぜなら、どの文化においても、芸術は、とりわけ人間みずからについて、つまり、宇宙における人間の位置や、創造主や精霊との人間の関係、人間の置かれた条件の諸特徴について、関心をよせているからである。芸術による人びとの生活の描写は、自分たちのものとは違う経験を想像力豊かに再構築し、またそうした経験にたいして情緒的関係をはぐくみ、それによって自分自身についての理解を深めることができる、人間のもつ再帰的能力と密接な関係にある。このことは芸術と社会科学との緊密な結びつきを私たちに気づかせており、両者の関係は、基本的に二つの要素から構成されている。まず、芸術と社会科学はともに、読者の自己理解が新たな他者理解をとおして促進されるための対話を展開するうえで、相互知識という資源に依存している。二つ目に、芸術だけでなく、社会科学も、必然的に生活形式の創造的媒介と深く関係している。芸術は、現実に存在するすべてのことがらの「真実を告げる」記述を提供したいとの要求による制約を受けることはない。また、このことは、社会科学のあり方そのものが社会科学にたいして否定する創造力を芸術には許しているために、この点に、芸術と社会科学の間の明確な緊張関係が存在する。社会科学の分析は、想像力に富む文学や詩的象徴主義をとおして達成できる劇的な影響力をおそらく稀にしかもたらさない。しかし、このことを過度に強調するべきではない。たとえば、ゴッフマンによる「上演されたパフォーマンス」の分析は、相互知識からデータを引きだし、相互知識に関心をよせている。そして、ゴッフマンは、最も高尚な活動から最も卑しい活動まであらゆる種類の活動をそうしたパフォーマンスになぞらえることで、ものごとの現状の秩序を天地逆にすることから生じたり、喜劇や道化芝居の傑出したテーマとなるような、ある種のデフレ効果を獲得できた。

社会学分析の主題としての社会行動の記述の生成は、観察者による生活形式への潜入に依拠しており、そうした潜入によって言語ゲーム間の解釈学的媒介を達成できる。しかし、この場合に、私たちは「潜入」をどのように理解すればよいのであろうか。潜入を、明らかに「完全な成員性」と同義とみなすことはできない。異文化を訪ねる人類学者は、その文化についての知識を深めていっても、自分の本来のアイデンティティを犠牲にすることはない。それどころか、人類学者に特有な任務は、一方の文化の記述を、もう一方の文化の用語で媒介することにある。ある生活形式に「精通する」ことは、その生活形式のなかでひとりで自由に歩き回れるようになること、つまり、他者との出会いを持続するのに必要な相互知識を、たとえその能力を実際に用いるか否かにかかわらず所有すること、である。さらに二つの問題が生ずる。まず、一般の成員が観察者の示す所見を「真正な」、あるいは「典型的な」ものとして進んで認めるかぎり、出会いを維持する能力が、一般の成員の反応との関係において、つまり、自分の身になって想定された応答との関係においてもっぱら「適切」と判断されることは、明白である。このことのもたらす意味内容をより正確に特定するために私たちはどうするべきなのか。二つ目に、生活形式の記述の媒介という解釈学の任務と、社会科学で展開される専門的概念は互いにどのような関係にあるのか。これらの疑問は、シュッツがウェーバーに追随して「適合性の問題」と称することがらの、一対の側面である。

ウィンチは、シュッツと同じく、社会科学が、研究対象となる人びとに馴染みのない概念を正統的に使用できることを認めている。ウィンチは、たとえば経済学での「流動性選好」という観念について、この観念が、商取引活動のなかで経営者の用いる概念と論理的に結びつくと述べている。「なぜなら、経済学者によるこうした観念の使用は、商取引をおこなうとはどういうことなのかについての経済学者の理解を前提としており、また代わって、商取引では、たとえば貨幣や原価、リスク等々の商取引上の概念の理解を必然的にともなうからである(16)」。ウィンチは、これ以上のことをほとんど何も述べていない。また、ウィンチの説明では、この「論理的結びつき」が何かだけでなく、私がウィンチの著述について論じた際に述べたように、社会学や他の社会科学の説明能力が行為の了解可能性の解明におそらく限定されていることを考えあわせば、専門的語彙を用いることに一体どのような意味があるのかについても、明確にされていない。ウィンチは、この引用文のすぐ後の箇所で、まさに経済学者の用いる「流動性選好」の概念と行為者の用いる「貨幣や原価、リスク等々」の概念との関係が、たとえば「宗教的」ではなく、むしろ「経済的」と指称できる活動を唯一つくり上げる、と論じている。しかし、この問題は、こうした例をただ示すだけで簡単に理解できるような、そんな単純な問題ではない。ある人が創造主の心を鎮めるために礼拝所を黄金色に飾りたてたなかで執りおこなう儀式を、その当人だけでなく、観察者も宗教的活動とみなしている。しかし、観察者は、同時にまた、その行為者の活動を「資金の投下」というかたちで鋭敏に特性描写するかもしれない。さらに、行為者が初耳であるとみなすだけでなく、かりに提示されても妥当とおそらく認めるのを積極的に拒否するような特性描写がおこなわれる可能性もある。行為者が特性描写をどの程度まで「了解」したり、了解せずにいられなくなるのか、また行為者がその特性描写を自分自身の行動の特性描写としてどの程度まで認容するかは、その特性描写の正確さを判断するためにおそらく頻繁に《有意関連》するとはいえ、このような状況は、確かにそれだけでこうした特性描写を拒否するための十分な根拠にはならない。

これらの問題を明確にするために、いままで論じてきたことを多少跡づけておく必要があろう。相互行為は、人間という行為体のもつ組成する技能の所産である。「日常言語」は、相互行為の組成において、たんに行いの《記述》(特性描写)媒体としてだけでなく、行為者間の《コミュニケーション》媒体としても根本的な役割を演じており、こうした記述とコミュニケーションは、日常生活の実践的活動のなかで、通常、互いに密接にからみ合っている。したがって、言語の使用は、《それ自体》が実践的活動となる。日常生活の行為者による行いの記述の生成は、進行中の《プラクシス》としての社会生活にとって付随的な要素ではないが、社会生活の生産に無条件に必要であり、社会生活と切り離せない要素である。なぜなら、他者のおこなうことがらの特性描写が、もっと厳密にいえば、他者のおこなうことがらの意図と理由の特性描写が、コミュニケーション意図への伝達を実現するための手段となる、そうした相互主観性を可能にするからである。まさにこうした見地のなかで、《理解》を、社会的世界に参入するための社会科学に固有な方法としてでなく、人間社会がその成員によって生産され、再生産される際の、人間社会の存在論的条件として認識しなければならない。それゆえ、自然言語が、「有意味」なものとしての行為の組成だけでなく、相互行為におけるコミュニケーション過程にとっても中心的位置を占めているために、自然言語を頼みの綱にすることは、社会学でのどのような類の「研究材料」の生成においても必要である。つまり、社会学の観察者は、自然言語のカテゴリーと何の結びつきももたない専門的メタ言語を構築することはできない（それとは若干理由を異にするが、自然科学の観察者も専門的メタ言語を構築できないことは、本当《かもしれない》。観察を組み立てる際に、「暗黙知」が演ずる役割についておこなったポランニーの立論と、理論形成におけるゲーデルの定理についての議論を参照されたい。しかし、この点は、社会科学では起こりえない意味で論争の的になっている。社会科学は世界の成員である主体がすでに「解釈している」世界を研究対象にしており、成員である主体は、この世界を「有意味なもの」として維持することで、この世界を研究のための世界《として》組成している)。私たちは、このことが、⑴社会学的《方法》にもたらす帰結と、⑵社会分析なり社会理論のメタ言語の構築にもたらす帰結を、識別する必要がある。

1　あらゆる種類の社会研究と歴史研究は、何らかの意味で、研究「主題」となる人びとや集合体とのコミュニケーションを要求している。こうしたコミュニケーションは、場合によれば――参与観察や、質問票の使用、インタヴュー等々で――観察者と観察対象との実際の相互行為として生ずる。しかし、こうしたコミュニケーションが直接的なかたちをとるにせよ、歴史研究のように間接的なかたちをとるにせよ、人びとの社会行動の研究は相互知識の精通に依拠しており、相互知識の精通は、観察者にとって馴染みのない生活形式のなかに研究対象が巻き込まれている度合に応じて、観察者にたいして解釈学的問題を提起する。したがって、西洋文化での、あるいはもっと一般的に西洋科学の合理性が浸透していない他の文化での、日々の生活のなかで使用される実践的な推論や解釈図式が、「排中律の法則」や、語彙目録のなかで抽象的に定式化されている語義の差、あるいは抽象性や精確さという理想にしたがうことを強要されていないという認識が、解釈学的分析にとって決定的に重要である。この点は、そうした解釈図式が、同一性や矛盾の原理をともなう論理構造を必ずしも備えていないことを含意するものではない。解釈図式は、かりに意味のレヴェルで少しでも「理解可能」であるためには、こうした論理構造を備えていなければならない。しかし、解釈図式を意味の枠組みそのものの内側に「さがし求める」必要はないし、解釈図式は、分析者の自然言語にも社会学的メタ言語にも内包される同一性と矛盾の画定によっても必ずしも即座に明白にはならない。解釈図式はまた、(普遍的でなく、《必然的に》)しばしば歪曲され、《解釈図式そのものにおいて》論理矛盾を生みだす。

2 解釈学的分析の媒介は、意味の枠組みの《実質》にも、つまり、「命題内容」にも、また意味の枠組みの特定の《論理形式》にも束縛されない。一方で「《X族は》踊りが雨をもたらすと《信じている》」と儀礼について報告するが、その部族の別の活動について「《X族は》秋ごとに種をまいて穀物を育てる」と楽しそうに口にする人類学者は誰もが、意味の枠組みの《実質》に束縛されないことを認識している。また、《論理形式》に束縛されないことを、シュッツは、「人間行為の合理的モデルの構築」と「合理的人間行為のモデルの構築」を区別するなかで、おそらく理解していた。人は、曖昧さについて、曖昧さをともなわずに論ずることが可能である。有意味的行為では、行為者みずからの用いる概念が相互行為を達成するための媒体になるため、有意味的行動に言及する社会学の概念は、相互行為の達成に有意関連する意味の区別を「ひろい上げる」必要があるとはいえ、社会学の概念そのものを定式化する際にも同じように意味の区別を組み入れることを《決して》強要されてはいない。この点は、社会学の理論的メタ言語の構築において、二重の解釈学がもつ意義である。だから、たとえば「流動性選好」の観念は、行為者が「価格」や「原価」、「販売」等々の観念を区別でき（もちろん、関係する行為者が必ずしも容易に解明できたり、口頭で説明できる観念としてではないが）こうした区別によって「商業活動」を生みだし、維持することを想定しているが、同時に行為者たちにたいして未知の部類の意味の区別を導入することにもなる。このことは、たんに社会学の観察者が導入する新造語についてだけでなく、専門的語義で用いられる日常言語の諸々の観念（たとえば、「理由」や「原因」）についても当てはまる。こうした専門的語義では、観念の再定式化が、毎日の生活におけるその観念の使用を想定するだけでなく――精確さの基準等々によって――その観念の使用に「改良を加える」ことを、間違いなく要求される。

相応な能力をもつどの社会的行為者も、みずからが社会理論家であり、当然のことながら自分自身の行動と他の人びとの意図や理由、動機を、社会生活の生産に不可欠な要素として解釈する。それゆえ、社会の成員が用いる概念と、社会学の観察者が用いたり、新造語として生みだす概念の間には、必然的に互酬的関係が存在する。このことは、「正統的」社会学のほとんどの学派の実証主義的理論装置が曖昧にしてきた点であるとはいえ、社会科学では決定的に重要である。ここに、コントからデュルケムに至るまでの、またある種のマルクス解釈からマルクス・レーニン主義の決定論に至るまでの展開の筋道が象徴するような、一九世紀社会思想の悲哀が存在する。

なぜなら、社会生活の研究への自然科学の拡大適用は、おぼろげなかたちか、神秘化されたかたちでしか知覚されていなかった諸力の囚われの身から人間を解放する期待によってはじまったからである。しかしながら、このような認識は、私たちの合理的統制下にあると想定する事象を機械的に生じさせる「外的」な社会的原因に、私たちが私たちが束縛されていることを暴露している。つまり、探究を開始する主体が、みずからを客体として再発見することになる。このような視座のなかで、社会分析と日常的行動の間の互酬的関係は、たとえば「自己成就的予言」なり「自己否定的予言」といった周縁的なかたちで示されるにすぎない。行為者の側でみずからの行動について予測をおこなうことは、その予測を完全に実現させたり、あるいはその予測の失敗を確実にする可能性がある。

ここでは、自然科学における因果的法則の論理形式という、難しい、論争の的となる問題に立ち入ることはしない。しかし、この問題をどのように考えるにせよ、自然科学における因果的一般化が、蓋然性として、あるいは普遍的結びつきとして表現された一組の不変的関係を前提にしていることは、明らかなように思える。こうした一般化は、すべて必要条件をともなっており、したがってたとえ普遍的法則でさえも、自然界への人間の介入によって何らかの意味で修正される可能性がある。たとえば、たとえ大気圧の変化が法則そのものにまったく何の影響も及ぼさないとしても、容器のなかで水が沸騰する温度は、大気圧の変化によって変わる可能性がある。それにたいして、社会科学における構造分析では、理論的一般化が表現する因果関係は、自然界のなかで確立された機械的結びつきではなく、人びとの活動の結果について言及している。このことは、他の社会科学で定式化される一般化とまったく同じように、物的財の分配に関心をよせる経済学での一般化にも当てはまる。このように、これらの因果関係は、意図した行為によって再生産された意図しない帰結であり、《人間の知識の進展によって、柔軟に変化する》。こう述べたからといって、知識の投入量と、人間がみずからにとって客体としてたち現われる諸条件の改変との関係が単純な関係であり、必然的に人間の自立性も拡大していくという結論に到達するわけではない。まず、こうした諸条件は、妥当性のある「自己認識」だけでなく、誤った「自己認識」によっても改変される可能性がある。二つ目に、人びとの行為状況にかかわる知識の拡大は、抽象的なかたちの人びとの行為に関して生ずるのではなく、差異化された社会のなかで生じており、差異化された社会では一部の人たちしか知識を入手利用できる機会をおそらく有していない。三つ目に、合理的「自己理解」は「自立性」と同じではない。みずからの従属的地位を十分に理解している奴隷は、それでもやはり奴隷のままであるかもしれない。しかしながら、人間の行為に影響を及ぼす「客観的な」因果的条件を、原則として人間は認識できるし、人びとの行為を変革するための手段としてそうした条件を人びとの行為のなかに組み込むことが可能であることの認知は、基本的に重要である。

このような所見は、物理学における不確定性と表面的な類似性をもつだけの人間行動の諸特性に関係している。自然科学においても一連の事象についておこなわれた観察がそうした事象の経過に影響を及ぼすことがある以上、「自己成就的予言」と「自己否定的予言」は社会科学に特有な難問を提起するものではないという議論が、時としておこなわれている。しかしながら、社会科学では、「不確定性」——この文脈においては内容に乏しい用語であるが——は、目的的行動における結果を確実にするための手段としての知識の取り込みから結果的に生じている。自己影響的観察ないし自己影響的予言は、社会学では、自然科学に当てはまる以上に、はるかに広範囲に作用が及ぶ現象の一側面を具体的に表象している。

結語――社会学の新しい方法規準

ここで、この小論のテーマをもう一度いくつか概括し、その論旨をまとめておきたい。第一章で論じた「理解社会学」学派は、社会科学の論理と方法の解明にとって本質的な寄与をいくつかおこなってきた。手短にいえば、それは以下の四点である。社会的世界を、自然的世界と異なり、人間という能動的主体の熟練した達成として把握しなければならないこと。社会的世界を「有意味な」「説明可能な」あるいは「了解可能な」ものとして組成するには、たんに記号体系ないし象徴体系としてだけでなく、実践的活動の媒体としてもみなすことができる言語に依存していること。社会科学者は、人びとの行動を記述目的で分析する際に、必然的にその人たちがたよるのと同じ技能にたよること。社会行動についての記述の生成は、一般の行為者みずからが社会的世界を組成し、組成し直す際にたよる意味の枠組みを看破するという解釈学的任務に依拠すること、の四点である。

とはいえ、このような洞察は、哲学的観念論の近くに位置する思想潮流に由来し、社会分析の場に移されていった場合に、そうした哲学が伝統的に受け継いできた次のような欠点を顕在化している。人間生活の物質的活動への実践的かかわり合いを排除したかたちで、「意味」にたいして関心をよせること（なぜなら、一方で人間が自然的世界を生成していないのは確かであるが、それでもなお人間は、自然的世界から生産をおこない、またそうすることで人間みずからの存在の諸条件を積極的に変換しているからである）。人間のすべての行動を、行為の因果的条件を軽視して、行動を動機づける理念の面から説明する傾向が強いこと。そして、社会規範を、社会における権力の非対称性と利害の分化との関連で考察するのに失敗していること、である。これらの欠陥をその発端となった思想の伝統のなかで修正することはできないが、こうした欠陥に付随する積極的寄与を、人間の行為能力を社会決定論に移し換え、また哲学における実証主義と強く結びつく対立した理論図式のなかに簡単にだき込むこともできなくなった。理解社会学の限界を乗りこえるためには、相互に絡みあった三種類の問題を解決しなければならない。それは、行為の概念と、行為の概念と相関する意図や理由、動機の概念の明確化、行為理論と制度的構造の特性分析との結びつき、それに、社会科学的方法の論理を解明するいずれの試みの前にも立ちはだかる認識論上の難問、である。

英米の行為哲学が制度分析への関心を展開させるのに失敗したことは、目的的行動にたいする過度な注意の集中に反映されている。だから、たとえば多くの研究者は、「行為」を「意図した行為」と、また「有意味的行い」を「意図した帰結」と、同一視する傾向があった。また、これらの研究者は、行為者が実現しようと努める目的の出所を所与のものとして受けとめ、それらの分析にほとんど関心を示さず、また、目的的行為の経過が引き起こすことを助長する意図しなかった帰結の分析にもほとんど関心を示さなかった。行為の概念そのものを、また行いの意味の同定を、いずれにせよ必然的に意図と結びつけるとらえ方から解放させることは、社会科学の解釈学的任務を主観主義から引き離し、行為の因果的条件の特質の明確化だけでなく、社会科学が不可避的にかかわる二重の解釈学の特質の明確化をも可能にしている。

さきに論じたように、「意図」や「理由」、「動機」という言葉はすべて、これらの言葉が行為の連続性のなかに概念的に「切り込む」ことをすでに前提としている点で、また、「相応な能力の」行為者が毎日の生活の決まりきった要素として維持することを期待されている、そうした行動の絶え間ない再帰的モニタリングを表現しているとみなす傾向がある点で、潜在的に誤解をまねきやすい用語である。行動の再帰的モニタリングは、行為者が自分自身の行動を過去を振り返るかたちで調べるときか、あるいは、もっと一般的には、他の人びとがその行動について質疑をおこなうときに、はじめて意図の言明に、つまり、理由の提示になる。行為の合理化は、行為者が互いの行動についておこなう「責任」の道徳的評価と、それゆえ、道徳規範や、道徳規範を犯す人びとが被る制裁と密接に結びつく。だから、たとえば「相応な能力」の範囲は、どの市民も「承知」し、自分の行為をモニターする際に考慮するよう「期待」されることがらとして、法のなかに規定されている。

デュルケムが最も有名なかたちで代表し、またその後はパーソンズに代表される正統派の機能主義は、社会的連帯性の依拠する道徳的評価が、同時にまたパーソナリティにおける動機づけの要素としても現われるとする定理によって、意図的行為と制度分析とを結びつける試みを確かに具体化してきた。こうした機能主義の見解は、私がさきに明示しようと試みたように、行為の観念を、社会システムの特性とパーソナリティ・システムの特性とを互いに結びつけて考察しなければならないという主張に置き換えるのに、ただ貢献するだけである。機能主義の見解では、社会の成員は、自分の行動を再帰的にモニターできる（また、社会の成員がパーソンズ理論から何か学ぶことができると確信するいずれの論点に照らしても、自分の行動を再帰的にモニターすることが原理的に可能であるのに！）、そうした熟達した創造的行為体としては登場してこない。

それゆえ、私は、もっと詳細に議論を展開する余地があるものの、概要はおそらく明確な、代替する見解を提示してきた。社会の生産は、社会の成員の能動的な組成的技能によってもたらされるが、資源にたより、条件に依存しており、社会成員は、こうした資源や条件をまったく意識していなかったり、かすかにしか知覚していない。相互行為の生産には、三つの側面を識別できる。それは、意味の組成と、道徳性、権力関係である。この三つの側面を生みだす手段を、同時にまた、構造の再生産の固有な様相とみなすこともできる。構造は相互行為の生産条件だけでなく、生産の帰結としても出現するため、構造の二重性という理念は、この場合に中心的理念となる。すべての組織体なり集合体は、相互行為のシステム「から成り立って」おり、その構造特性の面から分析することが可能である。しかし、システムとして見た場合、こうした組織体なり集合体の存在は、それらを再生産するための《構造化》様式に依存している。強調する必要があるのは、支配様式の再生産が、相互行為のなかで「考慮に入れる」ことを余儀なくされる意味と道徳性の形式のなかに非対称性を表出し、したがって、これらの非対称性を、意味の枠組みや道徳規範の解釈の相違をめぐる争いを方向づける利害関心の分化に結びつけている点である。

さきに述べたように、「有意味な」相互行為の生産を、参加者が互いの言動の意味を理解するための解釈図式というかたちでたよる「相互知識」に依拠するものとして、効果的に分析できる。社会学の観察者は、相互知識を矯正することはできない。社会学の観察者は、一般の行為者が自分たちの行動の記述を生みだすために相互知識にたよるように、相互知識にたよらなければならない。とはいえ、こうした「相互知識」は、それが「常識」として、事実にもとづく一連の信念として示されるかぎりにおいて、社会科学の分析結果に照らしての確認等々を、原理的に受け容れる余地がある。

これまで論じたように、自然科学哲学の一部の見解は、社会科学でおこなわれている知識要求の論理的位置づけを解き明かすのに重要な意味をもつ。しかし、こうした有意関連性は、自然科学と直接類似する点がまったくないという社会科学の特徴によって限定されている。また、こうした自然科学哲学の展開そのものを、いずれにせよ批判的に精査しなければならない。クーンによる「パラダイム」という術語の使用は、私が「意味の枠組み」と名づけてきたことがらの観念をめぐりいろいろな研究者が示す解釈と、重要な要素を共有している。したがって、クーンは、

「パラダイム」を科学の歴史の分析に適用する際に、そうした解釈と類似する難点を同時に生じさせている。たとえば、クーンは、ウィンチが「生活形式」についておこなったように、「パラダイム」の内的統一性を過大視しており、その結果、異なる意味の枠組みの媒介の問題を分析の《出発点》にせざるをえないことを認めていない。この点の容認は、語義と指示内容の区別の強調と結びついた場合、意味の枠組みのいかなる合理的評価の可能性をも排除する相対主義に陥らずに、意味の枠組みの真正性についての解釈学的認識の意義を理解できるようになる。科学におけるパラダイムや著しく食い違う理論図式の媒介は、種類の異なる意味の枠組み間の接触にともなう媒介と同じように、解釈学の問題である。

社会学は、自然科学と異なり、あらかじめ解釈されている世界を研究対象にしており、こうした世界では、意味の枠組みの創出と再生産は、社会学が分析しようとする世界のまさしく必要条件である。つまり、人間の社会行動のまさしく必要条件である。このことは、繰り返していえば、シュッツがウェーバーに追随して「適合性の公準」と名づけた問題を特有な困難として提起する二重の解釈学が、なぜ社会学に存在するかの理由である。私がさきに示唆したように、この問題にたいするシュッツの定式化は、社会科学の専門的概念を一般の人びとが日々の行為についていだく観念に何らかのかたちで還元できる必要があるという主張にもとづくが、不十分である。実際には、それは逆でなければならない。社会学の概念は、ある意味で一般の人びとの用いる概念による翻訳を受け容れねばならないというよりも、むしろ観察をおこなう社会科学者は、そうした一般の人びとの概念をまず最初に把握できなければならない。つまり、特性を分析したり、説明したいと望む生活形式を解釈学的に看破できなければならない。

社会科学の専門的語彙と一般の人びとの用いる概念の関係は、変移しやすい関係である。社会科学者が日常の用語——たとえば、「意味」「動機」「権力」等々——を取り入れ、それらを限定された意味合いで使うように、一般の行為者も、社会科学の概念や理論を横取りして、それらを自分自身の行動を合理化する際に合理化の一要素として盛り込む傾向がある。正統派の社会学は、この現象のもつ意味を、たんに正確な予測を妨げる厄介ものとみなされている「自己成就的」予見ないし「自己否定的」予見というかたちで、二義的な問題としてしか認識していない。しかしながら、社会科学における因果的一般化は、いくつかの側面で自然科学的法則におそらく類似するとはいえ、意図しない帰結の一続きの再生産された結合体に依拠しているために、自然科学的法則と本質的な点で異なる。社会科学における因果的一般化が一般法則として公示され、また、その一般化の適用対象となる行動をおこなう人びとが、その一般化を一般法則として習得していくかぎりにおいて、一般化の形態は、改変されていく。この問題は、私たちをもう一度この論考にとって最も重要な再帰性の問題に、再び結びつける。社会科学は——《行為の合理的自立性》が拡大する潜在的手段として、同じように《支配》の潜在的《手段》として——「研究対象」と、緊張関係にある。

結語として、また要約していえば、ここに新しい「社会学的方法の規準《ルール》」をいくつか見いだすことができる。この〝rules〟という表現を、私はもっぱら反語的な意味で用いている。以下に述べる前提要件が、社会科学ではこの「規則《ルール》」という術語が極めて特徴的なかたちで用いられているとさきに指摘した意味での「規則」であると、私は主張したいわけではない。むしろ、この前提要件は、この論考全体のいくつかのテーマの概略的提示であり、また、デュルケムがほぼ一世紀前に刊行した社会学の有名な宣言との違いを例示するために意図したにすぎない。私は、この所説を社会学の研究「要綱」の不可欠な要素と考えているとはいえ、この所説だけでそうした「要綱」がおのずから構成されるわけではない。以下に示す区分は、おおむね次のようになる。項目Aは「社会学の主題」に、つまり、社会の生産と再生産に、項目Bは行為能力の境界と、生産と再生産の過程を考察する様式に、項目Cは社会生活を「観察」し、社会活動の特性描写を確立する様式に、そして、項目Dはメタ言語としての社会科学の意味の枠組みのなかでの概念の定式化に、それぞれ関係している。

A

1《社会学は、客体の「あらかじめ与えられた」世界ではなく、主体の能動的活動が組成し、生産する世界を問題にしている》。人間は、自然界を社会的に変容させ、また自然界を「人間化」することで自分自身を変容させている。しかし、人間は、もちろん自然的世界を生産していないし、自然的世界は、人間の存在とは無関係に客体的世界として組成されている。かりに人間が、自然的世界を変容する過程で歴史を創造し、それゆえ歴史の《なか》に生きているのであれば、社会の生産と再生産は、下等動物の場合のように、「生物学的にプログラム」されたものではないゆえに、人間は、歴史を創造し、それゆえ歴史の《なか》に生きている（人間が展開する理論は、その理論の技術的適用をとおして自然界に影響を及ぼすことが可能である。しかし、人間が展開する理論は、社会的世界の場合におこなうように、自然的世界《の》特性を組成できるようにはならない）。

2《したがって、社会の生産と再生産を》、たんに機械的に連続した過程としてではなく、《社会成員の熟達した技能を要する遂行とみなす必要がある》。とはいえ、この点を強調するのは、行為者が、こうした技能が何かについて、あるいは自分たちがどのようにこうした技能をうまく発揮するのかについて、みずから完全に認識していると主張したいからでは決してないし、さらに社会生活の形式を、行為の意図した帰結として適切に理解できると主張したいからでも決してない。

B

1《人間の行為能力の及ぼす範囲は、限定されている。人間は社会を生産するが、人間は、歴史のなかに位置づけられた行為者として社会を生産するのであり、みずからが選択する条件のもとで生産するのではない》。とはいえ、意図的行為として分析できる行動と、一連の「出来事」として法則定立的に分析しなければならない行動との間の境界は、一定していない。社会学に関していえば、法則定立的分析の最重要な任務を、社会システムの構造特性の解明のなかに見いだすべきである。

2 《構造を、人間の行為能力に拘束を加えるものとしてだけでなく、可能にする能力を人間に与えるものとしても、概念化しなければならない》。このことが、私の名づける《構造の二重性》である。構造を、構造の《構造化》という観点からつねに考察することが原理的に可能である。社会的実践の構造化を探究することは、構造の組成が行為をとおしてどのように生ずるかの説明を、また逆に、行為がどのように構造的に組成されるかの説明を求めることである。

3 《構造化の過程は、意味と規範、権力の相互作用をともなう》。この意味、規範、権力の三つの概念は、社会科学の「原初的」術語として分析的に等価であり、また、《意図的行為の観念だけでなく、構造の観念とも論理的にかかわり合う》。どの認知的、道徳的秩序も、同時に「正統性の地平」を内包する権力システムである。

C

1 《社会学の観察者は、社会生活を「研究主題」として組成するための資源である自分自身の社会生活についての知識にたよらずに、社会生活を観察「現象」としてとらえることはできない》。《この》点で、社会学の観察者の立場は、社会の他の成員の立場とまったく同じである。

「相互知識」は、一連の矯正可能な事項ではない。「相互知識」は、社会学者だけでなく、一般の人びとも社会活動の「意味を理解する」ために、つまり、社会活動の「認識可能」な特性描写を生みだすために、利用するし、また利用しなければならない解釈図式である。

2 《生活形式への潜入は、観察者による特性描写の生成を可能にするために不可欠な、唯一の手段である》。とはいえ、この場合、「潜入」は——たとえば、異文化との関係のように——その共同体の「完全な成員になること」を意味していないし、また意味するはずもない。異なる生活形式に「精通できること」は、その生活形式のなかでひとりで自由に歩き回る方法を知ること、つまり、一揃いの実践としての生活形式のなかに参加《できる》ことである。しかし、社会学の観察者にとって、異なる生活形式に精通することは、社会科学的言説という範疇のなかに媒介しなければならない記述を、つまり、変換しなければならない記述を、生成する様式である。

D

1 《したがって、社会学の概念は、二重の解釈学にしたがうことになる》。

(a) 自然科学ないし社会科学における理論図式は、いずれもある意味でそれ自体が生活形式であり、その生活形式に関する概念を、特定の記述類型を生みだす実践的活動様式として習得しなければならない。この点がすでに解釈学的な任務であることは、クーンほかの「科学哲学」のなかで明確に論証されている。

(b) とはいえ、社会学は、社会的行為者自体が意味の枠組みのなかですでに組成している世界を研究対象としており、したがって日常言語と専門術語を媒介にして、こうした意味の枠組みを、社会学そのものの理論図式のなかで再解釈していく。この二重の解釈学は、その結びつきがたんに一方向的ではないために、かなり複雑である。社会学で構築される概念には、連続的な「ずれ」が存在する。その「ずれ」によって、社会学の概念は、もともと人びとの行動を分析するために創りだされたとはいえ、そうした分析対象となった人びとによって充当利用され、したがって（それゆえ、現実には、社会科学の専門術語体系における当初の用法に潜在的に影響を及ぼすかたちで）、人びとの行動の《有する》不可欠な特性となる傾向がある。

2 《約言すれば、社会学分析の第一義的任務は、

(a) 社会科学の記述的メタ言語のなかでの、異なる生活形式の解釈学的解明と媒介、

(b) 人間の行為能力が成し遂げた結果としての、社会の生産と再生産の解明、

である》。

註

本文中の引用箇所は、邦訳のある場合には先学の翻訳を借用したが、必要に応じてギデンズの用語法にそった表現に部分的に置き換えたことをお断りする。

第二版への序論

（1） Giddens, Anthony : *The Constitution of Society* (Cambridge, 1984).

（2） Mouzelis, Nicos : *Back to Sociological Theory : The construction of social orders* (London, 1991); Harbers, Hans, & de Vries, Gerard : 'Empirical consequences of the "double hermeneutic"', *Social Epistemology*, Vol. 6 (1992).

（3） Mouzelis: *Back to Sociological Theory*, pp. 27-8.

（4） Ibid., p. 35.

（5） Giddens: *The Consequences of Modernity* (Cambridge, 1990)〔松尾精文・小幡正敏訳『近代とはいかなる時代か?』而立書房・一九九三年〕を参照されたい。

（6） この点をモーゼリスは認めている。Mouzelis : *Back to Sociological Theory*, pp. 32-4.

（7） Giddens : *The Consequences of Modernity*〔『近代とはいかなる時代か?』〕

（8） Knorr-Cetina, Karen : 'Social and scientific method or what do we make of the distinction between the natural and social sciences?', *Philosophy of the Social Sciences*, Vol. 2 (1981).

（9） Harbers & de Vries : 'Empirical consequences of the "double hermeneutic"', p. 4.

(10) Ibid., p. 11.

(11) Lynch, William T. : 'What does the double hermeneutic explain/justify?', *Social Epistemology*, Vol. 6 (1992).

(12) Ibid., p. 16.

(13) Ibid., p. 38.

第1章　社会理論と社会哲学のいくつかの潮流

(1) シュッツの *Der sinnhafte Aufbau der sozialen Welt*〔佐藤嘉一訳『社会的世界の意味構成』木鐸社・一九八二年〕は、一九三二年にドイツで刊行された。英語訳は、*The Phenomenology of the Social World* (London, 1972) として、最初一九六七年に出版されている。

(2) Ryle, Gilbert : 'Phenomenology', *Collected Papers*, Vol. 1 (London, 1971), p. 176. 次の論文 'Phenomenology versus the Concept of Mind' も参照されたい。Wittgenstein, Ludwig : *Zettel* (Oxford, 1967), §401-2.〔菅豊彦訳『断片』ウィットゲンシュタイン全集9・大修館・一九七五年、第四〇一～二節〕と比較されたい。

(3) Sartre, Jean-Paul : *L'Être et le néant* (Paris, 1950), p. 47.〔松浪信三郎訳『存在と無』(第一分冊) サルトル全集第一八巻・人文書院・一九五六年、八〇頁〕

(4) Schutz, Alfred : 'On multiple realities', *Collected Papers*, Vol. 2 (1967), p. 229.〔渡部光ほか訳「多元的現実について」『アルフレッド・シュッツ著作集』第二巻・マルジュ社・一九八五年、三七頁〕

(5) Schutz : *Phenomenology of the Social World*, p. 7.〔『社会的世界の意味構成』、一九頁〕

(6) Ibid., pp. 92-3. 〔同前、一二六～七頁〕

(7) Schutz : *Reflections on the Problems of Relevance* (New Haven, 1970), pp. 33ff. 〔那須壽ほか訳『生活世界の構成』マルジュ社・一九九六年、六七頁以下〕

(8) Ibid., p. 120. 〔同前、一七三頁〕

(9) 「私たちの日常的思考は、『真－偽』という二項対立よりは、むしろ『ありそうな－ありそうもない』という漸次的移行に多くの関心を向けている。……この限りで、またこの限りでのみ、プラグマティズムの原理は間違いなく十分に確立されている。それは、日常的思考様式の記述であるが、認識理論ではない。」('The problem of rationality in the social world,' *Collected Papers*, Vol. 2, pp. 76-77. 〔「社会的世界における合理性の問題」『アルフレッド・シュッツ著作集』第三巻、一一三～四頁〕)

(10) 'Common-sense and scientific interpretation of human action,' *Collected Papers*, Vol. 1, pp. 36ff. 〔「人間行為の常識的解釈と科学的解釈」『アルフレッド・シュッツ著作集』第一巻、八九頁以下〕

(11) *Phenomenology of the Social World*, p. 222. 〔『社会的世界の意味構成』三〇九頁〕

(12) 'Common-sense and scientific interpretation of human action,' p. 44. 〔「人間行為の常識的解釈と科学的解釈」、九八頁〕

(13) Ibid., pp. 9 & 37. 〔同前、二一頁、五二頁〕

(14) Ibid., pp. 99, 134, 182 & 208. 〔同前、一三七頁、一八六頁、二〇五頁と二九一頁〕

(15) *Phenomenology of the Social World*, p. 97. 〔『社会的世界の意味構成』、一三五頁〕

(16) Ibid., p. 91. 〔同前、一二六～七頁〕

(17) Ibid., p. 93.〔同前、一二九頁〕

(18) 最初は、ムーアやラッセル、前期ウィットゲンシュタインの研究が切っかけとなった。Ayer, A. J., et al. : *The Revolution in Philosophy* (London, 1956) を参照されたい。

(19) Garfinkel, Harold : *Studies in Ethnomethodology* (New Jersey, 1967), p. ix.

(20) 'The rational properties of scientific and common sense activities', in *Studies in Ethnomethodology*. また Elliot, Henry C. : 'Similarities and differences between science and common sense', in Turner, Roy : *Ethnomethodology* (London, 1974) を参照されたい。

(21) *Studies in Ethnomethodology*, p. 272.

(22) Ibid., p. 1.

(23) Wittgenstein : *Philosophical Investigations* (Oxford, 1972), p. 146.〔藤本隆志訳『哲学探求』ウィットゲンシュタイン全集8・大修館・一九七五年、一九二頁〕

(24) Bar-Hillel, Yehoshva : 'Indexical expressions', in *Aspects of Language* (Jerusalem, 1970), p. 76.

(25) *Studies in Ethnomethodology*, p. 8.

(26) Garfinkel, Harold & Sacks, Harvey : 'On formal structures of practical actions', in McKinney, John C., & Tiryakian, Edward A. : *Theoretical Sociology, Perspectives & Developments* (New York, 1970).

(27) Ibid., p. 348

(28) Searle, John R. : *Speech Acts* (Cambridge, 1969), p. 16.〔坂本百大・土屋俊訳『言語行為』勁草書房・一九八六年、二七頁〕

(29) *Studies in Ethnomethodology*, p. viii.

(30) Garfinkel : 'Studies of the routine grounds of everyday activities', in Sudnow, David : *Studies in Social Interaction* (New York, 1972), p. 2.

(31) *Studies in Ethnomethodology*, p. 280.

(32) Cicourel, Aaron V. : *Cognitive Sociology* (London, 1973), p. 124.

(33) 'On formal structures of practical actions', pp. 338-9.

(34) Mates, B. : 'On the verification of statesments about ordinary language', in Lyas, Colin : *Philosophy and Linguistics* (London, 1971), p. 128.

(35) Louch, A. R. : *Explanation and Human Action* (Oxford, 1966), p. 175.

(36) Ibid., p. 160.

(37) 前節と本節での引用は、Winch, Peter : *The Idea of a Social Science* (London, 1958), pp. 52, 88 & 123.〔森川真規雄訳『社会科学の理念』新曜社・一九七七年、七二頁、一〇八〜九頁、一五二頁〕からである。

(38) とりわけ 'Understanding a primitive society', *American Philosophical Quarterly*, Vol. I (1964) において。

(39) Wittgenstein, Ludwing : *Remarks on the Foundations of Mathematics* (London, 1956), Part 2, §77.〔中村秀吉・藤田省吾訳『数学の基礎』ウィットゲンシュタイン全集7・大修館書店・一九七六年、第二部第七七節〕

(40) 'Understanding a primitive society', p. 322.

(41) MacIntyre, Alasdair : 'The idea of a social science', *Aristotelian Society Supplement*, Vol. 41

(1967).

(42) *The Idea of a Social Science*, p. 40〔『社会科学の理念』、一五二〜三頁〕; Wittgenstein: *The Blue and Brown Books* (Oxford, 1972), pp. 14ff.〔大森荘蔵訳『青色本・茶色本』ウィットゲンシュタイン全集6・大修館書店・一九七五年、四一頁以下〕を参照されたい。

(43) Wittgenstein : *Philosophical Investigations* (Oxford, 1968), §198ff.〔『哲学探求』、一九八節以下〕を参照されたい。

(44) Schutz : 'Common-sense and scientific interpretation of human action', p. 56.〔「人間行為の常識的解釈と科学的解釈」、一一九頁〕

(45) Gadamer, Hans-Georg : *Kleine Schriften*, Vol. I (Tübingen, 1967), p. 109. また、ガダマーの概説的著作である *Das Problem der Sprache* (Munich, 1967) の序論も参照されたい。

(46) Abel, Theodore : 'The operation called Verstehen,' *American Journal of Sociology*, Vol. 54 (1948), p. 218.

(47) Gadamer : *Wahrheit und Methode* (Tübingen, 1948), pp. 275ff.〔轡田収ほか訳『真理と方法』法政大学出版局、未刊部分〕

(48) Heidegger, Martin : *Being and Time* (Oxford, 1967)〔桑木務訳『存在と時間』岩波文庫、一九六〇年〕

(49) Gadamer : *Wahrheit und Methode*, p. 362.〔『真理と方法』、未刊部分〕

(50) Ibid., p. 451.〔同前〕

(51) Ibid., p. 419.〔同前〕

(52) Apel, Karl-Otto : *Analytical Philosophy of Language and the Geisteswissenschaften* (Dordrecht,

1967), p. 39.

(53) Wellmer, Albrecht : *Critical Theory of Society* (New York, 1972), p. 30.

(54) *Knowledge and Human Interests* (London, 1972), p. 214.〔奥山次良ほか訳『認知と関心』未来社・一九八一年、二二四頁〕

(55) Ricoeur, Paul : *Freud and Philosophy* (New Haven, 1970), p. 3.

(56) Gadamer: *Wahrheit und Methode*, p. 465.〔『真理と方法』未刊部分〕

(57) 'Toward a theory of communicative competence', in Dreitzel, Hans Peter : *Recent Sociology*, No. 2 (1970), p. 138.

(58) 'A postscript to "Knowledge and Human Interests"', *Philosophy of the Social Sciences*, Vol. 3 (1973), p. 166.

(59) *Legitimation Crisis* (Boston, 1975), p. 13.〔細谷貞雄訳『晩期資本主義における正統化の諸問題』岩波書店・一九七九年、一七頁〕

(60) *Theory and Practice* (London, 1971), pp. 28ff.〔細谷貞雄訳『理論と実践』未来社・一九七五年、六〇三頁以下〕

第2章 行為能力、行いの同定、コミュニケーション意図

(1) Peters, R. S. : *The Concept of Motivation* (London, 1958), pp. 12-13.

(2) Danto, Arthur : *Analytical Philosophy of Action* (Cambridge, 1973), pp. 28ff. を参照されたい。

(3) Austin, J. L. : 'Three ways of spiling ink', *The Philosophical Review*, Vol. 75 (1966).

(4) Toulmin, Stephen : 'Reasons and causes', in Borger, Robert, & Cioffi, Frank : *Explanation in*

the Behavioural Sciences (Cambridege, 1970), p. 12.

（5） Davidson, Donald : 'Agency', in Binkley, Robert, et al. : *Agent, Action, and Reason* (Oxford, 1971).

（6） 「社会の生産」について論ずる際に、私はトゥレーヌに追随しているわけではない。トゥレーヌも同じ「社会の生産」という用語を使うが、それは、もっぱらトゥレーヌのいう「歴史的主体」との関わりにおいてである。Touraine, Alain : *Production de la société* (Paris, 1973).

（7） たとえば、Shwayder, D. S. : *The Stratification of Behaviour* (London, 1965) と、さらに同じ著者の 'Topics on the backgrounds of action', *Inquery*, Vol. 13 (1970) を参照されたい。

（8） Anscombe, G. E. M. : *Intention* (Oxford, 1963), pp. 12ff. 〔菅豊彦訳『インテンション』産業図書・一九八四年、二〇頁以下〕

（9） Harré, R. & Secord, P. F. : *The Explanation of Social Behaviour* (Oxford, 1972), pp. 159ff. を比較参照されたい。

（10） この点に関して、私はダントと同意見である。ダントは、「人が何かをおこないうるのは、そのようにおこなうことを意図するからである。そうでなければ、『欲求』の意味を、それが最終的に意図の意味することがらそのものを意味するように適合させていかないかぎり、人は何かをおこないうるということにはならない」[Danton : *Analytical Philosophy of Action*, p. 186.] と述べている。

（11） Grice, H. P. : 'Meaning', *Philosophical Review*, Vol. 66 (1957), p. 385.

（12） Grice: 'Utterer's meaning and intensions', *Phiolosophical Review*, Vol. 78 (1969).

（13） Schiffer, Stephen R. : *Meaning* (Oxford, 1972), pp. 30-42.

（14） Ibid., pp. 1-5 & passim.

(15) Lewis, David K.: *Convention* (Cambridge, Mass., 1969).

第3章　社会生活の生産と再生産

(1) Giddens, Anthony: 'The "individual" in the writings of Emile Durkheim', *Archives européennes de sociologie*, Vol. 12 (1971)〔森反章夫訳「デュルケムの著作における『個人』」、宮島喬ほか訳『社会理論の現代像』みすず書房・一九八六年、所収〕

(2) McHugh, Peter, et al.: *On the Begining of Social Enquiry*, pp. 25 & 27.（《 》は引用者が付けた）

(3) *The Structure of Social Action* (New York, 1949)〔稲上毅・厚東洋輔訳『社会的行為の理論』木鐸社・一九七四年〕

(4) *The Social System* (London, 1951), p. 36.〔佐藤毅訳『社会体系論』青木書店・一九七四年、四二頁〕（《 》は引用者が付けた）

(5) *The Structure of Social Action*, p. 81.〔『社会的行為の理論』I、一三四頁〕

(6) この評言はまた、ピーター・L・バーガーとトーマス・ルックマンが *The Construction of Reality* (London, 1967)〔山口節郎訳『日常世界の構成』新曜社・一九七七年〕で展開した分析にも当てはまる、と私は思う。この著作は、私見では、行為理論と制度運営理論を両立させようとした試みの点で、完全に失敗している。

(7) Giddens: 'Classical social theory and the origins of modern sociology', *American Journal of Sociology*, Vol. 82 (1976).

(8) Giddens: 'The "individual" in the writings of Emile Durkheim'〔「デュルケムの著作における『個人』」〕

（9） 私の編集した *Emile Durkheim : Selected Writings*（Cambridge, 1972）の序論（pp. 38-48.）を参照されたい。

（10） Parsons, Talcott : translater's footnote in Weber, Max : *The Theory of Social and Economic Organisation*（London, 1964）, p. 124. さらに *The Social System*, p. 36.〔『社会体系論』、四二頁〕を参照されたい。パーソンズはそのなかで、「秩序問題」の二つの側面を区別している。「ホッブス問題」と「コミュニケーションを可能にするシンボル体系における秩序」の問題である。

（11） *The German Ideology*（Moscow, 1968）, p. 42.〔古在由重訳『ドイツ・イデオロギー』岩波文庫・一九五六年、三七〜八頁〕

（12） Ibid., p. 32.〔同前、二五頁〕

（13） Merleau-Ponty, Maurice : *In Praise of Philosophy*（Evanston, 1963）, p. 54.〔「哲学をたたえて」、滝浦静雄・木田元訳『眼と精神』みすず書房・一九六六年、二四三頁〕

（14） 駄洒落、謎かけ、冗談などについてのゴッフマンの次の所説を参照されたい。「言葉遊びは、コンテキストのもつ強制力の作用を拒絶するというよりも、むしろある一つの読み方以外の他のすべての読み方を不適格にするコンテキストのもつ影響力をたたえているもののように思える」[Goffman, Erving : *Frame Analysis*（New York, 1974）, p. 443.]

（15） Ziff, Paul : 'Natural and formal languages', in Hook, Sidney : *Language and Philosophy*（New York, 1969）. また同じ著者による *Semantic Analysis*（Ithaca, 1960）もあわせて参照されたい。

（16） Polanyi, Michael : *Personal Knowledge*（London, 1958）〔長尾史郎訳『個人的知識』ハーベスト社・一九八五年〕

（17） 私は、この例を Giff : 'What is said', in Davidson, Donald & Harman, Gilbert : *Semantics of Natu-*

ral Language (Dordrecht, 1972) から、もう一度借用している。

(18) Wright, Georg Henrik von : *Norm and Action* (London, 1963).

(19) Löwith, Karl : *From Hegel to Nietzsche* (London, 1964), p. 321. 〔柴田治三郎訳『ヘーゲルからニーチェへ』Ⅱ・岩波書店・一九五二年、四四頁〕

(20) Marx : *Grundrisse* (Berlin, 1953), p. 265. 〔高木幸二郎監訳『経済学批判要綱（草案）』第二分冊・大月書店・一九五八年、二八五頁〕

(21) Weber, Max : *Economy and Society* (New York, 1968), Vol. I, p. 224. 〔訳者註——この指示された箇所に、引用文に相当する表現を見いだすことはできない。この点について、ロングは、ギデンズの論旨に同意する記述のなかで、概略次のように指摘している。「ギデンズが引用箇所として示した頁数は、間違っている。言い回しはまったく同じではないが、九二六頁の〈階級、身分、党派〉の章の冒頭に示された定義について、ギデンズは言及しているように思える。とはいえ、『経済と社会』では、もう一つの《さえ》が脱落した権力の定義は、序章の〈社会学の基本概念〉で示されている。それゆえ、《さえ》の脱落は、ウェーバー研究において、序章の定義に依拠して論ずる人びとの落度というよりも、むしろウェーバー自身の（あるいは、ウェーバーの翻訳者の）落度である。この点を問題にすることで、ギデンズは、ウェーバーの政治社会学を読み込む人びとを困惑させ、混乱を引き起こしてきた疑問点を解明している」(pp. 261-2)。Wrong, D. H. : *Power* (Harper & Row, 1979) を参照されたい。〕

(22) Giddens : '"Power" in the recent writings of Talcott Parsons', *Sociology*, Vol. 2 (1968). 〔江原由美子訳「タルコット・パーソンズの著作における『権力』」、『社会理論の現代像』所収〕

(23) Lefebvre, Henri : *Everyday Life in the Modern World* (London, 1971) 〔森本和夫訳『現代世界

における日常生活』現代思潮社・一九七〇年〕

(24) Evans-Pritchard, E. E. : *Witchcraft, Oracles and Magic among the Azande* (Oxford, 1950).

(25) Ricoeur, Paul : 'The model of the text : meaningful action considered as a text', *Social Research*, Vol. 38 (1971), p. 530.

(26) Lévi-Strauss, Claude : 'Réponses à quelques questions', *Esprit*, Vol. 31 (1963), p. 633. レヴィ＝ストロースは、「私は……M・リクールが――むろん私を批判するためであるが――私の立場を『先験的主体不在のカント主義』と定義づけていることにたいしてまったく同意できる。こうした欠点は、リクールが私の立場を無条件で受け容れない原因となっているが、一方、私がリクールの定式化の容認を拒む点は何もない」と述べている。

(27) *Capitalism and Modern Social Theory* (Cambridge, 1971), pp. 65ff & passim. 〔犬塚先訳『資本主義と近代社会理論』研究社出版・一九七四年、八二頁以下諸所に〕

第4章　説明的解明の形式

(1) Durkheim, Emile : *Suicide* (London, 1952), p. 44. 〔宮島喬訳『自殺論』中公文庫・一九八五年、二二頁〕。マッキンタイアは、このような定義では、行為者のいだく理由を、自殺の説明にとって有意関連性をもたないものにしてしまう、と指摘する。デュルケムは、「Yという結果が生ずるように意図しながら、Xをおこなうこと」と、「Yという結果が生ずることを知りつつ、Xをおこなうこと」との区別を無視している。後者は、「知識」が目的にとって手段として適応される場合を弁別していない [MacIntyre : 'The idea of a social science']。（この論考の一三八頁以下で私がおこなった「意図的な行為」の定式化を参照されたい）。

(2) Feigel, Herbert : 'The "orthodox" view of theories : some remarks in defence as well as critique', in Radner, M. & Winokour, S. : *Minnesota Studies in the Philosophy of Science*, Vol. 4 (Minneapolis, 1970).

(3) Popper, Karl R. : 'Two faces of common sense', in *Objective Knowledge* (Oxford, 1972), pp. 60-3. 〔森博訳『客観的知識』木鐸社・一九七四年、七〜一四頁〕; Quine, W. V. : *Word and Object* (Cambridge, Mass., 1964) 〔大出晁・宮館恵訳『ことばと対象』勁草書房・一九八四年〕; 'Grades of theoreticity', in Foster, Lawrence & Swanson, J. W. : *Experience and Theory* (London, 1970).

(4) バシュラールの著作で、この問題におそらく最も有意関連するのは、Bachelard : *Le nouvel esprit scientifique* (Paris, 1946) 〔関根克彦訳『新しい科学的精神』中央公論社・一九七六年〕; *Le rationalisme appliqué* (Paris, 1949) である。「科学的観察は、論争喚起的観察になるのがつねである」とバシュラールは述べている [*Le nouvel esprit scientifique*, p. 12. 〔前掲訳書、一九頁〕]。

(5) Kuhn, Thomas : *The Structure of Scientific Revolutions* (Chicago, 1970) 〔中山茂訳『科学革命の構造』みすず書房・一九七一年〕; 'Reflections on my critics', in Lakatos, Imre & Musgrave, Alan : *Criticism and the Growth of Knowledge* (Cambridge, 1970) 〔立花希一訳「私の批判者たちについての考察」、森博監訳『批判と知識の成長』木鐸社・一九八五年〕; 'Second thoughts on paradigms', in Suppe, Frederick : *The Structure of Scientific Theories* (Urbana, 1974); Lakatos, Imre : 'Criticism and the methodology of scientific research programmes', *Proceedings of the Aristotelian Society*, Vol. 69 (1968); 'Falsification and the methodology of scientific research programmes', in Lakatos & Musgrave : *Criticism and the Growth of Knowledge* 〔中山伸樹訳「反証と科学的研究プログラムの方法論」、『批判と知識の成長』〕; 'History of science and its rational re-

constructions', in Buck, R. & Cohen, Robert : *Boston Studies in the Philosophy of Science*, Vol. 8 (Dordrecht, 1971)（同じ文献に掲載された Kuhn : 'Notes on Lakatos' も参照されたい）; 'Popper on demarcation and induction', in Schilpp, Paul A. : *The Philosophy of Karl Popper* (La-salle, 1974); Feyerabend, Paul : 'Problems of empiricism', in Colodny, R. : *Beyond the Edge of Certainty* (Englewood Cliffs, 1965); 'Consolations for the specialist', in Lakatos & Musgrave : *Criticism and the Growth of Knowledge*〔山田富秋訳「専門バカへの慰め」、『批判と知識の成長』〕; 'Against method: outline of an anarchistic theory of knowledge', in Radner, M. & Winokour, S. : *Minnesota Studies in the Philosophy of Science*, Vol. 4 ; *Against Method* (London, 1975).

（6） Adorno, Theodore : *Der Positivismusstreit in der deutschen Soziologie* (Neuwied, 1969)〔城塚登・浜井修訳『社会科学の論理』河出書房新社・一九七九年〕

（7） Merton, R. K. : *Social Theory and Social Structure* (New York, 1957)〔森東吾ほか訳『社会理論と社会構造』みすず書房・一九六一年〕

（8） *The Structure of Scientific Revolutions*, p. viii.〔『科学革命の構造』、iv頁〕

（9） Popper : *Conjectures and Refutations* (London, 1972), pp. 34-6.〔藤本隆志ほか訳『推測と反駁』法政大学出版局・一九八〇年、五八〜六三頁〕

（10） ファイヤアーベントが Feyerabend : 'Popper's Objective Knowledge', *Inquiry*, Vol. 17 (1974), pp. 499-500. で言及した例。科学は他と何の関連性ももたない仮説を検証することは決してできず、もっぱら一群の仮説のみを検証するという、デュルケムの主張を想起すべきであろう。Duhem, Pierre : *To Save the Phenomena* (Chicago, 1969).

（11） Lakatos : 'Criticism and the methodology of scientific research programmes', pp. 180ff.

(12) クーンは、『科学革命の構造』につづく所説で、他のいくつかの重要な論点と同じく、この問題にたいするさきの立場を明確にしたり、修正している。たとえば、'Reflections on my critics'〔前掲「私の批判者たちについての考察」〕や、とくに'Second thoughts on paradigms'を参照されたい。

(13) けれども、この点については、パラダイムの内的一貫性に関してと同じく、クーンのその後の立場は、初期の立場に比べてもっと精緻で、納得がいくものとなっているように思える〔前記の註12を参照されたい〕。

(14) とはいえ、Davidson, Donald : 'In defence of Convention T', in Leblanc, Hugues : *Truth, Syntax and Modality* (Amsterdam, 1973) を参照されたい。もちろん、この問題にたいする私の所見は、真理と指示対象の概念の適切な論述の定式化をめぐる一連の重要な問題を保留したうえでの所見である。これらの問題について、私は、*Studies in Social and Political Theory* (London, 1982)〔『社会理論の現代像』〕でおこなった実証主義に関する議論のなかで直接取り上げている。

(15) この点を、実際にウィンチは次のように明言している。「もちろん、私は、アザンデ族の呪術の実践が、合理性の基準として私たちに理解できるものへの訴求をともなうことを、決して否定してはいなかった。そうした合理性への訴求はまた、『矛盾の認識』として同定できる行動を必然的にともなう。しかしながら、私の強調したいのは、《私たちが》どのように矛盾を同定するかについて当然慎重でなければならないことである。なぜなら、その矛盾は、かりに私たちが『科学的』先入観をともなって接近した場合におそらく見いだすものとは、異なる矛盾であるかも知れないからである」[Winch : 'Comment', in Borger & Cioffi : *Explanation in the Behavioural Sciences*]。

(16) Winch : *The Idea of a Social Science*, p. 89.〔『社会科学の理念』、一一〇頁〕

訳者あとがき

『社会学の新しい方法基準』第一版は、一九七六年に英国のハッチンソン社から出版されている。ギデンズにとって、編著等を除けば四冊目の論考にあたる。そして、この第二版は、版元をギデンズみずからが主宰するポリティー・プレス社に移して、一九九三年に刊行された。

この論考のもつ意義は、社会科学の研究方法において「二重の解釈学」がもつ意味を明確化し、それとの関連で「再帰性」と「構造化」というギデンズの考え方の骨格を形づくる概念の輪郭を提示していることにある。

この二つの論点は、その後の社会学理論や社会理論の展開にたいして多大な影響を及ぼしてきた。*Social Sciences Citation Index* という社会科学の分野で最も網羅的な引用文献索引誌の各号が示すように、『社会学の新しい方法規準』は、ギデンズの数多い著述のなかでも、今日、他の研究者たちの論稿において引用される頻度が一番高い著作のひとつとなっている。その意味でも、この論考は、ギデンズの最も重要な著述である。

本文中で agency を「行為能力」と訳した背景について、一言だけ述べておきたい。第一版「訳者あとがき」でも言及したが、原文では両者の区別が明確ではなかったため、ギデンズにじかに問い合わせたところ、「両者の定義は、agencyが具体的な行為（action）を可能にさせる『別様にもおこないうる』潜在能力（capability）を指す、そうした一般的な定義づけに私はしたがっている」との回答があり、その趣旨を訳語に反映させた。

第二版の翻訳刊行に際して、旧訳を全面的に改めた。第一版の翻訳では、まえがき、序論、第一章、結語を松尾、第二章と第四章を小幡、第三章を藤井がそれぞれ分担したが、この第二版では、まず松尾が「第二版への序論」の訳出とともに旧訳全体を点検、改訂し、その訳稿を三人で仔細に検討しあって、最終稿を完成させた。

『社会学の新しい方法基準』第一版の翻訳は一九八七年に刊行されたが、それは、この論考が日本において幅ひろく読まれる必要性を指摘された慶応義塾大学名誉教授内山秀夫先生の強いお勧めにより実現できた。第二版の翻訳刊行に際しても、お名前を記して謝意を表わしたい。

畏友、矢吹申彦氏には、方法論の論議という堅苦しい内容の訳書に洒脱な意匠で装いを添えていただいた。また索引の作成では、鳴海範子さんの助力を得た。而立書房の宮永捷氏には、翻訳の出版に関していろいろご配慮をいただいた。記して、同じく感謝の気持ちを表わしたい。

松尾精文

装幀＝矢吹申彦

〈訳者略歴〉
松尾精文（まつおきよぶみ）
1945年生
青山学院大学文学部教授
藤井達也（ふじいたつや）
1952年生
大阪府立大学社会福祉学部教授
小幡正敏（おばたまさとし）
1958年生
武蔵野美術大学造形学部教授

社会学の新しい方法規準［第二版］
――理解社会学の共感的批判――

2000年8月25日　第1刷発行
2005年2月25日　第2刷発行

定　価　本体2500円＋税
著　者　アンソニー・ギデンズ
訳　者　松尾精文・藤井達也・小幡正敏
発行者　宮永捷
発行所　有限会社而立書房
東京都千代田区猿楽町2丁目4番2号
電話 03（3291）5589／FAX 03（3292）8782
振替 00190-7-174567
印　刷　有限会社科学図書
製　本　有限会社岩佐製本

ISBN 4-88059-270-6　C3036

索　引

ア　行

オースティン、J. L.　54、71、72、75、77、87、124、157、159、184、208
オランダにおける才能の研究　26-27

カ　行

ガーフィンケル、H.　54、72-88、102、125、160、198
階級利害/階級闘争（class interests/conflict）178-180
外在性（externality）、デュルケム学派の概念　15、21、168
解釈学（hermeneutics）　49、245
——と相対主義　247-253
——と適合性の問題　259-264
——と批判理論　105-130
——の普遍性　112
「二重の解釈学」「一重の解釈学」「《精神科学》」の項も参照。
解釈学的自立性（hermeneutic autonomy）118
解釈学的循環（hermeneutic circle）102、109、185
科学（science）
「自然科学」の項も参照。
——哲学　39、232、235、239-241
——と非科学　236-247
——の合理性　72
——の認識論的基礎づけ　238-239
『科学革命の構造』（クーン）　234、243-247
科学的合理性（scientific rationalities）81
科学的知識（scientific knowledge）224-225、240
『科学的発見の論理』（ポパー）　232
確信（beliefs）　41
常識的——　32、202
ガダマー、H.-G.　55、102、105、106、112、116-123、185
『真理と方法』　107-110
価値（values）
——の内面化　47、50
葛藤（conflict）
——と権力　196
利害の——　171、174-176、216
カルナップ、R.　77、232
慣習（convention）、——とコミュニケーション意図　164-165
規則追従（rule-following）　215
規則と資源（rules and resources）
——から距離を置く個人　19
——と行為者　14、15
規則に支配された行動（rule-governed behaviour）89-101、170
機能主義（functionalism）　12、50-51、52、193、267-268
——と行為　195
——と構造　209-212
決定論（determinism）　154
規範的制裁（normative sanctions）189-193
客観主義（objectivism）　117
教育研究、オランダにおける才能　26-27
クーン、T.　46、233-235、242-247、269-270、275
クノール=セイティーナ、K.　24、25
グライス、H. P.　159、160-161、163
クワイン、W. V.　231
ゲーデル、K.　33、258
ゲーム（games）、ウィットゲンシュタインの——分析　93-94
ゲーム理論（game-theory）　163
経験主義（empiricism）　230-231

——と認識論　56
——と反証主義　240、241
経済学（economics）
——における一般化　263
形而上学（metaphysics）　39
芸術（art）
——と自然界　254
言語（language）　8
——構造　213、243
——と意味　119、159-160
——と権力　96
——と構造の二重性　22、182
——と適合性の問題　258-259
——と発話　208-209、219-220
——と理解　48-49
——における矛盾　251-252
プロトコール——　231
言語学的現象学（linguistic phenomenology）　71
言語ゲーム（language-game）　46、98、99、111-112、128、215、243
言語コミュニケーション（linguistic communication）、——とエスノメソドロジー　77-79
言語哲学（linguistic philosophy）　225
言語能力（linguistic competence）　124
現象学（phenomenology）　49、55、70-71、75、101、225、230-231
実存主義的——　43、49、55-70、102、127
超越論的——　101
——と社会生活　18-19
権力（power）
ウェーバーのいう——の格差　68
社会生活における——　104
——と機能主義　50
——と言語　96
——と相互行為　194-199、214
——と利害の葛藤　174
行為（action）　17、20-21
「社会的行為」の項も参照。
意味としての——　104
ウェーバーの——論　90、207
規模の大きな脈絡での——と、規模の小さな脈絡での——　15
合理的——　72-73
——哲学　131、149、153、266
——と意図　136-137、138-143、147、149-151、156、166、268
——と解釈学　112-113
——と権力　194-199
——と動作　135-136
——とポスト・ウィットゲンシュタイン派の哲学　88-101
——にたいする責任　133-134、267
——の合理化　148-156、267
——の同定　143-148
——の動機づけ　203-207
——の道徳的評価　95
——の社会理論　8
パーソンズの——論　170-173
有意味的——と規則に支配された——　88-101
行為者（actors）
規則と資源　14、15
歴史的に位置づけられた——としての人間　273
行為体因果性（agent causality）　154
行為能力（agency）
——の諸問題　132-138
構造（structure）

——と機能主義　209-212
——の生産と再生産　142、207-218、222
——の二重性　13-22、182、213-215、220-222
構造化（structuration）　216-218、274
構造主義（structuralism）　12、50-51、209
構造の二重性（duality of structure）　13-22、182、213-215、220-222、274
構成主義（constructivism）　32
構成的分析（constructive analysis）
——とエスノメソドロジー　80、83
拘束性（constraint）、デュルケム学派の——の概念　15、21、168
行動（behaviour）、有意味的——と規則に支配された——　88-101、170
行動主義（behaviourism）　100
合理化（rationalization）
行為の——　148-150、267
——と再帰性　200-203
合理主義（rationalism）
批判的——　239、241
合理性（rationality）
——とエスノメソドロジー　81-82
個人（individuals）
規則や資源から距離を置く——　19
——と社会　17、173-176
ゴッフマン、E.　52、158、255
子どもの発達（child development）
——と動機づけ　204-206
コミュニケーション（communication）、——と意味　156-165、166、183-189、207
コミュニケーション能力（communicative competence）、ハーバーマスにおける　123-127、185
コリンウッド、R. G.　105
コント、A.　8、35-38、40、224、226、261

サ　行

サール、J. R.　159
再帰性（reflexivity）　18-19、44、47、49、271
行為者による説明の——　76
制度的——　19、23-24、30-31
——と合理化　200-203
——と動機づけ　204-206
サックス　78
サルトル、J.-P.　55、60
ジィフ、P.　186
ジェームズ、W.　45、243
シェーラー、M.　55、59
シェグロフ、E. A.　78
自我（ego）
——の主観性　66
シクレール、A. V.　85
自己意識（self-consciousness）　47
自己覚知（self-awareness）　44
自己再帰（self-reflection）　9
自己成就的予言（self-fulfilling prophecies）　262、271
自己認識（social-knowledge）　108、114、155、263
自己理解（self-understanding）　48、102、115-116
——と自立性　263
志向性（intentionality）　48
——と実存主義的現象学　56、58-60
自殺（suicide）
デュルケムの——論　228-229
システム理論（systems theory）　212

自制（forbearance） 138
自然界（nature）
——と行為の同定 143-144、146
——と文学や芸術の形式 254
自然科学（natural sciences） 225
「科学」の項も参照。
——と社会科学 28-29、33、35、36-40、90-91、113、250
——と二重の解釈学 24、30、32、145
——とパラダイム 233-236
——における因果的一般化 262
——における説明 127-128
——の一重の解釈学 13、32
——の発達 37
ファイグルのいう正統的な——観 230
実存主義（existentialism） 70
実存主義的現象学（existential phenomenology） 43、49、55-70、101、102、127
支配（domination）
——手段としての社会科学 271
——と構造 214、215
——と批判理論 115
指標性（indexicality） 75、81、85-88
指標的表現（indexical expressions） 75、79、86、102、124
社会（society）
——と個人 17
社会科学（social sciences）
——と自然科学 28-29、33、35、36-40、90-91、113、250
——と哲学 42
——におけるミクロ分析とマクロ分析 14、20
——にたいして一般の人びとが示す抵抗 40-41
——の専門的概念 271
——の二重の解釈学 13、23-25、27、29-34、145、267、270-271、276
——批判 225
『社会学的方法の規準』（デュルケム） 8、168、227
社会規範（social norms） 96
——の相違する解釈 104
社会生活（social life）
——と機能主義 50-51
——と行いの同定 143-148
社会組織化（social organization）
活動を型にはめ込むこと 18-19
——のレヴェルの多様性 16
社会的行為（social action）
ウェーバーの——論 61-63、67-68、207
——とエスノメソドロジー 72-75、82-83
——と実存主義的現象学 60-69
『社会的行為の構造』（パーソンズ） 170、172、175
社会的再生産（social reproduction） 23
社会的自己（social self） 51-52
『社会の組成』（ギデンズ） 12
宗教（religion）
ウィンチの——論 257
——と科学 237-238
——とパラダイム 244、246
シュッツ、A. 44、45、47、49、72、103、137、151、160、190、243、256、260、270
——と実存主義的現象学 60-70、101、102
——の規範論 190
シュライエルマハー、F. 105

実証主義（positivism） 12、72、112-113、225、266
——と主意主義 172
——のディレンマ 226-232
論理—— 39、225、230、232、237
主意主義（voluntarism） 43、171-173
呪術（magic） 92-93、236、237-238
常識（common sense） 41、72、103、202-203、225、249、269
デュルケムの——論 227、229
——的想定 27
——的理解 160-162
象徴的相互作用論（symbolic interactionalism） 50-52
自立性（autonomy）
——と自己理解 263
人類学（anthropology） 89、255
ジンメル、G. 176
心理学（psychology） 100
ストローソン、P. F. 126、159
《精神科学》（*Geistewissenschaften*）/解釈学的哲学（hermeneutic philosophy） 53、54、102、105、108、110、117
精神分析（psychoanalysis） 113-114、129、233-234
生活世界（lived-in world）、——と実存主義的現象学 56-58、59
制度的再帰性（institutional reflexivity） 19、23-24、30-31
生物学的普遍特性（biological universals） 99
説明可能性（accountability） 49
専門的概念（technical concepts） 92
相互行為（interaction） 116、183
——と権力 194-199、214
——と構造 214-215
——の道徳的秩序 189-193
相互主観性（intersubjectivity）
——と実存主義的現象学 58、60、67、70
——の媒体としての言語 108、258
相互知識（mutual knowledge） 30、160-162、188-189、202、249、254、259、269、275
相対主義（relativism） 46、243
——と解釈学的分析 247-253
判断における—— 247
存在を表わす用語（existential terms） 125

タ 行

ダーウィン、C. 37
多元的現実（multiple realities） 243
タルスキー、A. 249
地球規模の社会システム（global social systems） 22
チョムスキー、A. 124、159
知識（knowledge）
相互—— 30、160-162、188-189、202、249、254、259、269、275
ポパーの「——のバケツ理論」 231
秩序（order）、ホッブスの——問題 170、174、223
超越論的現象学（transcendental phenomenology） 101、117
ディルタイ、W. 48、106、107-108、109、111、117
適合性（adequacy）
——の公準 69
——の問題 254-255
適合性の公準（postulate of adequa-

cy)、シュッツの——論　69
『哲学探求』（ウィットゲンシュタイン）　55、100、101、106、110、215
デュルケム、E.　8、15、21、36、47、50、67、166、168-170、173、190、218、261、272
社会的拘束性ないし義務　138
——と社会学の研究対象　227-229
——とパーソンズ　170
——の規範論　190
動作（movements）
——と行為　134-136
道徳科学（moral sciences）　105
道徳規範（moral norms）　134、269
道徳的制裁（moral sanctions）、デュルケムにおける　168-170
道徳的評価　(moral　evaluations)、人の行動の——　95
道徳的秩序（moral orders）
相互行為の——　189-193
動機（motive）
——ポスト・ウィットゲンシュタイン派における　169
——と理由　203-204、267
動機づけ（motivation）　222-223
行為の——　203-207
——と利害関心　156
ド・ヴリース　13、25、27、31
ドロイセン、T.　107

ナ　行

二元論（dualism）
行為と構造の——　16
個人と社会の——　16-17
ミクロな状況とマクロな状況　20
二重の解釈学（double hermeneutic）
自然科学における——　23、30、32、145、261
社会科学における——　13、23-25、29-34、145、267、270-271、276
日常言語哲学（ordinary language philosophy）　54、71-72
ニュートン、アイザック　38-39

ハ　行

パース、C. S.　75
パーソンズ、T.　12、17、43、47、50、55、72、128、166、170-176、198、218、222
——と機能主義　210、267
ハーバーズ、H.　13、25、27、31
ハーバーマス、J.　45、105-106、111、112-116、185
——と批判理論　123-130
バー＝ヒレル、Y.　75、86、124
背後期待（background expectancies）　83-84
ハイデッガー、M.　44、47、49、55、59、102、105、109、111、117、121
発語内的行為/発語内的力（illocutionary acts/forces）　157、208
発話（speech）
——と言語　208-209、219
バシュラール、G.　46、232、243
パラダイム（paradigms）　46、233-234、242-247、269-270
パレート、V.　170、171
反射的行動（reflexive behaviour）61
反証（falsification）、科学哲学における　235、239-242
判断における相対主義（judgemental relativism）　248
ピーターズ、R. S.　134
批判理論（critical theory）　239

——と解釈学　105-130
ファイヤアーベント、P.　121、232
服従（obedience）
——と命令　96－97
フッサール、E.　54、55-60、66、67、70、102、117
物理学（physics）　38、39
《プラクシス》（*praxis*）　129、137、155、177、194、258
ブレンターノ、F.　56、59
フロイト、S.　47、114、156、206
プロブレマティーク（problematics）　243
分析哲学（analytical philosophy）　71
ヘーゲル、G. W. S.　177、179
ベーコン、F.　240
ベッティ、E.　118
ベルグソン、H. L.　62
ヘルダー、J. G.　105
『弁証法的理性批判』（サルトル）　60
変転する現実（alternate realities）　243
ヘンペル、C. G.　232
ポスト・ウィットゲンシュタイン派哲学（post-Wittgenstein philosophy）　88-101、106、127、131、169、193、243
ポスト構造主義（post-structuralism）　12
ポスト・モダニズム（post-modernism）　12
ホッブス、T.　170、174、223
ホメオスタシス（homeostasis）　211、212
ポパー、K.　39、232-236、238、239-242、249
ポランニー、M.　188、258

マ　行

マーシャル、A.　170
前理解（pre-understanding）　118
マクロ分析（macro-analysis）
社会科学における——　14、20
マッキンタイア、A.　95
マルクス、K.　35、36-38、40、120、167、177-183、219、224、261
——と人間の行為　194
マルクス・レーニン主義（Marxism-Leninism）　261
ミード、G. H.　46、47、51-52
ミクロ分析（micro-analysis）
社会科学における——　14、20
ミル、J. S.　43、105、111
命令（commands）
——と服従　96
メルロ＝ポンティ、M.　55、184
矛盾（contradiction）
——の原理　251-253
モーゼリス、N.　13、14、19、21
目的（purpose）
——と意図　138-143
目的合理的行為（purposive-rational action）　115
目的的行動（purposive behaviour）　136、149-150、151、155、266
合目的性　147、157
デュルケムにおける——　168-169

ヤ　行

有意味な一貫性（meaningful coherence）　118
有意味的行為と規則に支配された行為（meaningful and rule-governed

behaviour) 88-101、170
妖術 (sorcery) 92-93、235、239

ラ 行

ライル、G. 59、77
ラカトシュ、I. 232、242
ラッセル、B. 77
理解 (understanding) 40-48
「自己理解」と「《理解》」の項も参照。
常識的—— 160-162
テクストの—— 119-120
《理解》(*Verstehen*)
——の概念 103、106-110、258
理解社会学 (interpretative sociologies) 16、166、219、226、265-266
シュッツの—— 65
——の意義 101-104
リクール、P. 102、105、117、208、209
理念主義 (idealism) 218
——と自然科学 35
ルーマン、N. 12
ルカーチ、G. 115
レーヴィット、K. 195
レヴィ=ストロース、C. 22、209
レヴィ=ブリュール、L. 235、251
歴史 (history)
——と社会学 273
利害/利害関心 (interest)
——の葛藤/対立 171、175-176、216-217
——と動機づけ 156、222
理由 (reason)
——と動機 203-205、267
——と目的 151-152、166
リンチ、W. 28、29
ローチ、A. R. 88、225
ロマン主義 (romanticism)
——と自然科学 35
『論理学』(ミル) 111
論理経験主義 (logical empiricism) 39、106
論理実証主義 (logical positivism) 39、225、230、232、237
『論理哲学論考』(ウィットゲンシュタイン) 110